L'antiestetica
Saggi sulla cultura postmoderna
a cura di Hal Foster
© 2014 Postmedia Srl, Milano

The Anti-Aesthetics
Essays on Postmodern Culture
© 1983 Bay Press, Port Townsend
© 1998 The New Press, New York

© 2010 *Nel segno del postmoderno*, Ester Coen

Tranne diversa indicazione le traduzioni dall'inglese sono di Anna Simone
e Massimo Vergalito
I ritratti degli autori sono di Luca Del Baldo, 2012
Redazione e biografie autori: Francesca Agamennoni, Valeria Goderecci

www.postmediabooks.it
ISBN 978-88-7490-122-7

L'antiestetica

Saggi sulla cultura postmoderna

a cura di Hal Foster

postmedia●books

HAL FOSTER

Introduzione al postmoderno

Esiste davvero il postmoderno? E in caso affermativo, cosa significa? È un concetto, una pratica, una questione di stile locale o un'era totalmente nuova? Oppure si tratta di una fase economica? Quali sono le sue forme, gli effetti, i suoi spazi? Come si fa a segnare il suo avvento? Siamo davvero oltre il moderno, davvero (si fa per dire) in un'era post-industriale?

I saggi raccolti in questo libro analizzano queste e molte altre questioni. Alcuni critici come Rosalind Krauss e Douglas Crimp definiscono il postmoderno come una rottura nell'ambito estetico del modernismo. Altri, come Gregory Ulmer ed Edward Said, si occupano "dell'oggetto della post-critica" e delle attuali politiche di interpretazione. Alcuni, come Fredric Jameson e Jean Baudrillard descrivono l'era postmoderna come una nuova "schizofrenica" modalità di spazio e tempo. Altri, come Craig Owens e Kenneth Frampton, inquadrano la sua ascesa con la caduta dei miti modernisti di progresso e autorità. Ma tutti i critici, a eccezione di Jürgen Habermas, concordano con l'affermare che oggi il progetto della modernità è profondamente in crisi.

Benché fosse assalito da pre, anti e post-modernisti, il modernismo non ha fallito come pratica. Al contrario, il modernismo, almeno come tradizione, ha "vinto". Però si tratta di una vittoria di Pirro, non dissimile da una sconfitta, ormai in gran parte assorbita dal modernismo. Nato in origine come sovversivo, il modernismo ha sfidato l'ordine culturale della borghesia e la "falsa normatività" (Habermas) della sua storia, ciononostante, oggi rappresenta la cultura ufficiale. Come nota Fredric Jameson, ormai per noi è intrattenimento: i suoi frutti, un tempo scandalosi, sono nelle università, nei musei, nelle strade. In breve, scrive Habermas, sembra "dominante, ma morto".

Questo stato di fatto suggerisce che se occorre salvare il progetto moderno allora bisogna superarlo. Questo è l'imperativo della maggior parte dell'arte contemporanea più impegnata, ed è anche uno degli obiettivi di questo libro. Ma come si supera il moderno? Come si fa a rompere con un programma che considera la crisi un valore (modernismo), o come si fa a superare l'era del progresso (modernità) o trasgredire l'ideologia del trasgressivo (avan-guardismo)?

Si potrebbe dire, come ha fatto Paul de Man, che ogni epoca subisce un momento "moderno", un momento di crisi o resa dei conti in cui prende consapevolezza di sé *come* epoca, ma allora il moderno va considerato astoricamente, quasi come una categoria. In verità, la parola potrà "aver perso un riferimento storico preciso" (Habermas), ma non l'ha perso l'ideologia: il modernismo è una costruzione culturale basata su condizioni specifiche, *esso* ha un limite storico. Uno degli obiettivi di questi saggi è quello di tracciare questo limite, di segnare il cambiamento.

Il primo passo, dunque, è determinare cosa sia la modernità. Il suo progetto, scrive Habermas, è lo stesso dell'Illuminismo: lo sviluppo dei settori di scienza, morale e arte "in conformità a una logica interna". Questo programma persiste nel dopoguerra e nel tardo modernismo facendo pressioni sulla purezza di ogni forma artistica e sull'autonomia della cultura in generale. Per quanto un tempo questo progetto disciplinare possa essere stato ricco (e urgente date le incursioni del kitsch da una parte e dell'accademia dall'altra), tuttavia, ha portato a una rarefazione della cultura, a una reificazione delle sue forme, a tal punto almeno nell'arte, da provocare un contro-progetto sotto forma di avanguardia anarchica (si pensi in particolare al dadaismo e al surrealismo). Questo è il "modernismo" che Habermas oppone al "progetto di modernità" e congeda come negazione, ma di un settore: "Nulla rimane quando un significato o una forma sono svalutati o distrutti, questo non consente alcun effetto di emancipazione".

Sebbene repressa nel tardo modernismo, la "rivoluzione surrealista" ritorna nell'arte postmoderna (o piuttosto si riafferma la sua critica della rappresentazione), l'obiettivo del postmoderno è anche "cambiare l'oggetto stesso". Quindi, come scrive Rosalind Krauss, "nell'ambito dell'arte postmoderna, la pratica non si definisce in base al medium ... ma secondo le operazioni logiche effettuate su un insieme di termini culturali". In questo modo è cambiata la vera natura dell'arte. Così anche l'oggetto della critica: come nota Ulmer, una pratica "paraletteraria" ha messo in evidenza ciò che dissolve la linea tra forme creative e critiche. Allo stesso modo viene rigettata la vecchia opposizione tra teoria e pratica, in particolare, come osserva Owens, dalle artiste femministe per cui l'intervento critico è una necessità tattica e politica. Non meno viene influenzato il discorso sul sapere. All'interno delle discipline accademiche, scrive Jameson, sono emersi nuovi straordinari progetti. "Come definire il lavoro di Michel Foucault, ad esempio? Filosofia, storia, teoria sociale o scienze politiche?" (La stessa domanda potrebbe essere fatta in merito alla "critica letteraria" di Jameson o Said).

Come attestano l'importanza di Foucault, Jacques Derrida o Roland Barthes, è difficile comprendere il postmoderno senza il supporto della teoria europea, soprattutto senza lo strutturalismo e il post-strutturalismo. Entrambi hanno condotto a una riflessione sulla cultura intesa come corpus di codici o miti (Barthes) e un insieme di soluzioni immaginarie alle contraddizioni reali (Claude Lévi-Strauss). Sotto questa luce, un poema o una fotografia non occupano una posizione privilegiata, e l'artefatto va presumibilmente trattato non tanto come *opera,* in termini modernisti (unicità, simbolismo, visionarietà), ma piuttosto come *testo* in senso postmoderno ("già scritto", allegoria, contingenza). Con il suo modello testuale, la strategia postmoderna diventa chiara: decostruire il modernismo non per sigillarlo nella sua stessa immagine, ma per aprirlo, riscriverlo, schiudere i suoi sistemi chiusi (come il museo) all'"eterogeneità dei testi" (Crimp), per riscrivere le sue tecniche universali in termini di "contraddizioni sintetiche" (Frampton); in breve, per confrontare le sue narrazioni dominanti con il "discorso dell'altro" (Owens).

Ma è proprio questo grande pluralismo che può risultare problematico: se il modernismo è fatto di tanti modelli unici (D. H. Lawrence, Marcel Proust...), allora "ci saranno diversi fenomeni di postmoderno quanti erano i fenomeni moderni avanzati, dal momento che i primi, almeno inizialmente, nascono localmente come reazioni specifiche *contro* questi modelli" (Jameson). Di conseguenza, queste diverse forme possono essere ridotte all'indifferenza, oppure il postmoderno liquidato come relativismo (esattamente come il post-strutturalismo viene destituito con l'idea assurda che non esiste niente al di "fuori del testo"). Credo sia meglio evitare questa fusione, perché il postmoderno non è pluralismo... una nozione donchisciottesca secondo la quale tutte le posizioni culturali e politiche sono ormai aperte ed equivalenti. Questa convinzione apocalittica secondo la quale va tutto bene, che siamo ormai giunti alla "fine delle ideologie", è semplicemente il contraltare della convinzione fatalistica per la quale niente funziona, che viviamo in un "sistema totale" senza via di fuga; l'acquiescenza che Ernest Mandel chiama "ideologia del tardo capitalismo".

Chiaramente ogni posizione sul postmoderno, o interna ad esso, è segnata da "affiliazioni" politiche (Said) e dal programma della storia. La nostra idea del postmoderno deriva da una visione critica sulla rappresentazione del presente e del passato, fondata sugli aspetti di volta in volta evidenziati o repressi. Cosa significa periodizzare secondo il postmoderno? Sostenere che la nostra è l'era della morte del soggetto (Baudrillard) o della perdita delle narrazioni dominanti" (Owens), asserire che la nostra è una società consumista cui è difficile opporsi (Jameson) o che viviamo in una mediocrazia in cui le discipline umanistiche sono marginali (Said)? Questi concetti non sono apocalittici. Essi non segnano una frattura e un nuovo giorno, ma sviluppi discontinui. Sarebbe quindi più opportuno considerare il postmoderno come un conflitto tra interessi acquisiti, tra sistemi vecchi e nuovi (culturali ed economici), dove ognuno non è completamente autonomo e l'altro non è del tutto determinante. Così almeno si chiarisce il programma del libro: rendere libere le forme culturali emergenti e le relazioni sociali (Jameson) e comprenderne l'importanza.

Anche ora, naturalmente, ci sono posizioni standard sul postmoderno: si può sostenere che sia populista e attaccare il modernismo perché elitario oppure, al contrario, attribuirgli valore proprio perché elitario – come vera e propria cultura – e attaccare il postmoderno in quanto puro kitsch. Questi punti di vista evidenziano una cosa, che il postmoderno è dichiaratamente ritenuto (senza dubbio in parallelo con l'architettura postmoderna) una svolta necessaria rispetto alla "tradizione". In breve, il mio intento è di tracciare un postmoderno d'opposizione; quello di cui parla questo libro.

Nelle politiche culturali contemporanee esiste un'opposizione di base tra un postmoderno che cerca di decostruire il modernismo e resiste allo status quo e uno che ripudia il primo per celebrare il secondo: un postmoderno di resistenza e uno di reazione. Questi saggi si soffermano sul primo, sul suo desiderio di cambiare oggetto e contesto. Il postmoderno di reazione è quello più conosciuto: anche se non unitario è singolare il suo ripudio nei confronti del modernismo. Questo rifiuto, espresso in modo stridulo soprattutto dai neoconservatori, ma al quale si rifanno un po' tutti, è strategico: come Habermas argomenta in modo convincente, i neoconservatori separano il culturale dal sociale, e poi incolpano le pratiche dell'uno (modernismo) dei mali dell'altro (modernizzazione). Con la conseguente confusione di causa ed effetto, la cultura "antagonista" viene denunciata anche quando lo status quo economico e sociale è affermato: infatti, viene proposta una nuova cultura "affermativa".

Di conseguenza la cultura rimane una forza, ma soprattutto una dinamica di controllo sociale, un'immagine gratuita che maschera la strumentalizzazione (Frampton). Perciò si tratta di un postmoderno concepito in termini terapeutici, per non dire cosmetici: un ritorno alle verità della tradizione (nell'arte, nella famiglia, nella religione...). Il modernismo viene ridotto a uno stile (ad esempio, il formalismo o lo stile internazionale) e condannato o eliminato interamente come sbaglio culturale; gli elementi pre e postmoderni vengono elusi e la tradizione umanista preservata. Ma cos'è questo ritorno al modernismo se non una resurrezione delle tradizioni perdute contrapposto al modernismo, un progetto guida imposto a un presente eterogeneo?

Un postmoderno di resistenza, dunque, si presenta come contro-pratica non solo rispetto alla cultura ufficiale del modernismo, ma anche alla "falsa normatività" del modernismo reazionario. In opposizione (ma non *solo* in opposizione) un postmoderno resistente è interessato a una decostruzione critica della tradizione e non a un pastiche strumentale di forme pop o pseudo storiche; non un ritorno alle origini, ma la loro critica. In breve, un postmoderno che cerca di mettere in discussione invece di sfruttare i codici culturali, di esplorare piuttosto che celare le affiliazioni sociali e politiche.

* * *

I saggi che seguono sono diversi tra loro. Vengono discussi molti temi (architettura, scultura, pittura, fotografia, musica, cinema...), ma sempre come pratiche trasformate, non come categorie che non hanno un rapporto con la storia. Di conseguenza anche i metodi utilizzati sono molti (strutturalismo e post-strutturalismo, psicoanalisi lacaniana, critica femminista, marxismo...), ma sempre come modelli in conflitto e non come insieme di "approcci".

Jürgen Habermas pone la questione fondamentale di una cultura che è figlia dell'Illuminismo – del modernismo e dell'avanguardia, di una modernità progressiva e di una postmodernità reazionaria. Egli afferma il rifiuto moderno della "normativa", ma ci mette in guardia contro le "false negazioni"; allo stesso tempo denuncia (in modo neoconservativo) l'anti-modernismo come reazionario. Contrario sia alla rivolta sia alla reazione, invita a riappropriarsi criticamente del progetto moderno.

In un certo senso, tuttavia, questa critica smentisce la crisi, una crisi che Kenneth Frampton considera parallela all'architettura moderna. L'utopismo implicito nell'Illuminismo e programmatico nel modernismo ha condotto alla catastrofe: gli edifici delle culture non occidentali in prestito, la città occidentale ridotta a megalopoli. Gli architetti postmoderni tendono a rispondere superficialmente, con un "camuffamento" populista, un "avanguardismo" stilistico o una chiusura all'interno di codici ermetici. Frampton fa appello invece a una mediazione critica delle forme della moderna civilizzazione e della cultura locale, una decostruzione mutuale di tecniche universali e vernacolari.

La crisi della modernità viene avvertita profondamente tra la fine degli anni Cinquanta e i primi anni Sessanta, è quel momento spesso citato come frattura postmoderna, tuttora terreno di conflitto ideologico (in gran parte negato). Se questa crisi è stata vissuta come una rivolta della cultura dall'esterno, non di meno è stata segnata da una rottura all'interno, anche nei settori più insoliti, ad esempio, nella scultura. Rosalind Krauss spiega in dettaglio come, negli anni Sessanta, la logica della scultura moderna comporti la sua stessa decostruzione e quella dell'ordine moderno delle arti basato sull'idea illuministica dell'autonomia e della distinzione delle discipline. Oggi, secondo Krauss, la "scultura" esiste solo in termini di campo allargato (*expanded field*) delle forme, tutte derivate strutturalmente. È proprio questo, afferma Krauss, che costituisce la rottura postmoderna: l'arte concepita in termini di struttura, non di medium, orientata verso "termini culturali".

Anche Douglas Crimp postula l'esistenza di una rottura col modernismo, in particolare nella definizione del piano della rappresentazione. Nel lavoro di Robert Rauschenberg e altri, la superficie "naturale", uniforme, della pittura modernista viene sostituita, tramite le procedure fotografiche, dalla testualità (totalmente culturale) dell'immagine postmoderna. Questa rottura estetica, secondo Crimp, può essere il segnale di un divario epistemologico proprio nei confronti della *tabella* o dell'*archivio* del sapere moderno. Questo viene poi messo in relazione all'istituzione moderna del museo, la cui autorità si basa sulla presunzione della rappresentazione: una scienza delle origini che non regge a un attento esame. Quindi, afferma Crimp, nel postmoderno è l'uniformità delle opere all'interno dei musei a essere minacciata dall'eterogeneità dei testi.

Craig Owens considera il postmoderno come crisi della rappresentazione in Occidente, della sua autorità e delle sue rivendicazioni di universalità, una crisi annunciata finora da voci rese marginali o represse, tra le quali il femminismo è la più significativa. Proprio perché si tratta di una critica radicale alle narrazioni dominanti dell'uomo moderno il femminismo, afferma Owens, è un evento politico ed epistemologico: politico perché sfida l'ordine della società patriarcale, epistemologico perché mette in discussione la struttura delle sue rappresentazioni. Questa critica, fa notare, viene evidenziata sottilmente nell'arte di molte artiste contemporanee e, tra queste, otto sono analizzate nel suo saggio.

La critica della rappresentazione viene certamente associata alla teoria post-strutturalista a cui fa riferimento Gregory Ulmer. Ulmer sostiene che la critica (le sue convenzioni sulla rappresentazione) si è oggi trasformata come se le arti fossero all'inizio del modernismo. L'autore spiega questa trasformazione in termini di collage e montaggio (in associazione a diversi modernismi); decostruzione (in particolare la critica della mimesi e del segno associata a Jacques Derrida); e allegoria (una forma che si occupa della materialità storica del pensiero che ora associamo a Walter Benjamin). Queste pratiche, secondo Ulmer, hanno condotto verso nuove forme; gli scritti di Roland Barthes e le composizioni di John Cage ne sono un esempio.

Fredric Jameson è meno ottimista sulla dissoluzione del segno e sulla perdita della rappresentazione. L'autore nota, ad esempio, come il pastiche sia divenuto una prassi onnipresente (specialmente nei film) il che suggerisce non solo che siamo a galla in un mare di linguaggi privati ma, anche, che desideriamo ritornare a un'epoca meno problematica della nostra. Questo, a sua volta, spinge verso il rifiuto ad impegnarsi nel presente oppure a pensare storicamente; un rifiuto che Jameson vede come caratteristica della "schizofrenia" della società consumistica.

Anche Jean Baudrillard riflette sulla scomparsa contemporanea dello spazio pubblico e del tempo. Nel mondo della simulazione, scrive, la casualità è perduta: l'oggetto non serve più come specchio del soggetto e non c'è più una "scena" pubblica o privata, solo un'informazione "oscena". In effetti il sé diventa "schizofrenico", un "... puro schermo, un interruttore di tutte le reti di influenza".

In un mondo così descritto la speranza di resistere sembra assurda: una rassegnazione alla quale però Edward Said si oppone. Lo status dell'informazione – o in questo caso, la critica – risulta difficilmente neutrale: chi ne trae beneficio? Con questa domanda egli radica questi testi nel contesto attuale, "l'era di Reagan". Per Said, l'incrociarsi postmoderno delle linee è per lo più apparente: il culto "dell'esperto", l'autorità di "settore" resistono ancora. In effetti, viene assunta tacitamente una "dottrina di non interferenza" per cui "scienze umanistiche" e "politiche" sono tenute a distanza l'una dall'altra. Questo serve solo a dilatare l'una e a liberare l'altra, e a nascondere le associazioni di entrambe. La conseguenza è che le scienze umanistiche finiscono per avere una doppia funzione: dissimulare le operazioni ben poco umanistiche dell'informazione e "rappresentare l'umana marginalità". Si arriva così a chiudere il cerchio: l'Illuminismo, il progetto disciplinare della modernità, viene ora mistificato: si fa per gli "elettori religiosi", non per le "comunità laiche" e questo asseconda il potere dello stato. Per Edward Said, (come per il marxista italiano Antonio Gramsci) questo potere sta sia nelle istituzioni civili che in quelle politiche e militari. Quindi, al pari di Jameson, Said sottolinea l'importanza della consapevolezza degli aspetti "egemonici" dei testi culturali e propone una contro-attività di interferenze. In sintonia con Frampton, Owens, Ulmer... cita queste strategie: una critica delle rappresentazioni ufficiali, un uso alternativo delle modalità informative (come la fotografia) e il recupero delle storie degli altri.

* * *

Sebbene diversi, questi saggi hanno molti punti in comune: la critica alla(e) rappresentazione(i) occidentale e alla "narrazione dominante" moderna; il desiderio di pensare in termini sensibili alla differenza (degli altri senza contrasti, dell'eterogeneo senza gerarchia); uno scetticismo nei confronti delle "sfere" autonome della cultura o "settori" separati di esperti; la necessità di andare oltre le filiazioni formali (del testo al testo), a tracciare affiliazioni sociali (la "densità" istituzionale del testo nel mondo); in breve una volontà di afferrare la connessione presente di cultura e politica e di affermare una pratica resistente sia al modernismo accademico, sia alla reazione politica.

Il titolo del libro "antiestetica" segnala queste tematiche, ma *non* è l'ennesima dichiarazione della negazione dell'arte o della rappresentazione in quanto tale. È stato il modernismo a essere caratterizzato da tali "negazioni" esposto alla speranza anarchica di un "effetto emancipatorio" o al sogno utopistico di un tempo di pura presenza, uno spazio oltre la rappresentazione. Non è questo il caso: tutti questi critici danno per scontato che non si è mai al di fuori della rappresentazione, comunque mai al di fuori delle sue politiche. In questa sede, quindi, "antiestetica" non è il simbolo di un moderno nichilismo – come quello che ha trasgredito così spesso la legge da rafforzarla – ma di una critica che destruttura l'ordine delle rappresentazioni per riscriverle.

Il termine "antiestetica" indica inoltre che proprio la nozione di estetica e l'insieme di idee ad essa collegate sono messe in discussione in questo libro: l'idea che l'esperienza estetica esista di per sé, senza una "finalità", al di là della storia, o che l'arte possa oggi influenzare un mondo che si presenta allo stesso tempo (inter)soggettivo, concreto e universale; una totalità simbolica. Come il "postmoderno", dunque, l'"antiestetica" segna una posizione culturale sul presente: sono ancora valide le categorie fornite dall'estetica? (Ad esempio, il modello del gusto soggettivo non è minacciato dalla mediazione della massa, oppure quello della visione universale non è minacciato dalla crescita di altre culture?). In un ambito più ristretto, il termine "antiestetica" indica anche una pratica, interdisciplinare per natura, sensibile alle forme culturali impegnate politicamente (l'arte femminista, ad esempio) o radicate nel vernacolare; cioè, a forme che negano l'idea di un ambito estetico privilegiato.

Le avventure dell'estetica costituiscono una delle grandi narrazioni della modernità: dall'epoca della sua autonomia grazie alla teoria dell'arte per l'arte, allo status di categoria necessariamente negativa, una critica del mondo così com'è. È proprio quest'ultima fase (immaginata brillantemente nei testi di Theodor Adorno) che è difficile abbandonare: la nozione di estetica come attività sovversiva, un interstizio critico in un mondo altrimenti strumentale. Ora, tuttavia, noi dobbiamo considerare che anche questo spazio estetico si è dissolto – o piuttosto che la sua forza critica ormai sia perlopiù illusoria (e quindi strumentale). Alla luce degli eventi, la strategia di un "impegno negativo" di Adorno, va riesaminata o respinta, e va escogitata una nuova strategia di interferenza (in linea con Gramsci). Questa, almeno, è la convinzione dei saggi inclusi in questa raccolta. Tale strategia, certo, è destinata a rimanere romantica qualora non sia consapevole dei propri limiti, che in effetti nel mondo presente sono molto severi. Eppure tutto questo è chiaro: di fronte a una cultura reazionaria su tutti i fronti è necessaria un'attività di resistenza.

Jürgen Habermas (Düsseldorf, 18 giugno 1929) è un filosofo e sociologo tedesco legato alla tradizione della "Teoria critica" della Scuola di Francoforte e al pensiero di Charles Sanders Peirce. Le tematiche epistemologiche inerenti alla fondazione delle scienze sociali reinterpretate alla luce della "svolta linguistica" della filosofia contemporanea occupano una posizione centrale nei suoi scritti; l'analisi delle società industriali nel capitalismo maturo; il ruolo delle istituzioni in una nuova prospettiva dialogico emancipativa in relazione alla crisi di legittimità che mina alla base le democrazie contemporanee e i meccanismi di formazione del consenso. Per Habermas i problemi della comunicazione e la funzione dell'opinione pubblica rivestono un ruolo di primo piano nella società contemporanea

La sua elaborazione filosofica lo ha visto sempre impegnato nella critica del metodo del conoscere oggettivamente. Questo lo ha condotto sulla via della fondazione di una nuova ragione comunicativa che egli ritiene che possa liberare l'umanità dal principio di autorità. Infatti considera che solo il paradigma conoscitivo intersoggettivo quale elemento fondativo di una nuova ragione comunicativa va ben aldilà di un astratto paradigma della soggettività di cui peraltro sollecita l'abbandono.

Nel 1971 diventa direttore del Max Planck Institut di Starnberg (Monaco), e dal 1983 insegna all'Università di Francoforte dove è professore emerito. Nel 1981 pubblica il suo lavoro più importante, *Teoria dell'agire comunicativo* (prima edizione italiana. Il Mulino 1986). Il saggio qui pubblicato (la prima versione appare su "New German Critique" nell'ottobre del 1981), ottenne ampi riconoscimenti alla sua uscita . In quel saggio, Habermas pone la questione se, alla luce dei fallimenti del ventesimo secolo, "dobbiamo cercare di aggrapparci alle intenzioni dell'Illuminismo, per quanto deboli, o dobbiamo considerare l'intero progetto della modernità una causa persa?".

Jürgen Habermas

Il modernismo: un progetto incompleto

Moderno contro postmoderno

È dallo scorso anno (1980) che gli architetti vengono ammessi alla Biennale di Venezia, al seguito di pittori e registi. Tuttavia, l'atmosfera che ha caratterizzato questa Biennale di architettura è stata deludente. Oserei quasi dire che gli espositori di Venezia formavano un'avanguardia dei fronti opposti. Intendo dire che essi hanno sacrificato la tradizione della modernità in nome di un nuovo storicismo. Per l'occasione, un critico di un quotidiano tedesco, il "Frankfurter Allgemeine Zeitung", avanza una tesi il cui significato va oltre l'evento particolare, in quanto si tratta di una diagnosi dei nostri tempi: "La post-modernità ha senza dubbio assunto l'aspetto di antimodernità". Questo giudizio, riferito ad una corrente emozionale dei nostri tempi che ha permeato tutte le sfere della vita intellettuale, ha ormai messo all'ordine del giorno le teorie del post-illuminismo, della post-modernità e, perché no, della post-storia.

Dalla storia ci viene la definizione di "Antichi e Moderni"

Vorrei, tuttavia, tentare di definire i due concetti. La parola "moderno" ha una lunga storia analizzata, tra gli altri, da Hans Robert Jauss[1]. Derivata dal latino *modernus*, è stata usata per la prima volta alla fine del V secolo allo scopo di distinguere il presente, ormai ufficialmente cristiano, dal passato romano e pagano. Con contenuti diversi, la parola "moderno" esprime di volta in volta la consapevolezza di un'epoca che fa riferimento al passato di antichità onde collocarsi come risultato di una transizione dal vecchio al nuovo.

Alcuni scrittori restringono il concetto di "modernità" al Rinascimento, indicando, però, una collocazione storica troppo limitata. La gente, infatti, si

considerava moderna anche durante il periodo di Carlo il Grande, nel XII° sec.,
all'epoca della famosa "querelle des Anciens et des Modernes". Vale a dire che la
parola moderno è apparsa ripetutamente proprio in quei periodi in cui in Europa
la consapevolezza di una nuova epoca si coagulava attraverso un rinnovato
rapporto con il mondo antico – ogni qualvolta, inoltre, il mondo antico era
considerato un modello da recuperare attraverso qualsiasi forma di imitazione.

L'incantesimo che i classici del mondo antico avevano esercitato sullo spirito
dei tempi successivi fu rotto per la prima volta dagli ideali dell'Illuminismo
francese. Più precisamente, l'idea di essere "moderni" guardando agli antichi
mutò con la fede, ispirata dalla scienza moderna, nell'infinita conoscenza e
nella progressiva conquista di miglioramenti morali e sociali. Un altro genere
di consapevolezza modernista prese forma sull'onda di questo mutamento.
Il modernista romantico, nel tentativo di opporsi agli antichi ideali dei
classicisti, cercò di individuare una nuova epoca storica che trovò in un
Medioevo idealizzato. Ma questa epoca ideale, istituita dall'inizio del XIX
secolo, non doveva restare un ideale fisso. Nel corso del secolo, infatti da
questo spirito romantico doveva emergere quella consapevolezza di modernità
radicalizzata che lo avrebbe liberato da ogni legame storico specifico. Il
modernismo più recente opera semplicemente una opposizione astratta tra
tradizione e presente; e, in un certo senso, noi siamo ancora i contemporanei
di questa modernità estetica apparsa per la prima volta verso la metà del
XIX secolo. Da allora, la nota distintiva di opere considerate moderne è il
"nuovo". La caratteristica di queste opere è quindi il nuovo destinato a essere
superato e a diventare obsoleto in virtù della novità dello stile successivo. Ma,
mentre ciò che è semplicemente "di moda" è destinato a essere ben presto
superato, ciò che è moderno conserva un legame segreto con il classico. È
noto, infatti, che tutto ciò che sopravvive al tempo è sempre considerato un
classico. Tuttavia, una testimonianza moderna per eccellenza non deriva più
il potere di essere considerata un classico dell'autorità di un'epoca passata;
al contrario, un'opera moderna diventa un classico in quanto a suo tempo è
stata autenticamente moderna. È il nostro senso di modernità a creare i suoi
propri canoni del classico. Non a caso riferendoci alla storia dell'arte moderna
parliamo di modernità classica. La relazione tra "moderno" e "classico" ha
dunque definitivamente perduto un riferimento storico preciso.

La disciplina della modernità estetica

Lo spirito e la disciplina della modernità estetica assunsero contorni
precisi nell'opera di Baudelaire. Essa trovò poi espressione in vari movimenti
di avanguardia e raggiunse infine il suo apice nel Café Voltaire dei dadaisti e
nel surrealismo. La modernità estetica è caratterizzata da atteggiamenti che

trovano un punto comune nella mutata consapevolezza del tempo. Questa si esprime attraverso metafore sull'avanguardia propriamente militare e su quella letteraria. Quest'ultima, infatti, si considera alla stregua di un movimento di invasione di territori sconosciuti, esposto ai pericoli di scontri imprevisti e traumatici, volto alla conquista di un futuro non ancora occupato. L'avanguardia letteraria ha il compito di trovare una direzione in un paesaggio in cui nessuno sembra ancora essersi avventurato.

Questi movimenti di avanguardia, questa anticipazione di un futuro indefinito e il culto del nuovo non fanno altro, in realtà, che esaltare il presente. La nuova consapevolezza del tempo, che negli scritti di Bergson diventa filosofia, va oltre l'espressione dell'esperienza della mobilità sociale, dell'accelerazione della storia, della discontinuità della vita quotidiana. La nuova importanza attribuita al transitorio, all'elusivo, all'effimero, la celebrazione stessa del dinamismo rivelano l'aspirazione ad un presente incontaminato, immacolato e stabile.

Ciò spiega il linguaggio alquanto astratto con cui lo spirito modernista ha parlato del "passato". Le diverse epoche perdono le loro qualità distintive. La memoria storica è sostituita dall'affinità eroica del presente con le espressioni estreme della storia; un senso del tempo in cui la decadenza immediatamente si riconosce nel barbarico, nel selvaggio e nel primitivo. In questa luce, l'intenzione anarchica di porre fine al continuum storico si può giustificare in termini di forza sovversiva di questa nuova coscienza estetica. La modernità si ribella alle funzioni normalizzanti della tradizione; essa vive dell'esperienza della ribellione contro tutto ciò che è normativo. La ribellione stessa rappresenta un modo di neutralizzare i canoni della moralità e dell'utilità. Questa coscienza estetica mette continuamente in scena un dramma dialettico tra segretezza e scandalo pubblico; è insieme estremamente attratta dall'orrore che accompagna l'atto di profanare in fuga di fronte ai risultati volgari della profanazione stessa.

D'altra parte, la coscienza del tempo, che si articola nell'arte di avanguardia, non è semplicemente astorica, ma si ribella, piuttosto a quella che potremmo definire la falsa normativa della storia. Lo spirito moderno di avanguardia ha cercato di usare il passato in modo diverso, non disdegnandolo in quanto frutto di un sapere oggettivante dello storicismo, ma opponendosi ad esso in quanto storia neutralizzata, racchiusa nel museo dello storicismo.

Attingendo allo spirito del surrealismo, Walter Benjamin elabora il rapporto tra modernità e storia, secondo un'attitudine che definirei post-storicista. Egli ci rimanda all'autocoscienza della rivoluzione francese: "La rivoluzione citava l'antica Roma, proprio come la moda cita un vestito antiquato. La moda ha un fiuto per tutto ciò che attuale, in qualunque momento si muova nell'alone di ciò che è stato". Questa è la teoria di Benjamin sulla *Jetztzeit*, sul presente come momento di rivelazione; un tempo in cui i frammenti di una presenza messianica si ricongiungono. In questo senso l'antica Roma rappresentava per Robespierre un passato carico di rivelazioni momentanee[2].

Tuttavia, questo spirito di modernità estetica ha, da qualche tempo, incominciato ad accusare gli anni. Recitato nuovamente negli anni Sessanta, dopo i Settanta ha suscitato risposte meno brillanti di quanto non fosse quindici anni fa. Octavio Paz, fervente sostenitore della modernità, notava già verso la metà degli anni Sessanta che "l'avanguardia del 1967 ripete i fatti e i gesti di quelle del 1919. Stiamo vivendo la fine dell'idea di arte moderna". Da allora, l'opera di Peter Bürger ci ha insegnato a parlare di arte "post-avanguardista"; termine che sta a indicare il fallimento della ribellione surrealista[3]. Ma qual è il significato di questo fallimento? Che sia un segnale di addio alla modernità? Ovvero, in termini più generali, l'esistenza di una post-avanguardia indica che ci troviamo di fronte a una transizione verso quel più ampio fenomeno chiamato post-modernità?

Questa, almeno, è l'interpretazione che dà dei fatti Daniel Bell, il più brillante dei neo-conservatori americani. Nel suo libro, *The Cultural Contradictions of Capitalism*, Bell afferma che le crisi delle società occidentali sviluppate risalgono a una frattura tra cultura e società. La cultura modernista è giunta a permeare i valori della vita quotidiana che ne risulta, quindi, contaminata. Sono state le forze del modernismo a rendere dominanti il principio di auto-realizzazione illimitata, la richiesta di un'esperienza personale autentica e il soggettivismo dell'ipersensibilità. Un atteggiamento del genere libera i bisogni edonistici che mal si conciliano con la disciplina di una vita professionale all'interno della società, prosegue Bell. Oltretutto, la cultura modernista è del tutto incompatibile con i principi morali di una condotta di vita razionale e propositiva. Bell attribuisce l'onere della dissoluzione dell'etica protestante (fenomeno che aveva preoccupato Max Weber) alla cultura "antagonista". La cultura, nella sua forma moderna stimola l'odio per le convinzioni e le virtù della vita quotidiana, razionalizzata dalle pressioni degli imperativi di ordine economico e amministrativo.

Vorrei a questo punto richiamare l'attenzione sul suggerimento macchinoso che trapela da questa teoria. L'impulso della modernità, ci si dice da una parte, si è esaurito; chiunque ritenga di essere all'avanguardia ha in mano la sua condanna a morte. Questa avanguardia, che si considera tutt'ora in espansione, non è più ritenuta creativa. Il modernismo è dominante, ma morto. Ecco, quindi, che per il neoconservatore si pone l'interrogativo: in che modo la società può promuovere norme in grado di limitare il libertinismo, di ristabilire l'etica della disciplina e del lavoro? Quali sono le norme in grado di porre un freno al livellamento causato dallo stato di benessere, cosicché le virtù della competizione individuale per l'affermazione tornino a dominare? Daniel Bell vede in una rinascita religiosa l'unica soluzione. La fede religiosa, legata alla fede nella tradizione darà agli individui identità chiaramente definite insieme a una sicurezza esistenziale.

MODERNITÀ CULTURALE E MODERNIZZAZIONE DELLA SOCIETÀ

Certo, non è possibile rifarsi come per incanto all'urgenza di una fede che esige autorità. Le analisi come quella di Bell, pertanto, sfociano semplicemente in un atteggiamento che si sta diffondendo in Germania non meno che negli Stati Uniti: un confronto intellettuale e politico con i depositari della modernità culturale. Cito, in proposito, Peter Steinfalls, critico del nuovo stile che i neo-conservatori hanno imposto sulla scena intellettuale nel corso degli anni Settanta.

La lotta si risolve nel denunciare ogni manifestazione di ciò che può essere considerato di mentalità opposta e nell'individuarne la "logica" in modo da operarne il collegamento con varie forme di estremismo: d'identificare il legame tra modernismo e nichilismo... tra normativa di governo e totalitarismo, tra critica degli stanziamenti alla difesa e sottomissione al comunismo, tra liberazione delle donne o diritti degli omosessuali e distruzione della famiglia... tra sinistra generalmente intesa e terrorismo, antisemitismo e fascismo...[4]

L'approccio *ad nomine* e l'asprezza di queste denunce hanno avuto ampia risonanza anche in Germania. Esse, tuttavia, non devono essere spiegate in termini di psicologia degli scrittori neoconservatori ma piuttosto di debolezza analitica della dottrina neoconservatrice stessa.

Essa, infatti, scarica sul modernismo i pesanti oneri di una modernizzazione capitalistica dell'economia e della società, più o meno riuscita. Annacqua il rapporto tra auspicato processo di modernizzazione sociale, da una parte, e deprecato sviluppo culturale dall'altra. Non mette in luce le cause di ordine economico e sociale dei mutati atteggiamenti verso il lavoro, il consumo, la realizzazione e l'impiego del tempo libero. Come conseguenza, attribuisce tutti i fenomeni come edonismo, mancanza d'identificazione sociale, e di obbedienza, narcisismo, rinuncia allo status e alla competizione per il successo, al dominio della "cultura". In realtà, invece, il ruolo della cultura in tutti questi campi è solo molto indiretto e, comunque, mediato.

Alla luce di questa teoria, quegli intellettuali che continuano a considerarsi impegnati nel progetto della modernità prendono il posto delle suddette cause, non analizzate. Gli umori che alimentano l'attuale neoconservatorismo non hanno in alcun modo origine dallo scontento per le conseguenze antinomiste di una cultura che esce dai musei e irrompe nella vita quotidiana. Il malcontento non è stato posto in essere dagli intellettuali modernisti, ma ha le sue radici nelle reazioni profonde al processo di modernizzazione sociale. Sotto le pressioni della dinamica dello sviluppo economico e delle misure organizzative dello Stato, la modernizzazione sociale penetra sempre di più nelle preesistenti forme di esistenza umana. Definirei questa subordinazione dei modi di vita agli imperativi del sistema come una causa di disturbo dell'infrastruttura comunicativa della vita quotidiana.

Così, ad esempio, le proteste neo-populiste non fanno che esprimere con linguaggio pertinente il diffuso timore relativo alla distruzione dell'ambiente urbano e naturale e di forme di socialità umana. Esiste una certa ironia nei confronti di queste proteste in termini di neo-conservatorismo. Il compito di trasmettere una tradizione culturale, di integrazione sociale e di socializzazione richiedono aderenza a quella che definirei razionalità comunicativa. Le occasioni per protestare e manifestare la propria insoddisfazione cominciano proprio quando le sfere dell'azione comunicativa, che si basano sulla riproduzione e la trasmissione di norme e valori, sono invase da una forma di modernizzazione guidata da modelli di razionalità economica e amministrativa, in altre parole, da standard di razionalizzazione molto diversi da quelli della comunicazione razionale da cui dipendevano quelle aree. Eppure le tendenze neo-conservatrici non fanno altro che distogliere la nostra attenzione da questi processi sociali e imputare le cause, peraltro non analizzate, a una cultura sovversiva e ai suoi sostenitori.

Anche il modernismo culturale, com'è ovvio, genera le sue aporie. Indipendentemente dalle conseguenze della modernizzazione sociale e nell'ambito delle prospettive dello stesso sviluppo culturale, esistono motivi di dubitare del progetto di modernità. Dopo aver parlato di una modesta critica della modernità – vale a dire del neo-conservatorismo – vorrei spostare la discussione sulla modernità e sull'insoddisfazione che crea in un settore diverso, che riguarda le aporie della modernità culturale, argomenti che non di rado servono solo da pretesto per quelle posizioni che si rifanno alla post-modernità, oppure auspicano il ritorno a qualche forma di pre-modernità, mettendo addirittura la modernità radicalmente fuori discussione.

IL PROGETTO ILLUMINISTA

L'idea di modernità è intimamente collegata allo sviluppo dell'arte in Europa; ma quello che definisco "il progetto di modernità" assume le dimensioni che gli sono proprie solo a patto di evitare l'abituale concentrazione sull'arte. Vorrei tentare, qui, un'analisi diversa richiamandomi a un'idea di Max Weber. Egli definiva la modernità culturale come la divisione della ragione sostanziale, espressa dalla religione e dalla metafisica, in tre sfere autonome. Vale a dire: scienza, morale e arte che si differenziano in quanto vengono a essere scartati i concetti unificanti di religione e metafisica. A partire dal XVIII secolo, i problemi ereditati da queste più antiche concezioni del mondo sono stati riorganizzati in modo da rientrare sotto aspetti di validità specifici: verità, giustizia, normativa, autenticità e bellezza. Da allora in poi, essi sono stati considerati problemi inerenti alla conoscenza, alla giustizia, alla morale e al gusto. La ricerca scientifica, la teoria sulla morale, la giurisprudenza, la produzione e la critica dell'arte, potevano a loro volta, essere istituzionalizzate. Ogni settore della cultura veniva, in tal modo, a corrispondere a professioni culturali, nel cui ambito i problemi potevano essere affrontati da esperti. Il trattamento professionalizzato della tradizione culturale mette in rilievo le strutture intrinseche di ciascuna delle tre dimensioni della cultura. Ecco, quindi, profilarsi le strutture della razionalità cognitivo-strumentale, morale-etica ed estetico-espressiva, ognuna sotto il controllo di specialisti che appaiono più adatti di altri ad affrontare in termini logici i contesti particolari. Il risultato è una maggiore distanza tra la cultura degli esperti e quella del pubblico allargato. Ciò che fa la cultura, attraverso un trattamento e una riflessione specializzati, non diventa immediatamente e necessariamente proprietà della prassi quotidiana. A fronte di una razionalizzazione culturale di questo tipo, diventa più reale il pericolo che il sistema di vita, la cui sostanza tradizionale è già stata svalutata, s'impoverisca ulteriormente.

Il progetto di modernità formulato nel XVIII secolo dai filosofi dell'Illuminismo consisteva nel tentativo di sviluppare una scienza obiettiva, una morale e una legge universali e un'arte autonoma, in conformità a una logica interiore. Contemporaneamente, questo progetto intendeva liberare i processi cognitivi di ciascuna di queste aree dalle loro forme esoteriche. I filosofi dell'Illuminismo intendevano utilizzare l'"accumulo di cultura specialistica" come arricchimento della vita quotidiana ovvero di un'organizzazione razionale della vita sociale quotidiana.

I pensatori dell'Illuminismo, con la struttura mentale di Condorcet, continuavano a nutrire la stravagante aspettativa che le arti e le scienze avrebbero favorito non solo il controllo delle forme naturali, ma avrebbero altresì facilitato la comprensione del mondo e dell'individuo, promosso il progresso morale, la giustizia delle istituzioni e persino la felicità degli esseri umani. Il XX secolo ha messo a dura prova questo ottimismo. La differenziazione tra scienza, morale e arte ha finito col significare l'autonomia dei segmenti trattati dello specialista e, nel contempo, la separazione dell'ermeneutica della comunicazione quotidiana. Questa separazione è il problema che ha dato origine agli sforzi di "negare" la cultura degli esperti. Ma il problema rimane: dobbiamo cercare di aggrapparci alle intenzioni dell'Illuminismo, per quanto deboli, o dobbiamo considerare l'intero progetto della modernità una causa persa? Vorrei, adesso, tornare al problema della cultura artistica, dopo aver spiegato perché, storicamente, la modernità estetica rappresenta solo una parte della modernità culturale in generale.

Semplificando al massimo, direi che nella storia dell'arte moderna è possibile individuare la tendenza verso una maggiore autonomia sia in termini di definizione che di pratica dell'arte. La categoria del "bello" e degli oggetti belli fu istituita per la prima volta nel Rinascimento. Nel corso del XVIII secolo, la letteratura, le belle arti e la musica furono istituzionalizzate come attività indipendenti dalla vita di corte e di devozione. Intorno alla metà del XIX secolo, incominciò a emergere un concetto estetico che incoraggiò l'artista a produrre secondo il suo concetto di arte, ai fini dell'arte stessa. L'autonomia della sfera estetica poteva, finalmente, trasformarsi in un progetto deliberato: l'artista poteva dare espressione autentica a quelle esperienze vissute incontrando la sua soggettività decentrata, libera dai vincoli di una cognizione disciplinata dalla routine e dagli atti quotidiani.

Alla metà del XIX secolo, in letteratura e in pittura, ebbe inizio un movimento che Octavio Paz trova già accennato nella critica d'arte di Baudelaire. Colore, linee, suoni e movimento non servono più essenzialmente la causa della rappresentazione; mezzi di espressione e tecniche di produzione diventano essi stessi oggetto estetico. Theodor W. Adorno poteva quindi iniziare la sua *Teoria estetica* con la frase: "È ormai scontato che nulla che riguardi l'arte possa ancora essere dato per scontato, non è l'arte nel suo rapporto con il tutto né il diritto dell'arte stessa di esistere". Ma il surrealismo si affrettò a negare questa posizione; "*das Existenzrecht der Kunst als Kunst*". Certo, il surrealismo non avrebbe messo in dubbio il diritto dell'arte di esistere, se l'arte moderna avesse smesso di formulare una promessa di felicità riguardo al suo rapporto con "il tutto" della vita. Per Schiller, questa promessa era originata da un intuizione estetica che, però, non era in grado di realizzarla. Nelle sue *Lettere sull'educazione estetica dell'uomo*, egli espone un'utopia che va ben oltre l'arte stessa. Tuttavia, all'epoca di Baudelaire, il quale ripeteva questa *promesse de bonheur*, attraverso l'arte, l'utopia di una riconciliazione con la società appariva superata. Lasciando il posto a una relazione tra gli opposti; l'arte era diventata un riflesso critico che mostrava la natura inconciliabile dell'estetica e del mondo sociale.

Questa trasformazione modernista ebbe una realizzazione tanto più sofferta quanto più l'arte andava alienandosi dalla vita per rifugiarsi nell'inviolabilità di una completa autonomia. Da queste correnti emotive scaturiscono, infine, quelle energie esplosive che si riversano nel tentativo surrealista di violare la sfera autarchica dell'arte e di indurre una riconciliazione tra arte e vita.

Ma i tentativi di portare arte e vita, finzione e prassi, apparenza e realtà, a un medesimo livello, gli sforzi di eliminare la distinzione tra prodotto artistico e oggetto d'uso, tra rappresentazione consapevole ed eccitamento spontaneo, l'impegno a considerare che tutto è arte e tutti possono essere artisti, ad abolire qualsiasi criterio e ad equiparare il giudizio estetico all'espressione di esperienza soggettiva – si sono dimostrati tutti esperimenti privi di senso e sono serviti solo a riportare in vita e ad esaltare proprio quelle strutture artistiche che si era cercato di dissolvere. Essi diedero nuova legittimazione, in quanto fine a se stessa, all'apparenza come mezzo di finzione, alla trascendenza dell'opera d'arte rispetto alla società, al carattere specifico e pianificato della produzione artistica nonché al particolare ruolo cognitivo dei giudizi di qualità. Il tentativo radicale di negare l'arte si è ironicamente concluso con l'attribuzione del dovuto esattamente a quelle categorie per mezzo delle quali l'estetica illuminista aveva circoscritto la sua sfera oggettuale. I surrealisti hanno ingaggiato una battaglia all'ultimo sangue, ma due errori, in particolare, ne hanno compromesso l'esito. Innanzitutto, quando si spalancano le porte di una sfera culturale sviluppata autonomamente, i contenuti si disperdono. Nulla rimane quando un significato o una forma sono svalutati o distrutti, il che non consente alcun effetto di emancipazione.

Il loro secondo errore comporta conseguenze più importanti. Nella comunicazione quotidiana, i significati cognitivi, le aspettative morali, le espressioni e le valutazioni soggettive hanno necessariamente un rapporto di interrelazione. I processi di comunicazione esigono una tradizione culturale che si riferisce a tutte le sfere: cognitiva, morale, pratica ed espressiva. Impossibile, dunque, pensare di salvare la vita quotidiana razionalizzata dalla povertà culturale limitandosi a rendere accessibile un'unica sfera – quella dell'arte – soltanto uno, quindi, dei complessi di conoscenza specializzata. La rivolta surrealista avrebbe, quindi, sostituito solo un'astrazione.

Anche nella sfera del sapere teoretico e della morale esistono analogie al tentativo fallito di ciò che potremmo definire falsa negazione della cultura. Esse, però, sono meno evidenti. Sin dal tempo dei giovani hegeliani, si è discusso della negazione della filosofia. Con Marx, invece, si è posta la questione del rapporto tra teoria e pratica. Gli intellettuali marxisti, però, militavano in un movimento sociale, per cui solo marginalmente si ebbero tentativi settari di realizzare un programma di negazione della filosofia paragonabile al programma surrealista di negazione dell'arte. Analogie con gli errori surrealisti sono evidenti anche in questi tentativi volti a restaurare il dogmatismo e il rigorismo morale.

Ad una prassi quotidiana ricontestualizzata si può porre rimedio creando una libera interazione tra elementi cognitivi, morali, pratici ed estetici.

Al contrario, in determinate circostanze, assistiamo al profilarsi di un rapporto tra attività terroristiche e lo sconfinamento di una di queste sfere in altri settori: si vedano le tendenze estetizzanti in campo politico ovvero il tentativo di sostituire la politica col rigorismo morale o di sottometterla al dogmatismo dottrinario. Tali fenomeni non devono, però, indurci a denunciare le intenzioni della tradizione illuminista ancor viva come intenzioni radicate in una "ragione terroristica"[5]. Coloro che accomunano il progetto stesso di modernità allo stato di consapevolezza e all'azione spettacolare del singolo terrorista non sono meno miopi di quanti si ostinano ad affermare che il terrore, assai più persistente ed esteso, praticato in segreto nelle celle della polizia militare e politica, nei campi e nelle istituzioni, è la *raison d'être* dello Stato moderno, solo perché questo tipo di terrore amministrativo si serve dei sistemi coercitivi delle moderne burocrazie.

ALTERNATIVE

Ritengo che invece di considerare la modernità e il suo progetto una causa persa dovremmo trarre il dovuto insegnamento dagli errori degli stravaganti programmi che hanno cercato di negarla. Può darsi che le diverse reazioni possano offrire un esempio che indichi almeno la direzione da imboccare per giungere a qualche soluzione.

L'arte borghese nutriva contemporaneamente due aspettative nei confronti dei suoi fruitori. Da un lato, l'uomo della strada che apprezzava l'arte doveva educarsi onde divenire un esperto. Dall'altro, doveva comportarsi come utente competente che utilizza l'arte e rapporta le esperienze estetiche ai suoi problemi esistenziali.

Questa seconda maniera, apparentemente innocua, di vivere l'arte ha perso le sue implicazioni radicali, proprio a causa di un confuso rapporto con la nozione di esperto e di professionista.

Certo, la produzione artistica si esaurirebbe se non fosse realizzata nella forma di trattamento specializzato di problemi autonomi e se dovesse cessare di essere pertinenza di esperti che non rivolgono un'attenzione eccessiva alle questioni esoteriche. Artisti e critici accettano, pertanto, il fatto che tali problemi subiscano l'influsso di quella che ho definito la "logica interna" di una sfera culturale. Ma questa netta demarcazione, questa concentrazione esclusiva su un unico aspetto di validità, a esclusione di aspetti quale giustizia e verità, non ha più motivo di essere allorché l'esperienza estetica entra nella sfera personale e diventa parte della vita quotidiana.

La reazione suscitata dall'arte nell'uomo della strada, ovvero nell'"esperto qualunque", è alquanto diversa dal critico di professione.

Albrecht Wellmer ha attirato la mia attenzione sulla possibilità che un'esperienza estetica, non strutturata sulla base dei giudizi critici di qualità degli esperti, venga alterata nel suo significato; non appena essa venga usata per illuminare una situazione di vita storica o venga rapportata a problemi esistenziali, entra in un gioco di linguaggio che non è più quello critico estetico.

L'esperienza estetica, allora, non solo rinnova l'interpretazione dei nostri bisogni alla luce dei quali percepiamo il mondo, ma permea i nostri significati cognitivi e le nostre aspettative normative mutando il modo in cui tutti questi momenti interagiscono tra loro. Un esempio servirà, forse, a illustrare meglio il processo.

Questo modo di reagire all'arte e di rapportarci a essa ci viene suggerita nel primo volume dell'opera *Estetica della resistenza* di Peter Weiss. Egli descrive il processo di riappropriazione dell'arte da parte di un gruppo di lavoratori, politicamente motivati e assetati di sapere, nella Berlino del 1937[6]. Tutti giovani che, frequentando una scuola serale superiore, s'impadroniscono degli strumenti intellettuali indispensabili per comprendere la storia generale e sociale dell'arte europea. Utilizzando il resistente edificio della ragione obiettiva, rappresentata nelle opere d'arte che loro visitano ripetutamente nei musei di Berlino, incominciano a rimuovere i tasselli di pietra e a radunarli e riorganizzarli nel contesto del loro stesso ambiente. Ambiente molto distante sia dall'educazione tradizionale che dal regime esistente. Gli operai, tuttavia, fanno la spola tra l'edificio dell'arte europea e il loro stesso ambiente fino a che non riescono a illuminare entrambi.

In esempi come questo, che illustrano la riappropriazione della cultura degli esperti dal punto di osservazione del sistema di vita, è possibile discernere un elemento che rende giustizia alle intenzioni delle impossibili rivolte surrealiste, e forse ancor di più all'interesse di Brecht e di Benjamin per il funzionamento dell'arte, che perduta la loro aura potrebbero essere esaminate con maggior chiarezza. In breve, il progetto della modernità non è ancora stato realizzato. E la reazione suscitata dall'arte non è che uno di almeno tre dei suoi aspetti. Il progetto mira a un nuovo e differenziato legame tra cultura moderna e prassi quotidiana che tuttora dipende da eredità vitali, ma che risulterebbe impoverito da un mero tradizionalismo. Questo nuovo legame, tuttavia, è subordinato al patto che la modernizzazione sociale imbocchi un'altra direzione.

Il sistema di una vita deve essere in grado di sviluppare istituzioni che pongano limiti alla dinamica interna e agli imperativi di un sistema economico pressoché autonomo e dei suoi organi amministrativi.

Salvo errori da parte mia, non mi sembra che oggi esistano molte speranze in tal senso. Infatti, più o meno in tutto il mondo occidentale si è sviluppato un clima atto a favorire ulteriori processi di modernizzazione capitalista e tendenze critiche nei confronti del modernismo culturale. La delusione suscitata dal fallimento di quei programmi volti a negare arte e filosofia è diventata un pretesto per assumere posizioni conservatrici. Vorrei, qui, tracciare una breve distinzione tra anti-modernismo dei giovani conservatori, pre-modernismo dei vecchi conservatori e post-modernismo dei neo-conservatori.

I *giovani conservatori* riassumono l'esperienza di base della modernità estetica. Essi rivendicano come proprie le rivelazioni di una soggettività decentrata, emancipata dagli imperativi del lavoro e dell'utilità e, ricchi di questa esperienza, si pongono fuori dal mondo moderno. Sulla base di atteggiamenti modernisti, essi giustificano un anti-modernismo irriconciliabile e traspongono nella sfera del remoto e dell'arcaico il potere spontaneo dell'immaginazione, dell'esperienza personale e della sensibilità. Alla ragione strumentale, contrappongono in modo manicheo un principio accessibile solo attraverso l'evocazione, sia esso aspirazione al potere o alla sovranità, all'essere o alla forza dionisiaca del poetico. In Francia questa tendenza porta da Bataille a Foucault e a Derrida.

I *vecchi conservatori*, invece, non vogliono essere contaminati dal modernismo culturale. Essi assistono con tristezza al declino della ragione sostanziale, alla differenziazione di scienza, morale e arte, dell'idea del mondo moderno e della sua razionalità meramente procedurale e auspicano un ritorno a posizioni *anteriori* alla modernità. Oggi, in particolare, è il neo-aristotelismo a godere di un certo successo. A fronte di una problematica ecologica, esso consente il richiamo a un'etica cosmologica. (A questa scuola che ha avuto inizio con Leo Strauss, appartengono le opere significative di Hans Jonas e Robert Spaemann).

I *neo conservatori*, infine, apprezzano lo sviluppo della scienza moderna solo a condizione che questa esca dalla propria sfera per promuovere il progresso tecnico, lo sviluppo capitalistico e l'amministrazione razionale. Essi auspicano, inoltre, una politica che disinneschi il contenuto esplosivo della modernità culturale. In base alla prima tesi, la scienza correttamente intesa è irrimediabilmente priva di significato per quanto riguarda le scelte del sistema di vita. Un'altra tesi è che la politica debba prendere la maggior distanza possibile rispetto alle richieste di giustificazione morale-pratica. Mentre una terza tesi afferma la pura immanenza dell'arte, ne mette in discussione il contenuto utopico e ne sottolinea il carattere illusorio al fine di limitare l'esperienza estetica alla sfera privata. Vengono, qui, alla mente i nomi di Wittgenstein, di Carl Schmitt del periodo intermedio e di Gottfried Benn dell'ultimo periodo. Tuttavia, con il decisivo confinamento di scienza, morale e arte in sfere autonome, separate dal mondo esistenziale e amministrate da esperti, del progetto di modernità culturale non rimane che ciò che sarebbe comunque rimasto se a tale progetto avessimo deciso di rinunciare del tutto. In sostituzione, ci vengono additate le tradizioni che, comunque, sono considerate immuni dalle richieste di giustificazione e convalida (normativa).

Questa tipologia che, come ogni altra, è una semplificazione, potrebbe tuttavia dimostrarsi non del tutto inutile nell'analisi dell'attuale confronto intellettuale e politico. Temo che le idee anti-modernità, insieme con un tocco aggiuntivo di pre-modernità, stiano diventando popolari nei circoli di cultura alternativa. Osservando le trasformazioni in termini di consapevolezza all'interno dei partiti politici tedeschi salta agli occhi un nuovo superamento ideologico (*Tendenzewende*). Mi riferisco all'alleanza tra post-modernisti e pre-modernisti... mi sembra che non esista un partito in particolare che monopolizza l'abuso di intellettuali e la posizione di neo-conservatorismo. Ho quindi buone ragioni di essere riconoscente allo spirito liberale con cui la città di Francoforte mi offre un premio che porta il nome di Theodor Adorno. Adorno, figlio illustre di questa città, filosofo e scrittore che dell'intellettuale nel nostro paese ha dato un'immagine incomparabile, è divenuto egli stesso immagine di emulazione per l'intellettuale.

1. Jauss è un emerito storico, critico e letterato tedesco interessato all'estetica della ricezione, una critica che, negli Stati Uniti, fa riferimento alla critica del giudizio del pubblico. Per approfondire il dibattito sul "moderno" si veda *Asthetische Normen und geschichtliche Reflexion in der Querelle des Anciens et des Modernes* (Monaco, 1964). Per l'edizione inglese si veda "History of Art and Pragmatic History", *Toward an Aesthetic of Reception*, trad. Timothy Bahati (University of Minnesota Press, Minneapolis 1982) pp.46-8

2. Si veda Benjamin, "Thesis on the philosophy on history" *Illuminations. Walter Benjamin: Essays and Reflections*. Schocken Verlag, New York 1969

3. Sul tema dell'avanguardia trattato da Paz si veda in particolare *Children on the Mire: Modern Poetry from Romanticism to the Avant-Garde*, Harvard University Press 1991. Per Peter Bürger si veda *Theory of the Avant-Garde*, Manchester University Press, 1984

4. Peter Steinfels, *The Neoconservatives*, Simon e Schuster, New York 1979, p.65

5. La frase "estetizzare la politica" ricorda il famoso enunciato di Benjamin sul falso programma sociale dei fascisti in "L'opera nell'epoca della sua riproducibilità tecnica" [trad. it.: Walter Benjamin, *L'opera d'arte nell'epoca della sua riproducibilità tecnica*, Einaudi, Torino 1966]. Qui il criticismo di Habermas nei confronti della critica illuminista è apparentemente meno diretta ad Adorno e Max Horkheimer che ai *nouveaux philosophes* contemporanei (Bernard-Henry Lèvy, ecc...) e ai loro corrispettivi tedeschi e americani

6. L'autore fa riferimento al suo racconto *Die Asthetik des Widerstand* (1975-8); più conosciuto negli Stati Uniti il suo adattamento teatrale *Marat/Sade*. L'opera d'arte di cui i lavoratori si "riappropriano" è l'altare di Pergamo, simbolo di potere, classicismo e ragione
Prima traduzione italiana in "Lettera Internazionale" n.8, Roma 1986

Nato nel 1930 in Inghilterra, ma residente negli Stati Uniti, Kenneth Frampton ha sempre affiancato la sua attività di architetto a quella di storico e critico dell'architettura. Ha fatto parte della redazione delle riviste *Architectural Design*, e *Oppositions*; ha insegnato presso l'Università di Princeton e presso la Columbia University, dove svolge tuttora la sua attività all'interno della Graduate School of Architecture. Grazie a testi quali "Towards a Critical Regionalism: Six Points for an Architecture of Resistance" (1983), e "Studies in Tectonic Culture: The Poetics of Construction" in *Nineteenth and Twentieth Century Architecture*, 1995 (trad. it. a cura di M. De Benedetti, Skira, 1999), Frampton – in sintonia con Jurgen Habermas – affronta il modernismo come un *progetto incompiuto* e propone all'attenzione del dibattito contemporaneo il concetto di regionalismo critico (*critical regionalism*), inteso come alternativa rispetto ad un modello internazionale dettato da principi dai ottimizzazione tecnologica ed economica. Con regionalismo critico (termine coniato da Alexander Tzonis e Liliane Lefaivre) l'autore indica la produzione di forme architettoniche idiosincratiche, frutto di una rinnovata attenzione verso i caratteri topografici, climatici, culturali del sito. In questo senso, diventa fondamentale il recupero della dimensione tattile della percezione (in contrapposizione con l'egemonia dell'esperienza visuale) e del concetto di tettonica, inteso come potenziale espressivo della struttura architettonica stessa, elemento basilare per una poetica della costruzione. Questa sintesi tra cultura e civilizzazione, locale e universale, viene riscontrata dall'autore nell'opera di architetti come il danese Jørn Utzon, lo svizzero Mario Botta, il finlandese Alvar Aalto. Tra le opere principali di Frampton sono da ricordare anche *Modern Architecture: A Critical History*, 1981 (trad. italiana a cura di M. De Benedetti e R. Poletti, Zanichelli, 1982) e la raccolta di saggi *Labour, Work and Architecture* (Phaidon Press, 2002).

KENNETH FRAMPTON

Verso un regionalismo critico
Sei punti per un'architettura della resistenza

Il fenomeno dell'universalizzazione, che in parte costituisce un bene per l'umanità, produce allo stesso tempo una sorta di sottile distruzione, non solo delle culture tradizionali – un male non necessariamente irreparabile – ma anche di quello che chiamerò il nucleo creatore delle grandi civiltà, delle grandi culture; quella centralità su cui si basa la nostra interpretazione della vita, che chiamerò d'ora in poi il nucleo etico e mitico dell'umanità. Da questa cosa si genera un conflitto. Si ha la sensazione che questa singola parola, civilizzazione, eserciti al tempo stesso un usura o erosione a spese delle risorse culturali che hanno fondato le grandi civiltà del passato – questa minaccia si esprime, insieme ad altri effetti di disturbo, con la diffusione di fronte ai nostri occhi, di una civiltà mediocre che rappresenta l'assurda controparte di quello che ho appena definito cultura elementare. Ovunque nel mondo, Dovunque, attraverso il mondo, si ha lo stesso brutto film, le stesse macchine mangiasoldi, gli stessi orrori in plastica o in alluminio, la stessa distorsione del linguaggio ai fini della propaganda, ecc; tutto avviene come se l'umanità, arrivando in massa a una prima cultura di consumo, si fosse fermata in massa ad un livello di sottocultura. Arriviamo così al problema cruciale per i popoli che escono dal sottosviluppo. Per entrare nella strada della modernizzazione è necessario forse liberarsi del vecchio passato culturale che è stato la raison d'être di una nazione?... Di qui nasce il paradosso: da un lato [la nazione] deve trovare le radici nel suo passato, forgiare uno spirito nazionale e spiegare questa rivendicazione spirituale e culturale contro la personalità del colonizzatore. Ma occorre allo stesso tempo, per entrare nella civiltà moderna, accedere alla razionalità scientifica, tecnica e politica che esige molto spesso l'abbandono puro e semplice di tutto un passato culturale. È un dato di fatto che nessuna cultura può sostenere e assorbire il trauma del processo di civilizzazione moderno. Ecco il paradosso: come modernizzare e ritornare alle fonti? Come risvegliare una vecchia cultura addormentata ed entrare nella civiltà universale?[1]

Paul Ricoeur

1. Cultura e Civiltà

L'architettura è oggi a tal punto condizionata dal livello tecnologico raggiunto che le possibilità di creare forme urbane significative sono estremamente ridotte. Le limitazioni imposte dalla distribuzione automatizzata e dai mutevoli giochi della speculazione restringono talmente le possibilità del disegno urbano che ogni progetto si riduce ad una manipolazione di elementi predeterminati dagli imperativi della produzione o ad una superficiale copertura per incoraggiare il commercio e il proseguimento del regime di controllo sociale. Oggi la produzione dell'architettura è sempre più polarizzata tra un'attitudine *high tech*, basata esclusivamente sulla produzione, e la creazione di "facciate di consolazione" che nascondono le dure realtà di sistema[2].

Negli anni Sessanta il rapporto dialettico tra civiltà e cultura permetteva ancora di mantenere un certo controllo sulla forma e sul significato del tessuto urbano. Ma negli ultimi vent'anni i centri metropolitani del mondo sviluppato si sono radicalmente trasformati, quello che all'inizio degli anni Sessanta era ancora un tessuto in prevalenza ottocentesco è stato sempre più preso di mira da due aspetti simbolici dello sviluppo megalopolitano: l'edificio isolato a torre e l'autostrada a serpentina. Di questi, il primo si è dimostrato il miglior mezzo per sfruttare gli aumenti di valore del terreno, a loro volta prodotti dal secondo. Il tipico centro urbano, che fino a vent'anni fa si presentava ancora come un miscuglio di tessuto residenziale con zona di industria secondaria e terziaria, è oggi diventato poco più che un paesaggio tipo Bürolandschaft: la vittoria della civiltà universale su quella locale. L'aspirazione di Paul Ricoeur, cioè "come diventare moderni e ritornare alle origini"[3], sembra oggi dover frae i conti con la spinta apocalittica della modernizzazione, mentre quel terreno dove si sarebbe potuto fissare un nucleo mitico-etico della società sembra oggi dover affrontare l'aggressività dello sviluppo[4].

Fin dagli inizi dell'Illuminismo, la *civiltà* si è concentrata sulla strumentalizzazione della ragione, mentre invece la *cultura* si è concentrata su aspetti specifici dell'espressione, cioè sulla realizzazione dell'essere e sull'evoluzione di un realtà psico-sociale *collettiva*. Oggi la civiltà appare sempre più coinvolta in un'infinita concatenazione di "mezzi e fini" all'interno del quale secondo Hannah Arendt, "la finalità è diventata il contenuto del motivo, e l'utilità elevata a significato genera la mancanza di significato"[5].

2. Ascesa e caduta dell'avanguardia

L'emergere dell'avanguardia si presenta inseparabile dalla modernizzazione della società e dell'architettura. Durante l'ultimo secolo e mezzo la cultura dell'avanguardia ha assunto ruoli diversi, a volte incoraggiando il processo di modernizzazione, quale forza progressista e liberatoria, a volte invece in violenta opposizione contro il positivismo della cultura borghese. In linea di massima l'architettura ha svolto un ruolo positivo allineato con la tendenza progressista dell'Illuminismo. Si potrebbe citare il ruolo svolto dal Neoclassicismo: dal Settecento in poi, il Neoclassicismo rappresenta un simbolo e un mezzo per la propagazione della civiltà universale. Tuttavia, verso la metà dell'Ottocento l'avanguardia storica si schierò sia contro il processo di industrializzazione che contro la forma neoclassica. Ciò rappresentò la prima reazione concreta da parte della "tradizione" contro il processo di modernizzazione: sia il Gothic Revival che l'Art and Crafts Movement si schieravano contro l'utilitarismo e la divisione del lavoro. Ma nonostante questo attacco, la modernizzazione continuò imperterrita; durante la seconda metà dell'Ottocento l'arte borghese si staccò dalle dure realtà del colonialismo e dello sfruttamento paleo-tecnologico. E così, verso la fine del secolo, l'avanguardia dell'Art Nouveau si rifugiò nella tesi dell'"arte per l'arte", ritirandosi nei modi della nostalgia e della fantasmagoria e traendo ispirazione dall'ermetismo catartico del dramma musicale di Wagner.

L'avanguardia progressista emerge in piena forza poco dopo l'inizio del secolo con il Futurismo. Questo esplicito attacco contro l'*ancien régime* incoraggiò la formazione delle più importanti forze culturali positive: il purismo, il neoplasticismo e il costruttivismo. Questi movimenti rappresentano l'ultima occasione in cui l'avanguardia poté identificarsi apertamente con il processo di modernizzazione. Appena dopo la Prima Guerra Mondiale – "la guerra di tutte le guerre" – i trionfi della scienza, della medicina e dell'industria sembravano confermare la promessa liberatoria del progetto moderno. Negli anni Trenta, tuttavia, la generale arretratezza e la cronica insicurezza delle masse da poco urbanizzate, oltre alle sommosse causate dalla guerra, dalla rivoluzione e dalla depressione economica, insieme a un improvviso e profondo bisogno di una qualche stabilità psico-sociologica quale alternativa alla crisi politico-economica, danno forma a una condizione nella quale gli interessi di monopolio e del capitalismo di stato sono, per la prima volta nella storia moderna, scissi dalla forza trainante e liberatoria della modernizzazione culturale. Così la civiltà universale e la cultura mondiale non riescono ad attingere al sostegno del "mito dello Stato": si susseguono varie reazioni-formazioni mentre l'avanguardia storica naufraga sulle rocce della guerra civile spagnola.

Non ultima, tra le varie reazioni, è la riaffermazione dell'estetica neokantiana come sostituto del progetto moderno per la liberazione culturale. Confusi dalle posizioni politiche e culturali dello Stalinismo, quelli che all'epoca erano i protagonisti di sinistra della modernizzazione socio-culturale oggi raccomandano una strategia di arretramento rispetto al progetto di trasformazione totale della realtà. Questa rinuncia viene predicata in virtù della convinzione che, fintanto che la lotta tra socialismo e capitalismo persiste (insieme alla manipolazione della cultura di massa che comporta necessariamente questo conflitto), il mondo moderno non può portare avanti la prospettiva di evolvere una cultura marginale, liberatoria, avanguardista che romperebbe (o parlerebbe di rottura) con la storia della repressione borghese. Vicina all'*arte per l'arte*, questa posizione è stata promossa per la prima volta da Clement Greenberg come "una situazione di stallo" in "Avanguardia e Kitsch" nel 1939; questo saggio si chiude, ambiguamente, con queste parole: "Oggi si guarda al socialismo *solo* per la salvaguardia di ogni forma di cultura contemporanea"[6]. Greenberg riformula questa dichiazione in termini specificatamente formalisti nel saggio del 1965 "Modernist Painting", dove scrive:

Privata dall'Illuminismo di tutti i compiti che poteva prendere sul serio, [l'arte] si è comportata come se fosse sul punto di essere assimilata al puro e semplice intrattenimento, mentre l'intrattenimento sembrava come se stesse per essere equiparato alla terapia, come la religione. L'arte potrebbe salvarsi da questo livellamento verso il basso solo dimostrando che l'esperienza artistica ha un valore di per sé, e che questo valore non può essere raggiunto con altre attività[7].

Nonostante questa posizione intellettuale difensiva, l'arte ha comunque continuato a gravitare, se non nella direzione dell'intrattenimento, verso la mercificazione e – nel caso di ciò che Charles Jencks ha classificato come architettura Post-moderna[8] – verso la pura tecnica o la pura scenografia. Nell'ultimo caso, i cosiddetti architetti postmoderni stanno semplicemente nutrendo la società dei media con immagini sommesse e gratuite, piuttosto che elargire un *rappel à l'ordre* creativo, come pretendevano di fare dopo il presunto fallimento dell'affrancamento dal progetto moderno. A questo proposito, come ha scritto Andreas Huyssens, "L'avanguardia postmoderna americana non è solo la fine del gioco dell'avanguardismo, essa rappresenta anche la frammentazione e il declino della cultura critica antagonista"[9].

Cionondimeno, è vero che la modernizzazione non può più essere identificata semplicemente come liberatoria in sé, in parte per colpa del dominio della cultura di massa da parte dell'industria mediatica (soprattutto la televisione che, come Jerry Mander ci ricorda, espande il suo potere persuasivo un migliaio di volte tra il 1945 e il 1975)[10], e in parte perché la traiettoria della modernizzazione ci ha portato quasi alla guerra nucleare e all'annientamento di tutta la specie. Allo stesso modo, l'avanguardismo non può più essere accolto come un momento di liberazione, in parte perché le sue promesse iniziali sono state superate dalla razionalità interna della ragione strumentale. Questa "chiusura" è stata brillantemente formulata da Herbert Marcuse:

> *L'a priori tecnologico è un a priori politico poiché la trasformazione della natura implica quella dell'uomo, e poiché il problema delle "creazioni artificiali" deriva e fa parte della società nel suo insieme. Si potrebbe insistere che l'apparato dell'universo tecnologico è "in quanto tale" indifferente ai fini della politica – può rivoluzionare o ritardare la società... Tuttavia, quando la tecnologia diventa la forma universale della produzione materiale, essa circoscrive un'intera cultura - progetta una totalità storica: un mondo[11].*

3. REGIONALISMO CRITICO E CULTURA MONDIALE

Oggi l'architettura può dichiararsi disciplina critica solo se assume un ruolo di retroguardia, cioè se si distanzia in egual misura sia dal mito del progresso dell'Illuminismo che dall'impulso reazionario e irrealistico di un ritorno a forme architettoniche del passato pre-industriale. Una retroguardia critica deve staccarsi sia dall'ottimizzazione della tecnologia più avanzata, sia dalla continua tendenza a regredire in uno storicismo nostalgico e in un decorativismo spento. La mia opinione è che solo una retroguardia possieda una capacità per sviluppare una cultura forte e con identità, mantenendo tuttavia aperti i contatti con la tecnica universale.

È necessario spiegare il termine del significato retroguardia per staccarlo da posizioni conservatrici quali il populismo o il regionalismo sentimentale ai quali è stato spesso paragonato. Per collocare *l'arrière-guardisme* in una strategia critica solida può essere d'aiuto fare proprio il termine regionalismo critico coniato da Alex Tzonis e Liliane Lefaivre in "The Grid and the Pathway" (1981). In questo saggio gli autori mettono in guardia dall'ambiguità del riformismo regionale, divenuto occasionalmente evidente a partire dall'ultimo quarto del XIX secolo:

Nel corso degli ultimi due secoli e mezzo, il regionalismo ha dominato l'architettura in quasi tutti i paesi. Come definizione generale, si può dire che accoglie le caratteristiche architettoniche individuali e locali a sfavore di quelle universali e astratte. In aggiunta, ciononostante, il regionalismo porta il marchio dell'ambiguità. Da un lato è stato associato ai movimenti di riforma e liberazione;... dall'altro ha fornito un potente strumento per la repressione e lo sciovinismo... Certo, il regionalismo critico ha i suoi limiti. Lo scompiglio del movimento populista – forma evoluta del regionalismo – ha messo in luce queste debolezze. Non può esserci un'architettura nuova senza una relazione nuova tra progettista e destinatario, senza un nuovo programma... Al di là di questi limiti, il regionalismo critico è un ponte attraverso il quale deve passare ogni futura architettura umanistica[12].

La basilare strategia del regionalismo critico è invece quella di mediare l'impatto della civiltà universale con alcuni elementi derivati *indirettamente* dalle caratteristiche di un luogo in particolare. Diventa così chiaro che il regionalismo critico dipende da una forte coscienza critica. Potrebbe, per esempio, trarre ispirazione dal tipo e dalla qualità della luce del luogo o della *tettonica* derivata da una particolare tecnica strutturale, o dalla topografia di un dato luogo.

È necessario dunque distinguere tra regionalismo critico e semplicistici tentativi di far rivivere ipotetiche forme di un vernacolare ormai perduto. Diversamente dal regionalismo critico, il principale veicolo del populismo è costituito dal segno comunicativo o strumentale. Tale segno punta ad evocare non una percezione critica della realtà, bensì la sublimazione di un desiderio di esperienza diretta attraverso l'accumulo di informazione. Il suo scopo tattico è quello di raggiungere, il più economicamente possibile, un preconcetto livello di gratificazione. In questo senso non sono accidentali le forti affinità del Populismo con le tecniche retoriche e con le immagini pubblicitarie. Bisogna evitare questo tipo di convergenze, se non si vuole confondere un punto di forza di una tendenza critica con le tendenze demagogiche del Populismo.

Va chiarito che il regionalismo critico quale strategia culturale favorisce sia la *cultura mondiale* che la *civiltà universale*. E mentre sarebbe chiaramente errato considerare il modo della cultura che abbiamo ereditato equivalenti al fatto che siamo tutti eredi di una civiltà universale, rimane evidente che, essendo soggetti a ambedue questi fattori, siamo costretti a considerarne l'interazione. In questo senso, la pratica del regionalismo critico appare contingente con un processo di doppia mediazione. In primo luogo deve "de-costruire" l'intero spettro della cultura mondiale che si trova a ereditare; in secondo luogo deve dar nuova vita, attraverso una sintetica contraddizione , a una chiara critica della civiltà universale. De-costruire la cultura mondiale significa distaccarsi da quell'eclettismo *fin de siècle* che si era appropriato di forme aliene ed esotiche per dar nuova vita all'espressività di una società ormai priva di forze. Inoltre, la mediazione di tecniche universali significa imporre dei limiti all'ottimizzazione della tecnologia industriale e post-industriale. (Si pensi all'estetica della forza-forma di Henry van der Velde o agli arabeschi asimmetrici di Victor Horta) Ricoeur sembra alludere alla necessità di sintetizzare nuovamente principi ed elementi derivati da diverse origini e diversi *background* ideologici:

Nessuno può sapere cosa ne sarà della nostra civiltà quando avrà davvero incontrato diverse civiltà attraverso mezzi che non siano quelli del trauma della conquista e della dominazione. Ma dobbiamo ammettere che questo incontro, a livello di un autentico dialogo, non è ancora avvenuto. Questo è il motivo per cui ci troviamo in una specie di tregua o interregno in cui non possiamo più esercitare il dogmatismo di una singola verità e in cui siamo ancora incapaci di arrestare lo scetticismo nel quale ci siamo imbattuti[13].

Un sentimento parallelo e complementare è stato formulato dall'architetto olandese Aldo Van Eyck, che, all'incirca nello stesso periodo, ha scritto: "La civiltà occidentale s'identifica abitualmente con l'assunzione pontificia secondo cui tutto ciò che è diverso è deviato, meno sviluppato, primitivo o, nel migliore dei casi, interessante in modo esotico se guardato a distanza"[14].

Che il regionalismo critico non può basarsi semplicemente sulle forme autoctone di una singola area è stato ben evidenziato da Hamilton Harward Harris, quando trent'anni fa ha scritto:

All'opposto del regionalismo della restrizione c'è un altro tipo di regionalismo, quello della liberazione. Si tratta dell'espressione di una regione particolarmente in sintonia con l'ideologia contemporanea.
Viene chiamato "regionale" solo perché non è ancora emerso altrove...
Una regione può sviluppare idee. Può accogliere idee. Immaginazione e intelligenza sono necessarie a entrambe le cose. Verso la fine degli anni Venti e Trenta in California, le idee europee incontrarono un regionalismo in via di sviluppo. Nel New England, d'altra parte, il modernismo europeo incontrava un regionalismo rigido e restrittivo che all'inizio ha opposto resistenza per poi arrendersi. Il New England ha accettato completamente il modernismo Europeo, poiché lì il regionalismo si era ridotto a una serie di restrizioni[15].

L'idea di raggiungere una conscia sintesi tra civiltà universale e cultura mondiale è chiaramente illustrata dalla chiesa di Chiesa di Bagsvaerd da Jørn Utzon, costruita vicino Copenaghen nel 1976, un'opera i cui complessi significati emergono direttamente dall'espressa corrispondenza tra la *razionalità* della tecnica normativa da una parte e la *a-razionalità* della forma idiosincratica dall'altra. Dal momento che questo edificio è organizzato secondo una griglia regolare ed è costruito con moduli ripetitivi a incastro – blocchi di cemento innanzitutto e poi tramezzi prefabbricati di cemento – potrebbe rappresentare proprio il risultato di una civiltà universale. Questo sistema costruttivo, che comprende una struttura in cemento con elementi prefabbricati in cemento a incastro, è stato utilizzato innumerevoli volte, dappertutto nel mondo sviluppato. Tuttavia, l'universalità di questo metodo – che include, in questo caso, una vetrata in acciaio sul tetto – subisce una brusca mediazione quando si passa dal rivestimento modulare esterno alla copertura a guscio (volta impropria, *ndt*) in cemento armato della navata, assai meno congeniale. Quest'ultimo è ovviamente un metodo di costruzione relativamente costoso, scelto e manipolato prima di tutto per la sua immediata potenzialità associativa (la volta che richiama lo spazio sacro), e poi per i suoi molteplici riferimenti interculturali. Mentre la copertura a guscio in cemento armato è entrata a far parte da tempo dei canoni tettonici dell'architettura moderna occidentale, la sezione ben configurata, adottata in questo caso, non è per niente familiare, e l'unico esempio precedente di questa forma in un contesto sacro la si trova invece in Oriente – cioè, la copertura della pagoda cinese, citata da Jørn Utzon nel saggio del 1963, "Platform e Plateau"[16]. Sebbene la volta di Bagsvaerd indichi da sola la sua natura religiosa, lo fa in modo tale da precludere un'interpretazione esclusivamente occidentale o orientale della norma su cui lo spazio pubblico e privato si fonde. Certamente, questa espressione architettonica cerca di secolarizzare la forma sacra eliminando i tipici riferimenti semantici religiosi e, di conseguenza, i riscontri automatici che li seguono. Si tratta, probabilmente, del modo più appropriato di pensare una chiesa in un epoca decisamente secolarizzata, in cui ogni allusione simbolica all'ecclesiastico degenera solitamente nel kitsch. Cosa ancor più paradossale è che la desacralizzazione operata a Bagsvaerd ricostituisce in modo sottile una rinnovata base per la spiritualità, fondata, cioè, sulla riaffermazione regionale – o quantomeno radicata in una forma di spiritualità collettiva.

4. La Resistenza del luogo-forma

La megalopoli, così definita nel 1961 dal geografo Jean Gottman[17], continua a proliferare in tutto il mondo sviluppato al punto che, ad eccezione di quelle città già chiaramente stabilizzate prima della fine del secolo scorso, è divenuto impossibile riconoscere chiare e definite forme urbane. Gli ultimi trent'anni hanno assistito alla degenerazione del cosiddetto urban design in un soggetto teorico, con discorsi che hanno poco a che fare con la realtà dei processi moderni. Ormai anche la disciplina supermanageriale dell'urban planning è andata in crisi. Quel che è successo al piano per Rotterdam proposto dopo la seconda guerra mondiale è, in questo senso, sintomatico: testimonia, attraverso il suo nuovo status, l'odierna tendenza a ridurre l'intero campo del planning a poco più di una destinazione d'uso e a una distribuzione logistica. Fino a poco tempo fa, il piano regolatore di Rotterdam veniva rivisto e aggiornato ogni dieci anni tenendo in considerazione gli edifici nel frattempo costruiti. Nel 1975, tuttavia, questa procedura urbana e culturale venne improvvisamente abbandonata e sostituita con un piano infrastrutturale, privo di riferimenti tangibili o fisici, e che si sviluppava a scala regionale. Questo piano si occupa esclusivamente di proiezioni logistiche dei cambiamenti nell'uso territoriale e della crescita dei sistemi distributivi.

Nel saggio "Costruire, Pensare, Abitare", del 1954 Martin Heiddeger ci fornisce un punto dal quale osservare questo fenomeno del non-luogo. In opposizione al latino o perlomeno antico concetto *astratto* di spazio quale *continuum*, più o meno indeterminato, fatti di componenti o di integrali spaziali – che chiama *spatium* ed *extensio* – egli oppone la definizione germanica di spazio (o piuttosto di luogo) costituita dal termine *Raum*. Heiddeger sostiene che l'essenza fenomenologica di questo spazio-luogo dipende dalla *concreta* e chiaramente definita natura del suo limite. "Il limite non consiste nella fine di qualcosa, ma come i greci avevano già capito, consiste invece nel punto dove qualcosa comincia ad asserire la propria presenza"[18]. Oltre a confermare che la ragione astratta dell'Occidente ha le proprie origini nella cultura mediterranea, Heiddeger mostra come il termine tedesco *costruire* sia etimologicamente legato alle forme arcaiche di *essere*, *coltivare* e *abitare*; di qui continua per mostrare come la condizione dell'"abitare" e dunque in definitiva anche dell'"essere", possa svilupparsi solo all'interno di uno spazio chiaramente delimitato.

Mentre potremmo rimanere scettici per quel che riguarda la possibilità di fondare una pratica critica su di un concetto così ermeticamente metafisico di

Essere, quando ci confrontiamo con l'assoluta mancanza di luoghi nell'ambiente moderno, seguiamo Heiddeger nel sostenere l'assoluta necessità di un luogo delimitato, in grado di dare forma a una architettura di resistenza. Solo un limite chiaramente definito permetterà alla forma costruita di resistere – e letteralmente contrapporre in senso istituzionale – agli interminabili flussi e processi della Megalopoli.

Il luogo forma delimitato, nella sua accezione pubblica, si rivela indispensabile anche per quello che Hannah Arendt ha definito "lo spazio dell'uomo emergente"; il motivo va ricercato nel fatto che l'evoluzione del potere legittimo si è sempre affiancato all'esistenza della "polis" e a concetti simili di forme fisiche e istituzionali. Mentre la vita politica della polis greca non emergeva dalla presenza e dalla rappresentazione fisica della città-stato, essa rendeva apparenti, diversamente dalla Megalopoli, gli attributi cantonali della diversità urbana. Scrive la Arendt in *Vita activa. La condizione umana*:

L'unico materiale indispensabile per generare il potere è la convivenza di più persone. Solo dove gli uomini vivono così vicini da rendere necessaria la possibilità di agire esisterà anche il potere; la fondazione di città, che come città-stato sono rimaste paradigmatiche in qualsiasi organizzazione politica dell'Occidente, è quindi il principale presupposto per l'esistenza del potere[19].

Non può esserci niente di più lontano dall'essenza politica della città-stato delle razionalizzazioni degli urbanisti positivisti, come Melvin Webber, la cui idea di *comunità senza prossimità* e il *regno del non-luogo urbano* non sono altro che slogan pianificati per razionalizzare l'assenza di qualsiasi spazio pubblico autentico nella moderna motopia[20]. Robert Venturi è quello che ha espresso più chiaramente la propensione alla manipolazione di tali ideologie, ancor più apertamente in *Complessità e contraddizione in Architettura* (1966), in cui l'autore afferma che gli americani non hanno bisogno di piazze, dal momento che devono restare a casa a guardare la televisione[21]. Un atteggiamento così reazionario sottolinea l'impotenza di una popolazione urbanizzata che, paradossalmente, ha smarrito l'oggetto della sua urbanizzazione.

Mentre la strategia del regionalismo critico, come sopra descritta, è indirizzata al mantenimento di una *densità e risonanza espressiva* per un'architettura della resistenza (una densità che nelle condizioni odierne, si potrebbe definire di liberazione, nel senso che apre le strade verso il mondo dell'*esperienza)*, la creazione di un luogo-forma si rivela essenziale per una pratica critica, in quanto istituzionalmente un'architettura della resistenza non può che dipendere da un campo ben definito. L'esempio più generico di tale forma urbana è l'isolato perimetrale; vengono in mente anche esempi introspettivi, come la galleria, l'atrio, il cortile e il labirinto. E mentre in molti casi questi tipi sono diventati mezzi per dar vita a spazi pseudo-pubblici (basta pensare a recenti megastrutture residenziali, hotel, centri commerciali, ecc.), non si possono tuttavia ignorare le risorse politiche e di resistenza del luogo.

5. CULTURA CONTRO NATURA: TOPOGRAFIA, CONTESTO, LUCE, CLIMA E TETTONICA

Il regionalismo critico presuppone necessariamente un rapporto più esplicitamente dialettico con la natura di quello definito dalle tradizioni astratte e formali dell'architettura d'avanguardia. È chiaro che la tendenza della modernizzazione verso una tabula rasa incoraggia l'uso ottimale delle attrezzature per il livellamento del terreno: un terreno assolutamente piatto è considerato la matrice più economica sulla quale fondare una razionalizzazione costruttiva. Anche qui si tocca, nel concreto, il fondamentale contrasto tra civiltà universale e la cultura autoctona. Radere al suolo una topografia irregolare sostituziondola con un sito piatto è un chiaro gesto tecnocratico che aspira a una condizione di assoluto *non-luogo:* mentre il terrazzamento dello stesso sito che rivela la forma a gradini di un edificio rappresenta l'impegno alla "coltivazione" del sito.

Chiaramente questo modo di osservare ed agire riporta nuovamente all'etimologia di Heidegger; e contemporaneamente ricorda il metodo a cui l'architetto svizzero Mario Botta allude con l'espressione "costruire il luogo". Tuttavia, in questo caso, si può dimostrare come la cultura specifica di un luogo – vale a dire la sua storia geologica e agricola - venga impressa nella forma e nella realizzazione del lavoro. Questa iscrizione, che sorge direttamente dalla collocazione della struttura nel luogo specifico, ha molti livelli di significazione, in virtù del fatto che essa ha le potenzialità di incarnare, nella forma "costruita", la preistoria di un luogo, il suo passato archeologico e le conseguenti coltivazioni e trasformazioni avvenute nel tempo. Attraverso questa stratificazione iscritta in un luogo, le diverse idiosincrasie di un posto trovano espressione senza ricadere nel sentimentale.

Quello che appare evidente nel caso della topografia, si può similmente riferire al caso di un edificio urbano esistente, e lo stesso si può dire a proposito delle contingenze climatiche e delle momentanee qualità della luce di un luogo.

Inoltre, la sensibile modulazione e la considerazione di questi fattori sono, per definizione, opposte all'uso ottimale di tecniche universali. Ciò si rivela chiaramente nel caso della modulazione luce e del controllo climatico. L'elemento architettonico della finestra generico è forse il punto più delicato, e dove ambedue questi fattori si rendono visibili sull' esterno dell'edificio: le finestre iscrivono sull'architettura il carattere di una regione, ed esprimono così il luogo di appartenenza.

Fino a qualche tempo fa, i precetti moderni per la manutenzione delle opere nelle gallerie d'arte dettavano l'uso della luce artificiale. Non è stato sufficientemente sottolineato che questo incapsulamento tende a ridurre le opere d'arte a un oggetto d'uso, in quanto l'ambiente concorre a negare all'opera esposta l'appartenenza a un luogo specifico. Significa infatti che lo spettro locale di luce non può mai "giocare" sulla superficie del quadro: vediamo, dunque, come la perdita dell'aura, che Walter Benjamin attribuì ai processi di riproduzione meccanica, può anche emergere da una rigida applicazione della tecnologia universale. L'opposto di questa pratica "anti-luogo" sarebbe quella di attrezzare le gallerie d'arte con luce dall'alto controllata da invisibili monitor in modo da eliminare gli effetti negativi della luce diretta e al contempo di permettere alla luce dello spazio espositivo di variare a secondo dell'ora, della stagione, dell'umidità, ecc. Tali condizioni garantirebbero l'emergere di una poetica conscia del luogo – una specie di filtro risultante dall'interazione di cultura e natura, di arte e luce. Questo principio andrebbe riferito a qualsiasi tipo di finestra, indipendentemente dalla sua misura e luogo. Una costante "inflessione regionale" della forma emergerebbe dal fatto che in alcuni climi la superficie vetrata risulta sporgente, mentre in altri è arretrata rispetto al piano murario (o, alternativamente, protetta da schermi frangisole.

Il modo in cui queste aperture potrebbero fornire il giusto livello di ventilazione potrebbe costituire un ulteriore elemento, sempre non sentimentale, che non rifletterebbe la cultura locale. Qui il primo antagonista delle cultura radicata è l'impianto ad aria condizionata, applicato indiscriminatamente sempre e dappertutto, indipendentemente dalle specifiche condizioni climatiche stagionali. Dovunque si trovino, la finestra fissa e l'impianto ad aria condizionata automatico indicano ambedue il dominio da parte della tecnica universale.

Nonostante la cruciale importanza della topografia e della luce, il principio primo dell'autonomia dell'architettura risiede nella dimensione *tettonica* piuttosto che in quella *scenografica*: cioè, questa autonomia risiede nelle connessioni visibili dell'architettura e nel modo in cui la forma sintattica della struttura resiste esplicitamente alla forza di gravità. È chiaro che non si può sostenere un discorso sul peso portato (la trave) e sul peso portante (la colonna) se la struttura rimane invisibile o nascosta. Inoltre, la dimensione tettonica non va confusa con quella puramente tecnica: essa è più che una semplice rivelazione stereotomica o l'espressione del contesto scheletrico. La sua essenza è stata definita dall'archeologo tedesco Karl Bötticher nel libro *Die Tecktonik Der Hellenen* (1852) ed è stata ben riassunta dallo storico dell'architettura Stanford Anderson che ha scritto:

> La "Tecktonik" non è solo l'azione che permette materialmente
> l'edificazione della costruzione... ma piuttosto quella che la rende una
> forma d'arte... La forma adeguata sul piano funzionale va adattata così da
> poter esprimere la sua funzione. La percezione di sostentamento fornita
> dall'entasi delle colonne greche è diventata la pietra di paragone del
> concetto di "Tecktonik"[22].

La tettonica è, per noi oggi, un mezzo per distillare il rapporto tra i materiali, l'aspetto artigianale e la forza di gravità, così da condensare l'intera struttura. Possiamo dunque parlare di una poetica strutturale piuttosto che della ri-presentazione di una facciata.

6. LA DIMENSIONE VISIVA E LA DIMENSIONE TATTILE

La componente tattile del luogo-forma e la capacità del nostro corpo di leggere l'ambiente attraverso altri sensi oltre a quello della vista suggerire una strategia della resistenza contro il dominio della tecnologia universale. È sintomatico il fatto che, per la priorità che attribuiamo alla nostra vista, dobbiamo oggi ripetere che il tatto è una dimensione importante nella percezione della forma costruita. Le percezioni del nostro corpo sono molte, diverse e complementari: l'intensità della luce, il buio, il caldo, il freddo, il senso di umidità, l'aroma dei materiali, la presenza quasi palpabile dei mattoni dove il corpo sente di appartenere; la velocità del nostro passo e la relativa inerzia del corpo mentre attraversa un piano, l'eco e la risonanza dei nostri passi. Luchino Visconti era ben consapevole di questi fattori mentre girava il film *La caduta,* per questo egli ha insistito sul fatto che il set principale di Villa Altona doveva essere pavimentato in vero parquet. Il regista era convinto che senza un piano solido gli attori non sarebbero stati in grado assumere una postura adeguata e credibile.

Questa sensibilità tattile è evidente nei dettagli dei percorsi pubblici del municipio di Säynätsalo di Alvar Aalto del 1952. Il percorso principale che conduce alla sala d'assemblea al secondo piano è orchestrata in termini sia tattili che visivi. Non solo la principale sala d'accesso è in mattoni, ma anche il battistrada e i montanti sono in mattoni. L'impeto cinetico del nostro corpo che sale la scala viene frenato dalla frizione dei piedi contro i gradini, che vengono poco dopo "letti" in contrasto con il pavimento in legno della sala d'assemblea. La sala rileva il proprio status onorifico attraverso il suono, l'odore e la texture del pavimento, oltre che attraverso la sua lieve inflessione sotto il nostro peso (e il rischio di scivolarvi sopra e perdere l'equilibrio). È chiaro da questo esempio che l'importanza liberatoria della dimensione tattile risiede nel fatto che diventa comprensibile solo in termini di *esperienza*: non la si può ridurre a sola informazione, né a sola rappresentazione, né a una semplice evocazione di un simulacro che sostituisce assenti realtà.

Così dunque, il regionalismo critico cerca di fungere da complemento dell'esperienza visiva, esplorando il campo tattile delle nostre percezioni. Così facendo cerca di riequilibrare la priorità assegnata all'immagine visiva e di opporre la tendenza dell'Occidente a interpretare l'ambiente in termini puramente prospettici. Etimologicamente, prospettiva significa visione razionalizzata, ossia visione chiara, e presuppone dunque una conscia repressione dei sensi dell'olfatto, dell'udito e del gusto, e dunque un conscio distanziamento dall'esperienza diretta dell'ambiente. Questa limitazione imposta è in stretto contatto con quello che Heidegger chiamò una "mancanza di vicinanza". Nel tentativo di interrompere questa continua perdita, il tattile si contrappone allo scenografico e il disegno velato alla superficie della realtà. Il tattile restituisce l'architetto alla poetica della costruzione e ai progetti il cui valore tettonico di ciascun componente dipende dalla sua presenza oggettuale. Il tattile e il tettonico, assieme, sono n grado di trascendere la sola apparenza del tecnico; in egual maniera il luogo-forma è in grado di opporsi all'inesorabile distruzione operata dalla modernizzazione globale.

1. Paul Ricoeur, "Civiltà universali e culture nazionali" (1961), in *History and Truth*, Northwestern University Press, Evanston 1965, pp.276-277 [trad.it.: P. Ricoeur, *La questione del potere*, Marco editore, Lungro di Cosenza 1992]

2. La più drammatica dimostrazione del fatto che si tratta delle due facce della stessa medaglia è probabilmente il Portland City Annex a Portland, Oregon, progettato nel 1982 da Michael Graves. La struttura della costruzione non ha alcun legame con la scenografia "rappresentativa" applicata sia all'esterno che all'interno dell'edificio

3. Op.Cit., Ricoeur, 1961

4. Fernand Braudel ci ricorda che il termine "cultura" quasi non esisteva prima dell'inizio del XIX secolo quando, per quanto riguarda la letteratura anglosassone, si è ritrovato opposto al termine "civiltà" nei testi di Samuel Taylor Coleridge, in particolare in , del 1830. Il sostantivo "civiltà" ha una storia antica, è apparso per la prima volta nel 1766, sebbene le forme verbali e il participio risalgano al XVI e al XVII secolo. Quando Ricoeur usa l'opposizione tra i due termini fa riferimento all'opera degli intellettuali e scrittori tedeschi Osvald Spengler, Ferdinand Tönnies, Alfred Weber e Thomas Mann

5. Hannah Arendt, *Vita activa. La condizione umana*, Bompiani, Milano 1999 [1964, prima ed.]

6. Clement Greenberg, Avanguardia e Kitsch, Bompiani, Milano 1969

7. Clement Greenberg "Modernist Painting" in Gregory Battock (a cura di), *The New Art*, Dutton, New York 1966, pp.101-2

8. Charles Jencks, *The Language of Post-Modern Architecture*, Rizzoli, New York 1977

9. Andreas Huyssen, "The Search for Tradition: The Avant-Garde and Postmodernism in the 1970's", "New German Critique" 22 (inverno '81)

10. Jerry Mander, *Four Arguments for the Elimination of Television*, Morrow Quill, New York 1978, p.134

11. Herbert Marcuse, *One-Dimensional Man*, Beacon press, Boston 1964, p.156 [trad. it.: *L'uomo a una dimensione*, Einaudi, Torino 1964]

12. Alex Tzonis e Liliane Lefaivre in "The Grid and the Pathway: An Introduction to the Work of Dimitris and Susana Antonakakis", "Architecture in Greece" 15 Atene 1981

13. Ricoeur, op.cit.

14. Aldo Van Eyck, *Forum*, Amsterdam 1962

15. Hamilton Harwell Harris "Liberative and Restrictive Regionalism", in occasione degli incontri all'American Institute of Architecture, Eugene, Oregon 1954

16. Jørn Utzon, "Platform e Plateau: Ideas of a Danish Architect", "Zodiac" n.10, Ed. Comunità, Milano 1963

17. Jean Gottman, *Megalopolis*, MIT Press, Cambridge 1961

18. Martin Heiddeger "Costruire, Pensare, Abitare", in *Saggi e discorsi*, Mursia Editore, Milano 1976, pubblicato per la prima volta in Germania nel 1954.

19. Hannah Arendt, *Vita Activa. La condizione umana*, Bompiani, Milano 1958

20. Melvin Webber, *Explorations in Urban Structure*, University of Pennsylvania Press, Philadelphia 1964

21. Robert Venturi, *Complessità e contraddizioni nell'architettura*, Dedalo, Bari 1980

22. Stanford Anderson, "Modern Architecture and Industry: Peter Behrens, the AEG and Industrial Design, in "Oppositions" 21, (estate '80) p.83

Una versione ridotta di questo testo è stata pubblicata con il titolo "Anti-tabula rasa: verso un Regionalismo critico", in "Casabella" n. 500, marzo 1984, pp.22-25.

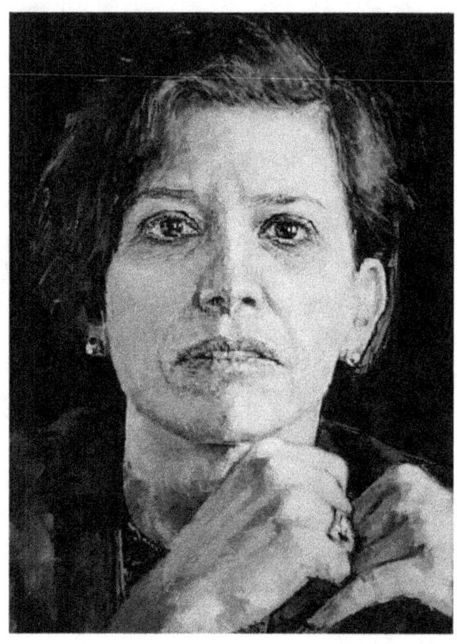

Nata a Washington il 30 novembre del 1941, Rosalind Krauss ha insegnato
alla Columbia University fino al 2020. È una delle figure chiave della critica
americana contemporanea: ha fatto parte della direzione editoriale della rivista
"Artforum" che abbandona per fondare "October" nel 1976 (con Annette
Michelson e Jeremy Gilbert-Rolfe) un *journal* accademico che rispetto ad
"Artforum" dichiara da subito il proprio attivismo politico e ha il merito di
introdurre al pubblico americano la teoria post-strutturalista francese, nuove
analisi sui movimenti modernisti e, soprattutto, diventa l'arena di vivace
dibattito per le teorie sull'arte postmoderna. dedicandosi contemporaneamente
all'insegnamento universitario presso il Massachusetts Institute of Technology,
l'Hunter College di New York e, dal 1992, presso la Columbia University.
La sua ricerca, fin dagli anni Sessanta, si muove su un campo d'indagine
vasto ed articolato, che va dal collage cubista alla fotografia surrealista, alla
pittura dell'espressionismo astratto, con una grande attenzione verso pratiche
contemporanee, come la scultura minimalista, le pratiche degli anni Settanta,
fino ad arrivare al postmoderno e alla condizione postmediale. Attraverso il
suo particolare approccio alla materia artistica, caratterizzato dal costante
riferimento a categorie mutuate dal pensiero degli autori fondamentali del
panorama intellettuale francese (da Maurice Merleau Ponty a Ferdinand de
Saussure, da Jacques Lacan a Jacques Derrida, da George Bataille a Roland
Barthes), Krauss ha sovvertito dall'interno il modello formalista di Clement
Greenberg proponendo nuovi strumenti di lettura dei fenomeni del modernismo:
esemplari, in questo senso, sono le sue indagini sui concetti di "griglia",
"indice", "informe" e "inconscio ottico".
Tra le sue opere fondamentali si possono annoverare *Sotto la tazza blu*,
Mondadori Bruno 2012; *L'originalità dell'avanguardia,* Fazi 2007; *L'inconscio
ottico*, Mondadori Bruno 2008; *L'arte nell'era postmediale*, Postmedia Books 2005;
Passaggi, Mondadori Bruno 1998.

RosALIND KRAUSS

La scultura nel campo allargato

Verso il centro del campo si trova un piccolo tumolo, una specie di protuberanza nel terreno, unico indizio della presenza di un'opera d'arte. Accostandosi, si vede l'apertura quadrata della fossa, così come l'estremità della scala che permette l'accesso alla buca. L'opera vera e propria è completamente sottoterra: metà atrio, metà tunnel, limite tra l'esterno e l'interno, una delicata struttura di travi e pilastri in legno. L'opera di Mary Miss *Perimeters/Pavilions/Decoys* del 1978, è certamente una scultura o, più precisamente, un *earthwork*.

Nel corso degli ultimi dieci anni sono state definite sculture le cose più sorprendenti: corridoi stretti con installazioni video alle loro estremità, grandi foto che documentavano passeggiate in campagna, strani specchi collocati in stanze normali, linee provvisorie scavate nel deserto. Niente di tutto questo sembra concedere a queste opere il diritto di dichiararsi sculture, qualunque sia il significato che attribuiamo a questo termine. A meno che, per l'appunto, non applichiamo una categoria che riveli una malleabilità pressoché infinita.

Le operazioni critiche che hanno accompagnato l'arte americana dal dopoguerra hanno contribuito molto a questa manipolazione. Questa critica ha mischiato, disteso e distorto categorie come scultura e pittura, attribuendo loro una straordinaria elasticità, dimostrando così come un termine culturale possa essere esteso fino a ricoprire praticamente tutto. E, sebbene questo tirare e adattare il termine scultura sia un'operazione fatta in nome di un'estetica d'avanguardia (l'ideologia del nuovo) il messaggio sottinteso rimanda allo storicismo. Il nuovo diviene confortevole una volta reso familiare, presentato come evoluzione graduale delle forme del passato. Lo storicismo lavora sul nuovo e sul diverso, e lo fa per ridurre la novità e mitigare la differenza. È attraverso il modello evolutivo che lo storicismo accetta di prendere in conto il cambiamento nella nostra esperienza, cosicché l'uomo di oggi possa essere considerato diverso dal bambino che è stato, rimanendo tuttavia lo stesso, grazie all'invisibile azione del *telos*. Ci si sente così rassicurati da questo senso di identità, questa strategia che riduce ogni estraneità, sia temporale sia spaziale, a ciò che già siamo e conosciamo.

Non appena la scultura minimalista faceva la sua comparsa all'orizzonte dell'esperienza estetica nel 1960, la critica iniziava a forgiarle una paternità, un linguaggio di antenati costruttivisti che potessero legittimare e quindi autenticare l'imprevedibilità di questi oggetti, che si trattasse di plastica, geometrie inerti o oggetti prodotti in fabbrica, niente era *veramente* estraneo, in quanto c'erano i precedenti di Gabo, Tatlin e Lissitzky che potevano essere chiamati come testimoni. Non aveva nessuna importanza che il contenuto di uno non avesse niente a che fare con l'altro, e fosse in realtà il suo esatto opposto. Poco importava che la celluloide di Gabo fosse stata segno di lucidità e intelligibilità, mentre le plastiche fluorescenti di Judd parlassero lo slang di moda in California. Non aveva importanza che le forme costruttiviste fossero state concepite come prove visive della logica e della coerenza immutabile della geometria universale, mentre la loro apparente controparte, quelle minimaliste, fossero apertamente contingenti: denotanti un universo tenuto insieme non da uno spirito, ma da fili, o colla o dagli accidenti della gravità. La rabbia storicista ha semplicemente spazzato via queste differenze.

Certo, con il passare del tempo, è divenuto sempre più difficile effettuare queste operazioni di mimetismo intellettuale. Tra la fine degli anni Sessanta e l'inizio dei Settanta, quando la "scultura" ha iniziato ad apparire come mucchi di fili posati a terra, pezzi di tronchi di sequoia fatti rotolare all'interno di una galleria, tonnellate di terra presa al deserto, palizzate circondate da fossati, è diventato più difficile pronunciare la parola *scultura*, anche se non così tanto. Lo storico-critico ha semplicemente fatto un gioco di prestigio e cominciato a costruire le sue genealogie a partire da dati che rimandavano a millenni invece che decenni. Stonehenge, gli allineamenti di Nazca, i campi da gioco toltechi, i sepolcri indiani, tutto poteva essere chiamato in causa quale testimonianza dello stretto rapporto con la storia e legittimare il suo status di scultura. Di certo Stonehenge e i campi da gioco toltechi *non* sono propriamente delle sculture, e così il ruolo di precedente storico diventa un po' sospetto. Ma non importa: il gioco continua a reggere utilizzando come mediatori tra contemporaneo e passato remoto una serie di lavori "primitivisti" di inizio secolo, come *La colonne sans fin* di Constantin Brancusi.

Resta il fatto che si è cominciato a mettere da parte lo stesso termine che si cercava di salvare, "scultura". Si riteneva che una categoria universale potesse autenticare un insieme di elementi eterogenei, ma la categoria è stata invece costretta a inglobare una tale eterogeneità che oggi rischia di crollare. Assistendo allo spettacolo del buco nel terreno, pensiamo di sapere al tempo stesso cosa sia o non sia la scultura.

Eppure io direi che sappiamo molto bene cos'è la scultura. Ad esempio, sappiamo che si tratta di una categoria storica e non universale. Come ogni convenzione, anche la scultura ha le sue logiche interne, le sue regole che, benché possano essere applicate a situazioni molto diverse, non sono molto aperte a grandi trasformazioni. La logica della scultura è, sembrerebbe, inseparabile dalla logica del monumento che le conferisce una funzione commemorativa. È posta in un luogo specifico che ne indica simbolicamente il significato o l'utilizzo. Così la statua equestre di Marco Aurelio al centro del Campidoglio sta a rappresentare con la sua presenza simbolica il legame tra l'antica Roma imperiale e la sede del governo della Roma rinascimentale. La statua di *Costantino* del Bernini ai piedi della Scala Regia che collega la Basilica di San Pietro al Vaticano, cuore del papato, è un altro monumento di questo genere: segnano un luogo preciso, un evento o un significato specifico. Dato che si inseriscono nella logica della rappresentazione e del segno, le sculture sono di norma figurative e verticali, i loro piedistalli sono parte essenziale della struttura perché servono da mediazione tra il luogo reale e il segno emblematico. Una simile logica non ha niente di misterioso; compresa e messa in atto è stata all'origine di una vasta produzione scultorea occidentale, nel corso dei secoli.

Ma una convenzione non è immutabile, e c'è stato un momento in cui questa logica ha cominciato a fallire. Alla fine del Diciannovesimo secolo, si è assistito a un graduale estinguersi della logica del monumento. Due esempi vengono in mente, entrambi segnati da questo stato di transizione. *La Porte de l'Enfer* e il *Balzac* di Rodin furono entrambi concepiti come monumenti. La prima venne commissionata nel 1880, progettata come porta per un museo di arti decorative; la seconda nel 1891 doveva essere un memoriale al genio letterario, da porre in un luogo specifico di Parigi. Il fallimento di queste due opere come monumenti lo testimonia il fatto che si possono trovare diverse versioni di queste in vari musei, mentre non figurano nei luoghi inizialmente previsti (probabilmente le due commissioni non sono mai giunte a buon fine). Il fallimento è inscritto anche nelle loro superfici: *La Porte de l'Enfer* è scavata e incrostata in modo antistrutturale da riflettere su di sé la propria impotenza; il *Balzac* è stato realizzato con una tale soggettività che Rodin stesso (come testimoniato dalle sue lettere) era convinto che non sarebbe mai stato accettato.

Voglio dire che questi due progetti oltrepassano il limite della logica del monumento, per entrare nello spazio di quella che si potrebbe chiamare la sua condizione negativa: una sorta di perdita del luogo, un nomadismo o uno sradicamento assoluto. E così si entra nel modernismo, infatti la scultura nel suo periodo modernista ha messo in gioco questa perdita del luogo, ha reso il monumento un'astrazione, un puro riferimento o un piedistallo, privo di localizzazione funzionale e fortemente autoreferenziale.

Queste due caratteristiche della scultura modernista definiscono il suo stato, e quindi il suo significato e la sua funzione, come essenzialmente nomadi. Attraverso la feticizzazione del piedistallo la scultura si estende fino ad assorbire lo stesso piedistallo, separandosi così dal luogo reale. Attraverso la rappresentazione dei propri materiali o il processo costruttivo la scultura descrive la propria autonomia. La scultura di Brancusi dà un ottimo esempio di questo. In un'opera come *Le Coq* il piedistallo diventa il generatore morfologico della parte figurativa dell'oggetto; nelle *Cariatides* e nella *Colonne sans fin*, la scultura è ormai solo un piedistallo; mentre in *Adam et Eve* la scultura e il piedistallo stabiliscono un rapporto reciproco. Il piedistallo quindi trasportabile, segno del nomadismo dell'opera, è integrato nella materia stessa della scultura.

Il desiderio di Brancusi di rendere diverse parti del corpo come frammenti tendenti a un'astrazione radicale testimonia anche della perdita del luogo, in questo caso il luogo del resto del corpo, della struttura ossea che reggendole, darebbe dimora a queste teste di bronzo o marmo.

Condizione negativa del monumento, la scultura modernista aveva una sorta di spazio idealista da esplorare, un campo estraneo tagliato fuori dal progetto della rappresentazione temporale e spaziale. Una vena nuova e ricca poteva essere vantaggiosamente sfruttata per un certo periodo. Ma era limitata, e ha cominciato a esaurirsi a partire dal 1950. In pratica, ha cominciato a essere sperimentata sempre più come pura negatività. La scultura modernista apparve allora come una sorta di buco nero nello spazio della coscienza, qualcosa il cui contenuto positivo diventava sempre più difficile da definire e che non era possibile determinare se non come opposizione. "La scultura è ciò contro cui si sbatte quando ci si allontana per guardare meglio un quadro", ha detto Barnett Newman negli anni Cinquanta. Ma, trattando le opere degli inizi degli anni Sessanta, sarebbe stato sicuramente meglio dire che la scultura era entrata in un'evidente terra di nessuno: era ciò che si trovava sopra o davanti a un edificio, che non era l'edificio o ciò che in un paesaggio non era il paesaggio.

I migliori esempi di questa situazione nei primi anni Sessanta sono entrambi di Robert Morris. Il primo è l'opera esposta nel 1964 alla Green Gallery (delle entità quasi architettoniche che devono il loro statuto di architettura quasi esclusivamente al fatto che sono nella stanza, ma non sono la stanza stessa). L'altro sono i cubi di specchi esposti in esterno (forme che si distinguono dall'ambiente, benché siano in continuità visiva con l'erba e gli alberi, ma non appartengono al paesaggio).

In questo senso si può dire che la scultura, completamente rovesciata nella sua logica, era diventata pura negatività: una combinazione di esclusioni. La scultura, priva di ogni positività, era ormai la categoria risultante dalla somma del *non-paesaggio* e della *non-architettura*. Sotto forma di diagramma, i limiti della scultura modernista, una somma di due negazioni, possono essere rappresentati così:

Quindi, se la scultura stessa era diventata una sorta di assenza ontologica – una combinazione di esclusioni, la somma di due negazioni – non significa che i termini dai quali era partita (*non-paesaggio* e *non-architettura*) erano comunque privi di interesse. Questi termini, infatti, esprimono un 'opposizione stretta tra costruito e non-costruito, culturale e naturale: opposizioni tra cui la produzione scultorea sembra essere sospesa. Alla fine degli anni Sessanta gli scultori cominciarono a focalizzarsi uno dopo l'altro sui limiti esterni di questi termini di esclusione. Di fatto, se questi termini esprimono un'opposizione logica, presentati come una coppia di negazioni, possono essere trasformati da una semplice inversione, in una nuova opposizione espressa positivamente. In pratica, la non-architettura, secondo la logica di una certa espansione, non è che un modo diverso di definire il *paesaggio*, e il *non-paesaggio* è, semplicemente, un'*architettura*. L'estensione a cui mi riferisco in matematica si chiama gruppo di Klein, ma ha anche altre denominazioni, tra cui gruppo di Piaget quando gli strutturalisti la utilizzano nelle scienze umane per operazioni tassonomiche. Questa espansione logica permette di trasformare qualsiasi struttura binaria in un campo quaternario che al tempo stesso completa e apre l'opposizione originaria. Da qui si ottiene, nel nostro caso, un campo logicamente allargato che appare così:

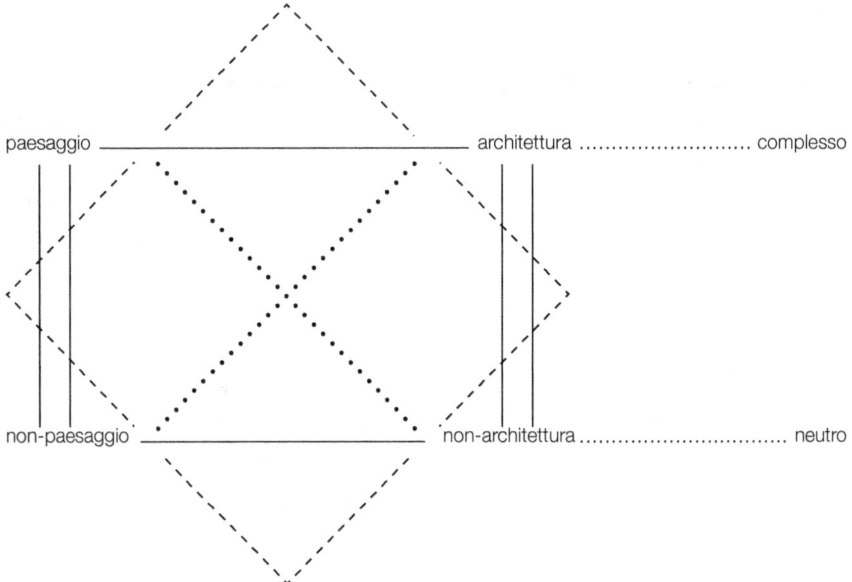

Le dimensioni di questa struttura possono essere analizzate così: 1) due relazioni di pura contraddizione che sono gli *assi* (che in seguito a differenziazioni possono essere *assi complessi* e *assi neutri*) designati dalle frecce solide (vedi diagramma); 2) due relazioni di contraddizione, espresse come involuzione, chiamate *schemi* e designate dalle frecce doppie; 3) due relazioni di complementarietà chiamate *deissi* e designate dalle frecce spezzate[1].

Anche se la *scultura* può essere ridotta, in un gruppo di Klein, all'elemento neutro che risulta dal *non-paesaggio* e dalla *non-architettura*, è del tutto possibile immaginare un elemento opposto, indicato nel nostro schema con il termine *complesso*, che sarebbe al tempo stesso *paesaggio* e *architettura*. Ma pensare il complesso significa ammettere all'interno dello stesso campo artistico due elementi che precedentemente erano stati proibiti: *paesaggio* e *architettura*, termini che servivano a definire lo scultoreo (come si è visto nel modernismo) solo in senso negativo o neutro. Il complesso, proprio perché ideologicamente interdetto, è rimasto escluso da quella che si potrebbe chiamare la chiusura dell'arte post-rinascimentale. Ma se la nostra cultura, fino ad ora, non è stata in grado di pensare il complesso, altre invece l'hanno fatto con facilità. I labirinti e i dedali sono *entrambi* paesaggio e architettura. Lo stesso vale per i giardini giapponesi, e i luoghi destinati ai giochi e alle processioni rituali nelle civiltà antiche sono altrettanti esempi del complesso. Il che *non* significa che si trattasse di una forma primitiva, degenerata o una forma variante di scultura. Erano parte di un universo o spazio culturale di cui la scultura era solo un'altra parte, e in nessun caso la stessa, come vorrebbe la nostra mentalità storicistica. Questi luoghi hanno senso e interesse proprio in virtù di questa opposizione e differenza.

Il campo allargato è così generato dalla problematizzazione di un insieme di opposizioni tra cui la categoria modernista della *scultura* si trova sospesa. Una volta stabilito questo, quando si riesce a pensare questo campo allargato, altre tre categorie possono venire logicamente dedotte, ognuna condizione del campo stesso, ma nessuna di queste è assimilabile alla *scultura*. Come si può notare, la scultura non è più il termine medio privilegiato tra le due cose che non è, ma piuttosto solo un punto alla periferia di un campo che contiene altre possibilità diversamente strutturate. Una volta ottenuto il "permesso" di pensare queste altre forme, il diagramma diventa così:

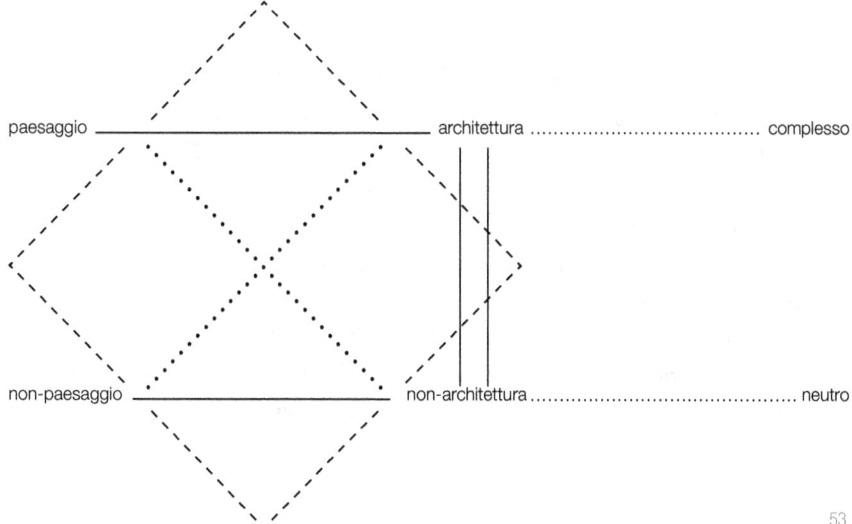

Sembra abbastanza chiaro che questa capacità (o urgenza) di pensare il campo allargato è stata avvertita da molti artisti nello stesso momento, all'incirca tra il 1968 e il 1970. Uno dopo l'altro, Robert Morris, Robert Smithson, Michael Heizer, Sol Le Witt, Bruce Nauman... cominciarono a lavorare in un ambito nel quale le condizioni logiche non potevano più essere descritte come moderniste. Per qualificare questa rottura storica e la trasformazione strutturale del campo culturale che lo caratterizza, si deve ricorrere a un altro termine. Quello già utilizzato in altri ambiti della critica è postmodernismo. Non vedo ragioni per non adottarlo.

Qualsiasi termine si scelga, è tutto molto evidente. Nel 1970, con il suo *Partially Buried Woodshed* alla Kent State University (Ohio), Robert Smitshon aveva cominciato a usare l'asse complesso che qui, per comodità, chiamerò *costruzione di luoghi*. Nel 1971, Robert Morris faceva la stessa cosa costruendo in Olanda un osservatorio in legno e terra. Da allora, molti altri artisti (Robert Irwin, Alice Aycok, John Mason, Michael Heizer, Mary Miss, Charles Simonds) hanno lavorato nel quadro di queste nuove possibilità.

Allo stesso modo, la combinazione di *paesaggio* e *non-paesaggio* ha iniziato a essere esplorata alla fine degli anni Sessanta. Il termine *luoghi contrassegnati* [*marked sites*] si usa per identificare opere quali *Spiral Jetty* (1970) di Smithson e *Double Negative* (1969) di Heizer, e anche altre opere realizzate negli anni Settanta da Serra, Morris, Carl Andre, Dennis Oppenheim, Nancy Holt, George Trakis e molti altri. Ma questo termine, oltre alle reali manipolazioni dei luoghi, fa riferimento ad altre forme di segnatura che possono essere la produzione di segni effimeri (*Depression* di Heizer, *Times Lines* di Oppenheim, *Miles Long Drawing* di De Maria) o l'uso della fotografia. La serie *Yucatan Mirror Displacements* (1969) di Smithson è il primo esempio famoso, e da allora Richard Long e Hamish Fulton hanno concentrato il proprio lavoro sull'esperienza fotografica. *Running Fence* (1972-1976) di Christo può essere considerato un altro esempio, temporaneo, fotografico e politico al tempo stesso, di come si segna un luogo.

I primi artisti a esplorare le possibilità della combinazione di *architettura* e *non-architettura* furono Robert Irwin, Sol Le Witt, Bruce Nauman, Richard Serra e Christo. In ciascun esempio di queste strutture assiomatiche c'è una sorta di intervento nello spazio reale dell'architettura, a volte attraverso il disegno oppure, come nel caso di Morris, attraverso l'uso di specchi. Come per la categoria dei *luoghi contrassegnati*, anche la fotografia può essere

usata con questo scopo: si pensi ai corridoi video di Nauman. Qualunque sia il
medium impiegato, ciò che viene esplorato in questa categoria è un processo
di mappatura delle proprietà assiomatiche dell'esperienza architettonica – le
condizioni astratte di apertura e chiusura – nella realtà di un dato spazio.

Il campo allargato che caratterizza quest'area del postmodernismo
possiede due priorità già implicite nella descrizione fatta sopra: una riguarda
la pratica individuale degli artisti, l'altra la questione del medium. In entrambi
i casi, una rottura logicamente determinata fa crollare le frontiere che
delimitavano il modernismo.

Per quanto riguarda le pratiche individuali, è facile capire che molti degli
artisti in questione si sono ritrovati a occupare successivamente diverse
posizioni in questo campo allargato. Sebbene l'esperienza sul campo abbia
dimostrato quanto il perpetuo spostamento delle proprie energie fosse
logico, una critica d'arte ancora soggetta all'ethos modernista, nutriva troppi
sospetti riguardo a tale movimento, un eccesso di eclettismo. Il sospetto nei
confronti di una carriera che si muove continuamente e in modo imprevedibile
oltre l'ambito della scultura deriva dall'esigenza modernista di purezza e
separazione dei vari media (e quindi la necessaria specializzazione in un dato
medium). Ma ciò che sembra eclettico da un certo punto di vista, può risultare
estremamente logico da un altro. Nell'ambito dell'arte postmoderna, la pratica
non si definisce in base al medium – la scultura – ma secondo le operazioni
logiche effettuate sulla base di un insieme di termini culturali per i quali può
essere utilizzato qualsiasi medium: fotografia, libri, linee sui muri, specchi,
persino la stessa scultura.

Quindi il campo fornisce insieme una struttura allargata, ma determinata,
delle quali l'artista può occupare ed esplorare le diverse articolazioni, e
l'organizzazione del lavoro non è più dettata dalle proprietà di un dato medium.
Dal diagramma tracciato sopra appare chiaramente che la logica dello spazio
della pratica postmodernista non è più indotta dalla definizione di un medium
in funzione del materiale, o della percezione del materiale. Si organizza invece
attraverso un insieme di termini sentiti come opposti all'interno di una dato
contesto culturale. (Lo spazio della pittura postmodernista richiederebbe
evidentemente un'espansione simile, che non si baserebbe sull'opposizione
architettura/paesaggio ma probabilmente sull'opposizione *unicità/
riproducibilità*). Di conseguenza, nell'ambito di ogni posizione generata dallo
spazio logico in questione, possono essere usati media molto diversi. E quindi

ogni artista può occupare successivamente ognuna di queste posizioni. Inoltre, all'interno dello stesso campo della scultura propriamente detta, molte opere tra le più importanti riflettono, nell'organizzazione e nel contenuto, l'esistenza di questo spazio logico. Penso alla scultura di Joel Shapiro che, benché occupi in sé l'asse neutro, mette in scena delle immagini architettoniche di spazi (o paesaggi) relativamente vasti. (Queste considerazioni si applicano tanto alle opere di Charles Simonds, ad esempio, che a quelle di Ann e Patrick Poirier).

Ho insistito sul fatto che il campo allargato del postmodernismo è pervenuto in un momento ben determinato della storia dell'arte recente. Si tratta di un evento storico con una struttura determinante. Mi sembra estremamente importante descrivere questa struttura, ed è quello che ho cominciato a fare qui. Ma, trattandosi di una questione storica, è essenziale andare al di là dalla semplice descrizione e arrivare ad affrontare problemi più profondi. Quali sono state le cause fondamentali e cosa ha reso possibile questo cambiamento verso il postmodernismo? E cosa determina culturalmente l'opposizione in base alla quale un dato campo viene strutturato? Si tratta ovviamente di un modo diverso da quello della critica storicistica, occupata solo a costruire alberi genealogici elaborati, di pensare alla storia delle forme. Questo presuppone che vengano accettate le rotture definitive e che si possa vedere il processo storico dal punto di vista di una struttura logica.

1. Sul tema del gruppo di Klein si veda Marc Barbut " On the Meaning of the Word 'Structure' in Mathematics" , in Michael Lane (a cura di), *Introduction to Structuralism*, Basic Books, New York 1970); per un'applicazione del gruppo di Piaget, si veda A.-J Greimas e F. Rastier "The Interaction of Semiotic Constraints", "Yale French Studies" n.41 (1968), pp.86-105

Douglas Crimp (Coeur d'Alene, Idaho, 19 agosto 1944 - New York, 5 luglio 2019) ha iniziato la sua carriera nel mondo dell'arte come assistente curatore al Solomon R. Guggenheim Museum, tra il 1968 e il 1971, collaborando contemporaneamente con le riviste "Artnew" e "Art international". A partire dal 1977 entra a far parte della redazione di "October", di cui è stato uno degli esponenti di spicco fino al 1990. Attualmente insegna Storia dell'Arte all'Università di Rochester.

La sua ricerca, negli anni Settanta e Ottanta, si è concentrata sulla definizione delle strategie del postmoderno nelle arti figurative, con particolare attenzione al contesto istituzionale e politico. Un contributo fondamentale, in questo senso, è la mostra *Pictures* (organizzata nel 1977 presso l'Artist Space, a New York, con opere di Sherrie Levine, Jack Goldstein, Philip Smith, Troy Brauntuch, Robert Longo) insieme alla pubblicazione di saggi come "Pictures" ("October" n. 8, 1979), "The Photographic Activity of Postmodernism" ("October" n. 15, 1980), "The End of Painting" ("October" n. 16, 1981). In particolare, il saggio qui tradotto, "On the Museum's Ruins" ("October" n. 13, 1980) è un testo essenziale e spesso citato melle ricerche sulla storia e sull'evoluzione del museo, inteso come istituzione modernista per eccellenza, mettendolo in relazione con le organizzazioni sociali di confinamento e disciplina analizzate da Michel Foucault. Con lo stesso titolo MIT Press pubblica, nel 1993, una raccolta dei principali saggi di Douglas Crimp sul postmoderno.

A partire dalla metà degli anni Ottanta l'attenzione di Crimp si è spostata soprattutto sul rapporto tra il *queer movement* e la diffusione dell'AIDS e sulle forme della rappresentazione di quest'ultimo nell'ambito delle pratiche culturali e artistiche. A questi argomenti l'autore dedica testi quali *AIDS: Cultural Analysis/Cultural Activism* (MIT Press, 1987), "Mourning and Militancy" ("October" n. 51, 1989), *AIDS Demo Graphics* (Bay Press, 1990), e la raccolta *Melancholia and Moralism - Essays on AIDS and Queer Politics* (MIT Press, 2002).

DOUGLAS CRIMP

Sulle rovine del museo
Riflessioni intorno a un'istituzione prigioniera della propria cultura

Il termine tedesco "museal" (da museo) implica sfumature sgradevoli. Descrive oggetti con cui l'osservatore ha cessato di avere una relazione vitale, e che sono perciò sul punto di estinguersi. Tali oggetti devono la loro conservazione più al rispetto per la storia che alle esigenze del presente. Museo e mausoleo sono due parole unite da qualcosa di più di una semplice associazione fonetica. I musei sono le tombe di famiglia delle opere d'arte.
(Theodor Adorno, Valéry Proust Museum)

Nel recensire l'allestimento di arte del XIX secolo nelle nuove gallerie André Meyer del Metropolitan Museum, Hilton Kramer ebbe parole di scherno per l'inclusione della pittura da salon[1]. Dopo aver definito quella pittura stupida, sentimentale e impotente, Kramer proseguì affermando che se l'installazione fosse stata organizzata una generazione prima, quei quadri sarebbero rimasti nei magazzini del museo nei quali un tempo, giustamente, erano stati relegati:

È destino dei cadaveri, dopo tutto, essere seppelliti, ed è stato decretato senza ombra di dubbio che la pittura da salon è morta. Oggigiorno, tuttavia, non esiste arte morta al punto da non poter scovare uno storico del settore che intravveda qualche simulacro di vita nei suoi resti. Nell'ultimo decennio, infatti, è sorta nel mondo accademico una potente subprofessione specializzata in queste lugubri esumazioni[2].

Le metafore di morte e decadenza del museo di cui fa uso Kramer, richiamano quel saggio di Adorno dove vengono analizzate le opposte ma complementari esperienze di Valéry e Proust al Louvre, con la differenza che Adorno sottolinea come la mortalità "da museo" sia il risultato obbligato di un'istituzione prigioniera delle contraddizioni della propria cultura, e che in quanto tale si estende a tutti gli oggetti che vi sono contenuti[3]. Al contrario Kramer, mantenendo la sua fede nella vita eterna dei capolavori, ascrive le condizioni di vita e di morte non al museo o alla storia particolare di cui esso è strumento, ma alle opere d'arte stesse, la cui intrinseca qualità viene minacciata solo dalle distorsioni che una certa installazione allestita in modo fuorviante potrebbe imporre. Egli desidera pertanto spiegare "il curioso voltafaccia che colloca un misero, ruffiano quadro come Pigmalione e Galatea di Gérôme insieme a capolavori del calibro di Pepito di Goya e Donna con pappagallo di Manet. Che genere di gusto (o che livello di valori) è quello che può combinare con tanta disinvoltura opposti così evidenti?".

> *La risposta si può trovare in quel fenomeno assai discusso che è la morte del modernismo. Fino a quando il movimento modernista è stato considerato fiorente, non c'era motivo che sorgessero problemi sul revival di pittori come Gérôme e Bouguereau. Il modernismo esercitava un'autorità morale ed estetica che precludeva una simile evoluzione. Ma la fine del modernismo ci ha lasciato poche, se pure esistono, difese contro le incursioni di un gusto degenerato. Tutto va bene, nel nuovo ordinamento postmoderno... È come espressione di quest'etica postmoderna... che la nuova installazione sull'arte del XIX secolo al Metropolitan dev'essere... capita. Ciò che le belle Gallerie André Meyer ci offrono, è il primo resoconto completo del XIX secolo dal punto di vista postmoderno in uno dei nostri maggiori musei[4].*

Abbiamo qui un esempio del moralismo conservatore della cultura di Kramer, travestito da modernismo progressista. Ma al tempo stesso abbiamo anche un'interessante stima della pratica discorsiva del museo durante il periodo del modernismo e della sua attuale trasformazione. L'analisi di Kramer, tuttavia, dimentica di prendere in considerazione fino a che punto le rivendicazioni del museo di rappresentare l'arte in maniera coerente siano già state messe in discussione dalla pratica dell'arte contemporanea postmoderna.

Una delle prime applicazioni del termine "postmoderno" alle arti visive, si verifica in *Other Criteria* di Leo Steinberg, nel corso di un dibattito sulla trasformazione, operata da Robert Rauschenberg, della superficie di un quadro in quella che Steinberg chiama "spianatoia", riferendosi, significativamente, a una macchina tipografica[5]. Questo piano di pittura piatto rappresenta globalmente una superficie pittorica del tutto nuova, che produce, secondo Steinberg, "il più radicale spostamento nella realtà dell'arte, quello dalla natura alla cultura"[6]. Il che significa che piatta è una superficie che può recepire un vasto ed eterogeneo raggio di immagini e manufatti che non erano compatibili né col campo pittorico del premodernismo né con quello del modernismo. (Un quadro modernista, secondo la visione di Steinberg, conserva una "naturale" propensione alla visione dello spettatore, che viene abbandonata dalla pittura postmoderna). Nonostante che Steinberg, che scriveva nel 1968, non avesse una nozione precisa delle implicazioni a lungo termine della parola "postmoderno", la sua lettura di una rivoluzione implicita nell'arte di Rauschenberg, può essere messa a punto e al tempo stesso estesa prendendo sul serio la sua indicazione.

Il saggio di Steinberg suggerisce importanti paralleli con l'impresa "archeologica" di Michel Foucault. Non solo il termine postmoderno implica la preclusione di quello che Foucault avrebbe chiamato l'epistema, o archivio, del modernismo, ma in senso ancora più specifico, insistendo sulla radicale diversità delle superfici pittoriche su cui si possono organizzare e accumulare diversi tipi di dati, Steinberg sceglie proprio la figura che Foucault aveva utilizzato per l'incompatibilità dei periodi della storia: le tabelle su cui era stato formulato il loro sapere. L'archeologia di Foucault implicava la sostituzione di unità di pensiero storico quali tradizione, influenza, sviluppo, evoluzione, fonte, e origine con concetti quali discontinuità, rottura, soglia, limite e trasformazione.

Quindi, nella terminologia di Foucault, se la superficie di un quadro di Rauschenberg comporta realmente il tipo di trasformazione rivendicata da Steinberg, non si può dire che essa si evolva rispetto alla superficie della pittura modernista, o che ne sia in qualche modo il proseguimento[7]. E se i quadri di Rauschenberg sono esperimenti che producono una rottura o una discontinuità col passato modernista, come credo che facciano, e come credo facciano le opere di molti altri artisti del presente, allora può darsi che stiamo sperimentando una di quelle trasformazioni nel campo epistemologico descritte da Foucault. Ma, naturalmente, non è solo l'organizzazione del sapere a cambiare fino a diventare irriconoscibile, in certi momenti della storia. Sorgono anche nuove istituzioni di potere e nuovi discorsi; e in effetti le due cose sono interdipendenti.

Foucault ha analizzato le moderne istituzioni di confinamento, il manicomio, la clinica, e la prigione (e le loro relative formazioni discorsive), la pazzia, la malattia, la criminalità. C'è un'altra istituzione di confinamento in attesa di un'analisi archeologica: il museo, e un'altra disciplina: la storia dell'arte. Sono queste le precondizioni del discorso che conosciamo come arte moderna. È stato proprio Foucault a suggerire un modo di iniziare a formulare questa analisi.

L'esordio del modernismo viene spesso individuato nell'opera di Manet del primi anni del decennio 1860/70, in cui la relazione fra la pittura e i suoi precedenti storico-artistici veniva resa spudoratamente ovvia. La *Venere di Urbino* di Tiziano è intesa come veicolo riconoscibile dell'immagine del moderno cortigiano nell'*Olympia* di Manet quanto il color rosa del suo corpo. Appena cento anni dopo che Manet rese consapevolmente problematico il rapporto fra la pittura e le sue fonti[8], Rauschenberg produsse una serie di quadri utilizzando immagini della *Venere e Cupido* di Velázquez e della *Venere al bagno* di Rubens. Ma i riferimenti di Rauschenberg ai quadri dei vecchi maestri vengono effettuati in modo del tutto diverso da Manet; mentre Manet copiava la posa, la composizione e certi dettagli dell'originale all'interno di una trasformazione pittorica, Rauschenberg si limitava a serigrafare riproduzioni fotografiche degli originali su superfici che potevano ospitare anche immagini di camion ed elicotteri. Se camion ed elicotteri non si sono fatti strada sulla superficie di *Olympia*, non è stato, ovviamente, solo perché questi prodotti dell'era moderna non erano stati ancora inventati; ciò è successo anche perché la coerenza strutturale che ha reso una superficie piena di immagini leggibile come quadro sulla soglia del modernismo, si differenzia in maniera radicale dalla logica pittorica che determina l'inizio del postmodernismo. Un saggio di Foucault dedicato alle *Tentazioni di Sant'Antonio* di Flaubert, suggerisce in cosa consista realmente la logica particolare di un quadro di Manet:

Il Déjeuner sur l'herbe *e* Olympia *sono stati probabilmente i primi
quadri da museo, i primi quadri nell'arte europea ad essere non tanto
una risposta agli obiettivi di Giorgione, Raffaello e Velázquez, quanto
un riconoscimento (sostenuto dal singolare e ovvio legame che usa un
riferimento preciso per coprire la sua operazione) del nuovo e basilare
rapporto che intercorre fra il quadro e se stesso, in quanto manifestazione
dell'esistenza dei musei e della particolare realtà e interdipendenza che*

i quadri acquistano nei musei. Nello stesso periodo, le Tentazioni di Sant'Antonio *fu la prima opera letteraria a includere quelle istituzioni marcescenti dove vengono accatastati libri e dove cresce in silenzio la lenta e incontrovertibile vegetazione del sapere. Flaubert è per le biblioteche ciò che Manet è per i musei. Entrambi producono opere che intrattengono un cosciente rapporto con quadri o testi precedenti, o meglio, con quegli aspetti della pittura o della scrittura che rimangono aperti a tempo indeterminato. Essi erigono la propria arte nell'ambito dell'archivio. Il loro compito non era quello di alimentare le recriminazioni — la gioventù perduta, l'assenza di vigore, il declino della creatività — attraverso le quali rimbrottiamo la nostra età alessandrina, bensì quello di portare alla luce un aspetto essenziale della nostra cultura: ogni quadro appartiene ora all'ambito della corposa superficie pittorica, e tutte le opere letterarie sono confinate nell'indefinito mormorio della scrittura*[9].

In un punto successivo del suo saggio, Foucault dice che "Sant'Antonio sembra richiamare *Bouvard et Pécuchet*, se non altro nella misura in cui quest'ultimo si propone come ombra grottesca del primo". Se le *Tentazioni* indica la biblioteca come generatrice di letteratura moderna, *Bouvard et Pécuchet* la addita come terreno di vendita sottocosto di una cultura irrimediabilmente classica. *Bouvard et Pécuchet* è un romanzo che fa una parodia sistematica dell'inconsistenza, dell'irrilevanza e della stupidità delle idee imposte nella metà del XIX secolo. E in effetti, un "Dizionario dei luoghi comuni" avrebbe dovuto far parte del secondo volume dell'ultimo romanzo, incompleto, di Flaubert.

Bouvard et Pécuchet è il racconto di due strani scapoli parigini che si incontrano per caso e scoprono di nutrire una profonda simpatia l'uno per l'altro, nonché di essere entrambi impiegati come copisti. Essi condividono la repulsione verso la vita di città, e in particolare verso il comune destino che li vuole tutto il giorno seduti dietro una scrivania. Quando Bouvard eredita un piccolo patrimonio, i due acquistano una fattoria in Normandia e vi si ritirano, nutrendo la speranza di sperimentare quella realtà che era stata loro negata nella pseudo-vita dei loro uffici parigini. Incominciano costruendosi la loro fattoria, che però fallisce miseramente. Dall'agricoltura si spostano allora verso il campo più specifico dell'arboricoltura. Dopo aver mancato anche questo obiettivo, si dedicano all'architettura dei giardini. Per prepararsi ad affrontare ogni nuova professione, Bouvard e Pécuchet consultano un'infinità di manuali e trattati, in cui si stupiscono della quantità di contraddizioni ed errori che trovano. I consigli che leggono sono spesso confusi o del tutto inapplicabili; la teoria non coincide mai con la pratica. Nonostante i fallimenti a catena, i due vagano imperterriti da un'attività all'altra, solo per scoprire che i testi che pretendono di illustrarle sono assolutamente inadatti allo scopo. Bouvard e Pécuchet ci provano con la chimica, la fisiologia, l'anatomia, la geologia, l'archeologia... la lista potrebbe andare avanti. Quando finalmente si arrendono al fatto che il sapere al quale si sono affidati è solo un ammasso di contraddizioni fortuite, del tutto disgiunte dalla realtà con cui avevano cercato di confrontarsi, ritornano al loro vecchio lavoro, ridiventano copisti. Ecco uno degli scenari prospettati da Flaubert per l'epilogo del romanzo:

> *Essi ricopiano carte a caso, copiano tutto ciò che trovano: borse da tabacco, giornali, brandelli di libri, etc. Poi, avvertono il bisogno di elaborare una tassonomia: compilano tabelle, fanno una lista di opposizioni antitetiche tipo "i crimini del re e i crimini del popolo", "i doni della religione, i crimini della religione", "le bellezze della storia", etc. Talvolta, tuttavia, essi hanno reali problemi nel collocare ogni cosa al posto giusto, e ne diventano ansiosi. Avanti! Ce n'è abbastanza per riflettere! Continuate a copiare! La pagina dev'essere riempita. Ogni cosa è uguale all'altra, il bene è come il male. Farsesco e sublime, bello e brutto, insignificante e tipico: tutto diventa esaltazione della statistica. Non sono altro che fatti, e fenomeni.*
> *Felicità finale[10].*

In un saggio su *Bouvard et Pécuchet*, Eugenio Donato argomenta in modo convincente che l'emblema della serie di eterogenee attività dei due scapoli non è, come hanno sostenuto Foucault e altri, la biblioteca-enciclopedia, ma piuttosto il museo. E ciò non solo perché il museo è un termine privilegiato nel romanzo stesso, ma anche per via dell'assoluta eterogeneità che il museo accoglie. Esso contiene tutto ciò che contiene una biblioteca, e la biblioteca stessa:

> *Se Bouvard e Pécuchet non riescono a raccogliere quello che può costituire una biblioteca, essi tuttavia si sforzano di mettere insieme per sé un museo privato. Il museo, infatti, occupa una posizione centrale nel romanzo; è legato all'interesse dei due personaggi per l'archeologia, la geologia, la storia, ed è perciò attraverso il museo che vengono delineati con estrema*

*chiarezza i problemi delle origini, della casualità, della rappresentazione
e della simbolizzazione. Il museo, e gli interrogativi a cui cerca di dare
una risposta, dipende da un'epistemologia archeologica. Le sue pretese
storiche e rappresentative si basano su un numero di presupposti
metafisici sulle origini — l'archeologia, dopo tutto, si prefigge di essere
la scienza dell'arches. Le origini archeologiche sono importanti in due
sensi: ogni prodotto archeologico deve essere un prodotto originale, e
questi prodotti originali devono a loro volta spiegare il 'significato' di una
successiva, più ampia vicenda storica. Così, nell'esempio caricaturale di
Flaubert, la fonte battesimale che scoprono Bouvard e Pécuchet dev'essere
una pietra sacrificale celtica: a sua volta, la cultura celtica deve funzionare
come modello originale della storia culturale*[11].

Dalle poche pietre che rimangono del passato celtico, Bouvard e Pécuchet
fanno discendere non solo tutta la cultura occidentale, ma persino il
"significato" di quella cultura. Quei menhir li spingono a costruire l'ala fallica
del loro museo:

*In tempi antichi, le torri, le piramidi, le candele, le pietre miliari e persino
gli alberi, avevano un significato fallico, e per Bouvard e Pécuchet
qualsiasi oggetto assunse carattere fallico. Essi collezionavano paletti
di vetture, gambe di sedie, spranghe, pestelli usati dai farmacisti.
Quando qualcuno andava a trovarli, i due gli chiedevano: 'A cosa credi
che assomiglino?'; quindi svelano il mistero, e se c'erano delle obiezioni,
scrollavano le spalle con commiserazione*[12].

Anche in questa subcategoria di oggetti fallici, Flaubert mantiene
l'eterogeneità delle opere custodite in un museo, un'eterogeneità che sfida la
sistematizzazione e l'omologazione richieste dal sapere.

*La serie di oggetti che il museo espone è sostenuta solo dalla finzione
che essi, in qualche modo, costituiscono un universo rappresentativo
coerente. La finzione consiste nel fatto che un ripetuto spostamento
metonimico di frammento per la totalità, di un oggetto verso l'etichetta,
di una serie di oggetti verso una serie di etichette, è ancora in grado di
produrre una rappresentazione che in un certo senso si adatta ad un
universo non linguistico. Tale finzione è il risultato di una fede non-critica*

nella nozione che l'ordine e la classificazione, ovvero la giustapposizione spaziale di frammenti, possono produrre una comprensione rappresentativa del mondo. Se la finzione dovesse dissolversi, non rimarrebbe del museo altro che un bric-à-brac, un mucchio di insignificanti frammenti di oggetti privi di valore, incapaci di sostituire se stessi sia sul piano metonimico, per gli oggetti originali, sia sul piano metaforico per le loro rappresentazioni[13].

Questa è la visione del museo che Flaubert lascia intravvedere dalla commedia di *Bouvard et Pécuchet*. Fondato sulle discipline dell'archeologia e della storia naturale, entrambe ereditate dall'età classica, il museo è stata un'istituzione screditata fin dal suo nascere. E la storia della museologia è la storia dei vari tentativi di negare l'eterogeneità del museo, di ridurlo ad una serie, o ad un sistema omogeneo. La fiducia nella possibilità di mettere ordine nel bric-a-brac del museo, che riecheggia quello di *Bouvard et Pécuchet*, persiste tuttora. Reinstallazioni come quella della collezione del XIX secolo nelle Gallerie André Meyer al Metropolitan, particolarmente numerose negli anni Settanta e Ottanta, sono testimoni di questa fiducia. Ciò che tanto ha allarmato Hilton Kramer è l'abbandono del criterio che determinava l'ordine in cui dovevano essere esposti gli oggetti estetici nel museo lungo tutta l'epoca modernista, ovvero la qualità "intrinseca" dei capolavori: la conseguenza è il "tutto va bene". Niente potrebbe testimoniare con maggiore eloquenza la fragilità delle pretese del museo di rappresentare alcunché di coerente.

Nel periodo successivo alla seconda guerra mondiale, il più grande monumento alla missione del museo è rappresentato da museo senza mura di André Malraux. Se *Bouvard et Pécuchet* è una parodia delle idee imposte a metà del XIX secolo, *musée sans murs* è l'espressione iperbolica di tali idee a metà del XX secolo. Le rivendicazioni che Malraux porta all'estremo sono quelle di "storia dell'arte come disciplina umanistica"[14]. Malraux, infatti, vede nel concetto di stile il principio omogenizzante finale, ovvero l'essenza dell'arte, ipostatizzata, non senza interesse, attraverso il medium della fotografia. Qualsiasi opera d'arte di cui si possa scattare una foto, è ammessa a prendere posto nel supermuseo di Malraux. Ma la fotografia non solo assicura la possibilità di entrare nel museo a vari oggetti, a frammenti di oggetti, a dettagli di oggetti: essa ne è anche lo strumento organizzativo, in quanto riduce l'eterogeneità, ora persino più vasta, ad una singola, perfetta similitudine. Attraverso la riproduzione fotografica, un cammeo viene collocato sulla pagina successiva alla raffigurazione di un tondo dipinto o di un rilievo scolpito; un dettaglio di un Rubens, ad Anversa, viene paragonato a quello di un Michelangelo, a Roma. La lezione dello storico d'arte, basata sulle diapositive, e il paragone che lo studente d'arte fa, confrontando diapositive, riempiono il museo senza mura. In un esempio fornito da uno dei nostri più autorevoli storici dell'arte, lo schizzo a olio raffigurante un piccolo dettaglio di una strada acciottolata in Parigi, una giornata piovosa, dipinto nel 1870 da Gustave Caillebotte, occupa lo schermo a sinistra, mentre un quadro di Robert Ryman della serie *Winsor Group* del 1966 ne occupa quello a destra, *et voilà!*, ecco che i due quadri sembrano un'unica cosa[15]. Ma che genere di conoscenza, esattamente, è quella che lo stile, l'essenza dell'arte possono offrire? Queste sono le parole di Malraux a riguardo:

Nel nostro 'museo senza mura', il quadro, l'affresco, la miniatura e la vetrata dipinta sembrano appartenere alla stessa famiglia. E infatti, le miniature, gli affreschi, le vetrate dipinte, gli arazzi, i quadri, le raffigurazioni sui vasi greci, le piastre della Scizia, sono diventati, tutti insieme, tutti allo stesso modo, 'placche colorate'. Nel corso di tale processo, essi hanno perso le loro caratteristiche di 'oggetti'; tuttavia, in virtù di questo stesso procedimento, hanno guadagnato qualcosa: la massima pregnanza significativa, rispetto allo stile, che potessero acquisire. Per noi è difficile prendere atto con chiarezza del divario fra la rappresentazione di una tragedia di Eschilo, con l'urgente minaccia persiana e la Salamina che si profilava dall'altra parte della baia, e l'effetto che ne ricaviamo leggendola; e tuttavia, benché in maniera oscura, ne avvertiamo la differenza. Tutto ciò che rimane di Eschilo è il suo genio. La stessa cosa accade con le immagini che nelle riproduzioni perdono sia il loro significato originario di oggetti, sia la loro funzione (religiosa, o altro). Noi le vediamo unicamente come opere d'arte, e loro ci lasciano unicamente il talento di che le ha create. Potremmo chiamarle persino 'momenti d'arte', invece che 'opere d'arte'. Ma per quanto diversi siano, tutti questi oggetti... esprimono il medesimo tentativo; è come se una presenza nascosta, lo spirito dell'arte, li spingesse tutti alla stessa ricerca... Ed è così che, grazie all'unità alquanto speciosa imposta dalla riproduzione fotografica su una molteplicità di oggetti, che spaziano dalla statua al bassorilievo, dal bassorilievo ai sigilli impressi, e da questi ultimi alle piastre dei nomadi, sembra emergere uno stile da Babilonia come un'entità reale, ovvero non una mera classificazione, ma come una sorta di storia della vita di un grande creatore. Niente trasmette la nozione di un destino creatore delle finalità umane con maggiore vividità e forza dei grandi stili, le cui evoluzioni e trasformazioni appaiono come lunghe ferite impresse sulla faccia della terra dal passaggio del fato[16].

Tutte le opere che definiamo "Arte", o almeno quelle che possono essere sottoposte alla riproduzione fotografica, hanno la possibilità di guadagnarsi uno spazio nella grande opera, nell'arte come ontologia, creata non da uomini e donne nella loro contingenza storica, ma dall'uomo nella sua essenza. Questa è la confortante consapevolezza di cui il *museo senza mura* si fa testimone. Parallelamente, essa è anche l'inganno a cui la storia dell'arte si è più profondamente, per quanto spesso inconsciamente, dedicata.

Ma verso la fine del suo museo, Malraux inciampa in un fatale errore: egli ammette fra le sue pagine quel fenomeno che ne aveva costituito l'omogeneità, ovvero, la fotografia. Finché la fotografia era soltanto un veicolo grazie al quale gli oggetti d'arte potevano accedere al museo immaginario, si arrivava ad una certa coerenza. Ma una volta che la fotografia in quanto tale ha accesso al museo, come un oggetto fra i tanti, allora viene ristabilita l'eterogeneità nel cuore del museo, e ne vengono condannate le pretese di conoscenza. Poiché neppure la fotografia può ipostatizzare lo stile da un'immagine fotografica.

Nel *Dizionario dei luoghi comuni* di Flaubert, alla voce "Fotografia" si legge: "Renderà obsoleta la pittura. (vedi Dagherrotipo)". Alla voce "Dagherrotipo", in compenso, si legge: "Prenderà il posto della pittura. (vedi Fotografia)"[17]. Nessuno prese sul serio la possibilità che la fotografia potesse usurpare la pittura. Meno di mezzo secolo dopo l'invenzione della fotografia, quella nozione era una delle idee imposte su cui costruire una parodia. Nel nostro secolo, fino a tempi recenti, solo Walter Benjamin diede credito a questo concetto, sostenendo che la fotografia avrebbe inevitabilmente influenzato l'arte nel profondo, anche fino al punto che l'arte della pittura potesse scomparire per aver perso tutta la sua aura di importanza attraverso la riproduzione meccanica[18]. La negazione del potere di trasformazione dell'arte detenuto dalla fotografia, continuò a rafforzare la pittura modernista nell'immediato periodo post-bellico in America. Ma poi, nell'opera di Rauschenberg, la fotografia cominciò a cospirare con la pittura nella sua decostruzione.

Nonostante che Rauschenberg venisse definito pittore, con un disagio appena percettibile, per tutto il primo decennio della sua carriera, quando si dedicò sistematicamente alle immagini fotografiche nei primi anni

Sessanta, divenne sempre più difficile concepire la sua opera come pittura. Essa era invece un'ibrida forma di stampa. Rauschenberg si era spostato definitivamente dalle tecniche di produzione (combinazioni, assemblaggi) alle tecniche di riproduzione (serigrafia, trasferimento di disegni). E questa svolta ci impone di pensare all'arte di Rauschenberg come a un'arte postmoderna. Attraverso la tecnologia riproduttiva, l'arte postmoderna può fare a meno dell'aura. La finzione del soggetto creativo cede il passo ad aperte confische, citazioni, accumulazioni e ripetizioni di immagini già esistenti[19]. Le nozioni di originalità, autenticità e presenza, essenziali al discorso ordinato del museo, vengono distrutte. Rauschenberg "ruba" *Venere e Cupido* trasferendola sulla superficie di *Crocus*, che ospita anche immagini di zanzare e un camion, oltre ad un Cupido la cui effige viene duplicata da uno specchio. La Venere appare ancora, per due volte, in *Transom*, ora in compagnia di un elicottero e di immagini ripetute di serbatoi idrici sui tetti di Manhattan. In *Bicycle*, essa appare col camion di *Crocus* e l'elicottero di *Transom*, ma stavolta ci sono anche una barca a vela, nuvole e un'aquila. Poi si adagia su tre ballerine di Merce Cunningham in *Overcast III* e su una statua di George Washington e nelle chiavi di un auto in *Breakthrough*. Sulle superficie delle opere di Rauschenberg si diffonde l'eterogeneità assoluta che è lo scopo principale della fotografia, e attraverso la fotografia, del museo. Inoltre, si diffonde da un'opera all'altra.

Malraux era affascinato dalle infinite possibilità del suo museo, dalla proliferazione di discorsi che poteva mettere in moto, definendo serie stilistiche sempre nuove grazie soltanto ad un rimescolamento di fotografie. Tale proliferazione viene messa in pratica da Rauschenberg: il sogno di Malraux è diventato il divertimento di Rauschenberg. Ma, naturalmente, non tutti si divertono, e meno di tutti lo stesso Rauschenberg, a giudicare dal proclama che compose per il Centennial Certificate del Metropolitan Museum nel 1970:

Patrimonio della coscienza dell'uomo.
Capolavori collezionati, protetti e comunemente celebrati.
Atemporale per definizione, il museo
accumula per concertare un attimo di orgoglio
nel tentativo di difendere, apoliticamente, i sogni
e gli ideali dell'umanità consapevole e sensibile ai
mutamenti, ai bisogni e alla complessità della vita
attuale, e al tempo stesso attivo nel mantenere vivi
la storia e l'amore.

Questo manifesto, che conteneva riproduzioni fotografiche di famose opere d'arte, e privo di qualsiasi altra intrusione, fu firmato dai funzionari del Metropolitan Museum.

1. "Salon" termine che designa la più importante esposizione d'arte francese, organizzata già nel Settecento, con periodicità variabile, sotto gli auspici dell'Accademia, e poi divenuta annuale sotto il controllo dei professori dell'école des Beaux-Arts, che formavano la giuria delegata a decidere insindacabilmente dell'ammissione degli artisti. Questo dominio dell'ufficialità accademica fu scosso da episodi clamorosi per iniziativa dei pittori rifiutati dalla giuria: Courbet, che nel 1855 creò un suo padiglione del "realismo", o il gruppo degli impressionisti, che crearono nel 1863 il *Salon des Refusés*. Le mostre autonome degli impressionisti (1984-96) e la fondazione, da parte di Seurat e Signac, del *Salon des Indépendants* misero definitivamente in crisi la tradizionale istituzione, che perse gradualmente la sua importanza (N.d.R.)

2. Hilton Kramer, "Does Gérôme belong to Goya and Monet?", "New York Times", 13 aprile 1980, seconda parte, p.35

3. Theodor W. Adorno, "Valéry Proust Museum," in *Prisms*, Neville Spearman, London 1967, pp.173-186 [*Prismi, Saggi sulla critica della cultura*, Einaudi, Torino 1972]

4. Kramer, ibidem, p.35

5. Leo Steinberg, "Other Criteria" in *Other Criteria* (New York: Oxford University Press, 1972), pp.55-91. Questo saggio si basa su una lezione tenuta al Museum of Modern Art di New York nel marzo 1968.

6. Ibidem, p.84

7. Vedi la discussione di Rosalind Krauss sulla differenza radicale fra il collage cubista e quello "reinventato" da Rauschenberg in "Rauschenberg and the Materialized Image", "Artforum" 13, n. 4 (dicembre 1974), pp.36-43

8. Non tutti gli storici dell'arte sarebbero disposti ad ammettere che Manet rese problematico il rapporto fra la pittura e le sue fonti. Tuttavia, questa è la presa di posizione iniziale del testo "Manet's Sources: Aspects of His Art, 1859-1865" di Michael Fried ("Artforum" 7, no. 7, marzo 1969, pp.28-82), la cui frase di apertura recita: "Se esiste un solo interrogativo a guidarci nella nostra comprensione dell'arte di Manet fra il 1860 e il 1865, è questo: come dobbiamo porci rispetto ai numerosi riferimenti, nei suoi quadri di quegli anni, all'opera di grandi pittori del passato?" (p.28). In parte, il presupposto di Fried secondo cui i riferimenti di Manet all'arte precendente fossero, "nella loro letterarietà e ovvietà", diversi dai modi in cui la pittura occidentale aveva in precedenza usato le fonti, portò Theodore Reff ad attaccare il saggio di Fried, e ad affermare, fra l'altro: "Quando Reynolds ritrae i suoi familiari in atteggiamenti presi a prestito da famosi quadri di Holbein, Michelangelo e Annibale Carracci, giocando argutamente sul rapporto che essi hanno con i suoi soggetti, o quando Ingres si riferisce deliberatamente, con le sue composizioni religiose, a quelle di Raffaello, e con i suoi ritratti a esempi noti di scultura greca o di pittura romana, non rivelano forse la stessa coscienza storica che informa le prime opere di Manet?" (Theodore Reff, "Manet's Sources: A Critical Evaluation," "Artforum" 8, no. 1, Settembre 1969, p.40. La conseguenza della negazione di questa diversità, è che Reff continua ad applicare al modernismo le metodologie storico-artistiche elaborate per spiegare l'arte del passato, quella per esempio che spiega il particolarissimo rapporto fra l'arte del Rinascimento italiano e l'arte dell'antichità classica. A dare origine a questo saggio è stato per l'appunto un esempio parodistico di questa cieca applicazione della metodologia storico-artistica all'arte di Rauschenberg: in una lezione del critico Robert Pincus-Witten, si affermò che la fonte dell'opera di Rauschernberg *Monogram* (un assemblage in cui si utilizza una capra di angora impagliata) fosse *Scapegoat* di William Holman Hunt!

9. Michel Foucault, "Fantasia of the Library", in *Language, Counter-Memory, Practice*, trad. di Donald F. Bouchard e Sherry Simon (Cornell University Press, 1977), pp.92-93

10. Citato in Eugenio Donato, "The Museum's Furnace: Notes Toward a Contextual Reading of Bouvard et Pécuchet", in *Textual Strategies: Perspectives in Post-Structuralist Criticism*, (a cura di) Josué V. Hararu (Cornell University Press, 1979), p.214

11. Ibidem, p.220. La presunta continuità fra il saggio di Foucault e quello di Donato è qui fuorviante, in quanto Donato è esplicitamente impegnato in una critica della metodologia archeologica di Foucault, con la quale afferma che essa costringe Foucault a tornare ad una metafisica delle origini. Lo stesso Foucault, d'altra parte, fece un passo oltre la sua "archeologia" non appena l'ebbe codificata in *The Archeology of Knowledge* (Pantheon Books, New York 1969)

12. Flaubert, *Bouvard et Pécuchet*, Lemerre, Parigi 1881 [prima ed. italiana: Alpes, Milano 1927]

13. Donato, "The Museum's Furnace," p.223

14. La frase è di Erwin Panofsky; vedi il suo articolo "The History of Art as a Humanistic Discipline", in *Meaning in the Visual Arts: Papers in and on Art History* (Doubleday Anchor Books, Garden City 1955), pp.1-25 [*Il significato nelle arti visive*, Torino: Einaudi 1962]

15. Questo paragone fu introdotto in primo luogo da Robert Rosenblum in un simposio intitolato "L'arte moderna e la città moderna: da Caillebotte e gli Impressionisti ai nostri giorni", tenutosi in concomitanza con la mostra di Gustave Caillebotte al Museo di Brooklyn nel marzo del 1977. Rosenblum pubblicò una versione scritta della sua lezione, benché vi fossero illustrate solo le opere di Caillebotte. L'estratto che segue sarà sufficiente a dare un'idea dei paragoni fatti da Rosenblum: "L'arte di Caillebotte sembra parimenti in tono con alcune delle innovazioni strutturali della più recente pittura e scultura non-figurativa. Il suo abbracciare, nel decennio del 1870, la nuova esperienza della moderna Parigi... determina nuovi modi di vedere che sono sorprendentemente vicini al nostro decennio. Da un lato, egli sembra aver polarizzato più di qualsiasi altro impressionista a lui contemporaneo, i due opposti di ordine e casualità, contrapponendo, di solito, questi due estremi nella stessa opera. I parigini di città e di campagna vanno e vengono in spazi aperti, ma all'interno dei loro spostamenti di piacere ci sono griglie di aritmetica, tecnologica regolarità. Gli schemi di parallele o segni incrociati delle travi di acciaio si muovono con una pulsione A-A-A-A lungo la ringhiera di un ponte. La struttura a quadri del pavimento ricalca i ripetitivi schemi a griglia che vediamo in Warhol o nel primo Stella, in Ryman o Andre. Le strisce ben delineate di Daniel Buren, per esempio, impongono un gaio, estetico ordine primario sul flusso e sulla confusione urbana" (Robert Rosenblum, "Gustave Caillebotte: The 1970s and the 1870s", "Artforum" 15, n. 7 marzo 1977, p.52). Quando Rosenblum, in un simposio sul modernismo all'Hunter College nel marzo 1980, mise di nuovo a confronto Ryman e Caillebotte, ammise che forse quello era ciò che Panofsky avrebbe chiamato pseudomorfismo

16. André Malraux, *Les voix du silence*, Parigi: Gallimard 1951

17. Flaubert, *Bouvard et Pécuchet*, op.cit.

18. Vedi Walter Benjamin, "L'opera d'arte nell'epoca della sua riproducibilità tecnica", Einaudi, Torino

19. Per una discussione precedente sulle pervasive tecniche postmoderniste nell'arte più recente, vedi Douglas Crimp, "Picture", in "October", n. 8 (primavera 1979), pp.75-88 e "The Photographic Activity of Postmodernism" "October", no. 15 (inverno 1988) pp.91-101. La nostra esperienza della "perdita dell'aura" predetta da Benjamin può essere interpretata non solo in senso positivo, vale a dire attraverso quello che l'ha sostituita, ma anche attraverso gli innumerevoli disperati tentativi di recuperarla facendo rivivere la retorica e lo stile dell'espressionismo. Questa tendenza è molto forte, in particolare nel mercato dell'arte, ma è stata ben accolta anche dai musei. D'altro canto, sia il mercato sia i musei hanno tentato di "neutralizzare" le tecniche del postmoderno, riducendole a mere categorie secondo cui è possibile organizzare tutto un insieme di oggetti eterogenei. Si veda il mio saggio "Appropriating Appropriation" in *Image Scavangers: Photographics* (Philadelphia Institute of Contemporary Art, 1982) pp.27-34

Traduzione italiana pubblicata su "Flash Art Italia" # 190, 1995, p.131-134 (trad. di Anna Grazia Calabrese).

Nato nel 1950 e morto precocemente di AIDS nel 1990, Craig Owens ha collaborato con riviste come "Art in America" (di cui è stato redattore) e "October", e ha insegnato Storia dell'Arte presso l'Università di Yale e il Barnard College. La sua attività di ricerca ha rappresentato un contributo importante nell'ambito dello sviluppo delle teorie sul postmoderno: in particolare il suo saggio "The Allegorical Impulse: Toward a Theory of Postmodernism" ("October" n.12 e n.13, 1980) individua alcuni concetti chiave per l'interpretazione dell'arte contemporanea come l'*appropriazionismo* di Sherrie Levine, l'arte *site-specific* di Robert Smithson, l'opera di Robert Rauschenberg, Troy Brauntuch, Cindy Sherman, Laurie Anderson. Sfruttando infatti le definizioni di simbolo e allegoria fornite da Walter Benjamin in *Il dramma barocco tedesco* (1928), Craig Owens pone alla base delle pratiche postmoderne ciò che lui definisce "impulso allegorico": la dissoluzione dell'unità simbolica, la stratificazione testuale e lo scarto tra significante e significato diventano così fenomeni fondamentali alla luce dei quali leggere le pratiche contemporanee di appropriazione, accumulazione, discorsività, ibridizzazione. Owens ha inoltre studiato il rapporto tra femminismo, omosessualità e postmodernismo in relazione al problema della crisi del soggetto modernista, inteso come universale, centrato, maschile, e dell' affermazione di una soggettività plurale ed eterogenea. Molti dei suoi articoli più celebri come "Earthwords" ("October" n.10, 1979, recensione di *The Writings of Robert Smithson*), "Representation, Appropriation, and Power" ("Art in America" n.70, 1982), "'The Indignity of Speaking for Others': An Imaginary Interview" (Allen Memorial Art Museum, 1983), "The Medusa Effect, or, The Specular Ruse" ("Art in America" n.72.1, 1984), "Outlaws: Gay Men in Feminism" (in A. Jardine, P. Smith, *Men in Feminism*, Methuen, 1987) sono stati ripubblicati nella raccolta postuma *Beyond Recognition – Representation, Power, and Culture* (University of California Press, 1992). Nel 2002 Postmedia Books ha inserito "Immagini rubate" (un suo testo su Sherrie Levine) all'interno di *Contemporanee* (a cura di E. De Cecco e G. Romano).

CRAIG OWENS

Il dibattito sull'Altro
Femminismo e postmodernismo

*Il sapere postmoderno non è solo uno strumento di potere.
Raffina la nostra sensibilità nei confronti delle differenze e
incrementa la nostra tolleranza verso l'incommensurabilità.*
J.F. Lyotard (La condition postmoderne)

Decentrato, allegorico, schizofrenico... Comunque si scelga di definire i sintomi del postmoderno è sempre interpretato sia dai suoi protagonisti, sia dai suoi antagonisti come una crisi dell'autorità culturale e delle sue istituzioni, in particolare quelle dell'Europa Occidentale. Da tempo, si ha la sensazione che l'egemonia della civiltà europea sia giunta al termine. Almeno sin dalla metà degli anni Cinquanta si è avvertita la necessità di entrare a contatto con altre culture, attraverso esperienze differenti rispetto a quelle traumatiche causate dalla dominazione e dalla conquista. Uno dei saggi più importanti su questo tema è quello di Arnold Toynbee: l'ottavo volume della sua opera monumentale, *Storia comparata delle civiltà*, tratta della fine dell'era moderna (era che, secondo Toynbee, ha inizio nel XV secolo quando l'Europa comincia a esercitare il suo dominio su vaste aree di territorio e popolazioni fuori dai suoi confini) e dell'alba di una nuova era, per l'esattezza di un'era postmoderna, caratterizzata dalla coesistenza di culture diverse. In questo contesto si potrebbe citare anche la critica di Claude Levi Strauss all'etnocentrismo occidentale, così come quella fatta a questa critica da Jacques Derrida in *Della grammatologia*. Tuttavia, molto probabilmente, la testimonianza più eloquente della fine della sovranità occidentale è stata quella di Paul Ricoeur, che nel 1962 scrive: "La scoperta della pluralità delle culture non è mai un'attività inoffensiva".

Quando si viene a conoscenza dell'esistenza di più culture e, di conseguenza, della fine di un determinato monopolio culturale, illusorio o reale che sia, ci si sente minacciati dalla distruzione provocata da questa scoperta. Improvvisamente l'esistenza degli altri diventa una possibilità, noi stessi siamo "altri" tra gli altri. Con la scomparsa di ogni senso e obiettivo, ci si trova a vagare attraverso le civiltà, come fossero vestigia e rovine. Tutta l'umanità diventa un museo immaginario: qual è la meta per il fine settimana – una visita alle rovine di Angkor oppure una passeggiata nella Tivoli di Copenhagen? Si può facilmente immaginare un mondo a portata di mano, dove chiunque può permetterselo sarà in grado di lasciare a tempo indeterminato la sua nazione per sperimentare la fine della propria nazionalità, in un interminabile viaggio senza sosta[1].

Questa condizione oggi è definita postmoderna. Il resoconto di Ricoeur sugli effetti più scoraggianti della nostra recente perdita di potere, anticipa la malinconia e l'eclettismo, per non parlare dell'assai discusso pluralismo, che caratterizzano la produzione culturale contemporanea. Il pluralismo, tuttavia, finisce per renderci uno qualsiasi tra gli altri; non si tratta di un riconoscimento ma di una riduzione dalla differenza all'assoluta indifferenza, all'equivalenza e all'intercambiabilità (Jean Baudrillard lo chiama "implosione"). Non c'è in gioco solo l'egemonia della cultura occidentale, ma la nostra stessa identità (il senso di essa) in quanto cultura. Questi due aspetti sono talmente legati (come insegna Foucault, il postulato dell'Altro è un momento necessario al consolidamento e all'inglobamento di qualsiasi altro corpo) da ipotizzare che a far crollare la nostra dichiarazione di sovranità sia, in effetti, la presa d'atto che la nostra cultura non è omogenea e monolitica come si pensava un tempo. In altre parole, le cause della fine della modernità, almeno in base alla descrizione di Ricoeur dei suoi effetti, sono tanto interne quanto esterne. Egli, tuttavia, si occupa solo delle differenze esterne. E quelle interne?

Nell'era moderna l'autorità dell'opera d'arte, l'intento di rappresentare una visione del mondo, non si trovava solo nella sua unicità o individualità, com'è spesso sostenuto, piuttosto si basava sull'universalità dell'estetica moderna attribuita alle *forme* utilizzate per la rappresentazione della visione, al di là delle diversità di contenuto dovute alla produzione di opere in circostanze storiche concrete[2]. (Ad esempio, la pretesa di Kant di un giudizio di gusto universale – vale a dire, universalmente comunicabile, originato da "un principio profondamente nascosto e comune a tutti gli uomini, sottostanti il loro accordo nel valutare le forme di cui gli oggetti sono fatti"). Non solo l'opera postmoderna non reclama tale autorità, ma cerca anzi di minare queste affermazioni; da qui la sua spinta generalmente decostruttiva. Come confermano le recenti analisi degli "apparati enunciativi" della rappresentazione visiva (i suoi poli di emissione e ricezione), i sistemi della rappresentazione visiva occidentale ammettono un solo punto di vista – quella del soggetto maschile costituzionale – o pongono il soggetto della rappresentazione come assolutamente centrale, unitario e maschile[3].

L'opera postmoderna tenta di mettere in crisi la rassicurante stabilità di questa posizione dominante. Scrittori come Julia Kristeva e Roland Barthes hanno attribuito lo stesso intento all'*avanguardia* modernista che, attraverso l'introduzione dell'eterogeneità, della discontinuità, della glossolalia, ecc..., mette apparentemente in crisi il soggetto della rappresentazione. Ma, l'avanguardia doveva trascendere la rappresentazione a favore della presenza e dell'immediatezza; essa ha proclamato l'autonomia del significante, la sua liberazione dalla "tirannia del significato", il postmoderno invece proclama la tirannia del *significante*, la violenza della sua legge[4]. (Lacan parla della necessità di sottomettersi alle "contaminazioni" del significante, forse sarebbe più opportuno domandarsi chi nella nostra cultura è contaminato dal significante?) Recentemente, Derrida ci ha messi in guardia dalla condanna totale nei confronti della rappresentazione, non solo perché tale condanna potrebbe sembrare promotrice di una riabilitazione della presenza e dell'immediatezza, servendo quindi gli interessi delle tendenze politiche più reazionarie, ma, ancor più importante, poiché ciò che eccede: "trasgredisce la figura di tutte le rappresentazioni possibili", potrebbe essere in definitiva niente altro che... la legge. Questo ci obbliga, conclude Derrida, "a pensare in modo totalmente *diverso*"[5].

L'operazione postmoderna è stata messa in atto precisamente al confine legale tra quello che può e non può essere rappresentato; non con l'intento di trascendere la rappresentazione, ma per rendere evidente quel sistema di potere che autorizza alcune rappresentazioni mentre blocca, censura o invalida delle altre. Tra le forme bandite dalla rappresentazione occidentale, le donne sono quelle le cui rappresentazioni sono totalmente delegittimate. Escluse dalla rappresentazione dalla loro stessa struttura, esse ritornano al loro interno come simbolo (rappresentazione) dell'irrappresentabile (la Natura, il Sublime, la Verità, ecc...). Questa interdizione si riferisce soprattutto alla donna in quanto soggetto; di rado in quanto oggetto della rappresentazione, perché di certo non mancano immagini *di* donne. Essendo sempre rappresentate da, le donne sono rimaste assenti dalla cultura dominante, come suggerisce Michèle Montrelay quando si chiede "se la psicoanalisi non sia nata proprio per reprimere la femminilità (nel senso di produrre la sua rappresentazione simbolica)"[6]. Per parlare, per auto rappresentarsi, la donna assume un atteggiamento maschile, ed è per questo, probabilmente, che la femminilità viene spesso associata alla mascherata, a una falsa rappresentazione, alla simulazione e alla seduzione. Montrelay, infatti, identifica la donna come la "rovina della rappresentazione": non solo non hanno niente da perdere, ma la loro esteriorità mette in luce i limiti della rappresentazione occidentale.

Si arriva così a un apparente intrecciarsi della critica femminista del patriarcato e di quella postmoderna della rappresentazione. Questo saggio si pone come tentativo provvisorio di esplorare quest'intersezione. Non intendo postulare un'identità tra queste due critiche, né porle in una relazione di antagonismo o opposizione. Al contrario, se ho scelto di intraprendere il percorso azzardato tra postmoderno e femminismo, è per introdurre la questione della diversità sessuale nel dibattito su modernismo/postmoderno; un dibattito che finora è stato vergognosamente in-differente[7].

"UNA NOTEVOLE SVISTA"[8]

Anni fa ho iniziato il secondo di due saggi dedicati all'impulso allegorico nell'arte contemporanea -un impulso che ho definito postmoderno - con una trattazione sulla performance multimediale di Laurie Anderson, *Americans on the Move*[9]. Basato sull'idea di trasporto come metafora della comunicazione (il trasferimento di significato da un luogo all'altro), *Americans on the Move* si sviluppa principalmente come commento verbale alle immagini proiettate sullo schermo alle spalle dei performer. Inizialmente, Anderson introduce l'immagine stilizzata di un uomo e una donna nudi: il primo tiene il braccio teso per salutare, munito di un satellite Pioneer. Queste le sue impressioni sull'immagine, espresse in modo significativo da una voce indubbiamente maschile (la stessa Anderson la elabora attraverso un armonizzatore, che scivola in un'ottava; una sorta di travestitismo elettronico vocale):

Il nostro paese invia nello spazio immagini con i segni del nostro linguaggio. Essi parlano la nostra lingua attraverso queste immagini. Pensate che essi credano che la sua mano sia sempre in quella posizione? Oppure che riusciranno a interpretare i nostri segni? Nel nostro paese il gesto per dire addio è identico a quello per dire ciao.

Di seguito il mio commento:

*Le alternative sono due: il destinatario extraterrestre di questo messaggio
crederà che sia solo un'immagine, cioè, un ritratto analogico dell'uomo, in
questo caso egli supporrà secondo logica che i maschi terrestri vadano in
giro con la mano permanentemente eretta. Oppure, in qualche modo, egli
capirà che questo gesto è rivolto a lui e tenterà di interpretarlo, rimanendo
frustrato dal momento che il singolo gesto ha il doppio significato di
accogliere e congedare, e qualsiasi interpretazione dovrà oscillare tra
questi due estremi. Lo stesso gesto potrebbe anche significare "Stop!" o
un giuramento in atto, ma, se il testo di Anderson non contempla queste
due opzioni è perché non le interessa l'ambiguità, i significati multipli
generati da un singolo segno; le interessa invece che due interpretazioni
definite chiaramente ma reciprocamente incompatibili si trovino in un
confronto alla cieca che rende impossibile scegliere.*

Quest'analisi mi colpisce per la grave negligenza critica. Nella fretta
di rimaneggiare il testo di Anderson in termini di dibattito tra significati
determinati e indeterminati, ho tralasciato qualcosa, qualcosa di talmente
ovvio, "naturale", che al momento non mi è sembrato degno di commento. Oggi
la vedo diversamente. Si tratta certamente di un'immagine sulla differenza
sessuale o, meglio, sulla differenziazione in base alla distribuzione fallica
– come indicato e rimarcato dalla posizione della mano destra dell'uomo
che saluta, e non è tanto sollevata quanto eretta. Ero vicino alla "verità"
sull'immagine quando ho suggerito che i maschi sulla Terra potrebbero aggirarsi
sempre con qualcosa di eretto: vicino, forse, ma senza centrare il punto. (La
mia interpretazione sarebbe stata diversa, o meno in-differente, sapendo che
Anderson aveva precedentemente realizzato una serie di fotografie di uomini
che l'avevano avvicinata in strada?[10] Come ogni altra rappresentazione della
differenza sessuale prodotta dalla nostra cultura, non si tratta di una semplice
immagine che riporta una differenza anatomica, ma del valore a essa attribuito.
In questo caso, il fallo è un significante (cioè rappresenta il soggetto di un altro
significante); in effetti, si tratta del significante privilegiato, il significante del
privilegio, del potere e del prestigio che ricade naturalmente sul maschio nella
nostra società. In quanto tale, esso designa gli effetti della significazione in
generale. In questa immagine (lacaniana) scelta come rappresentazione degli
abitanti della terra per gli extraterrestri, è l'uomo che parla, che rappresenta

la razza umana. La donna è solamente rappresentata, qualcuno (come sempre) ha già parlato per lei.

Se ritorno su questo punto, non è solo per correggere la mia notevole svista, ma, ancor più importante, per indicare un punto cieco nel discorso sul postmoderno in generale: il fallimento nel parlare del problema della differenza sessuale – non solo nell'oggetto in questione, ma nell'enunciazione stessa[11]. Qualsiasi discorso sul postmoderno, per quanto circoscritti possano essere i suoi ambiti di ricerca, almeno nella misura in cui tenta di descrivere alcune mutazioni recenti in quel determinato ambito, aspira allo status di teoria generale sulla cultura contemporanea. Tra gli sviluppi più importanti dell'ultimo decennio – e potrebbe rivelarsi il più importante – c'è la comparsa, quasi in ogni attività culturale, di una pratica specificatamente femminista. Sono molti gli sforzi compiuti per riscoprire e rivalutare lavori in precedenza sottovalutati o messi in secondo piano; ovunque questa impresa è avvenuta in parallelo a una produzione nuova, piena di energia. Martha Rosler, impegnata in queste attività, osserva che il femminismo ha contribuito in modo significativo a ridicolizzare lo status privilegiato che il modernismo rivendicava per l'opera d'arte: "L'interpretazione del significato, dell'origine sociale e delle radici di quelle (precedenti) forme ha contribuito a minare il principio modernista della separazione della forma estetica dal resto della vita umana, e un'analisi dell'oppressione delle forme di cultura alta apparentemente immotivate ha accompagnato questi lavori"[12].

Tuttavia, se uno degli aspetti salienti della nostra cultura postmoderna è la presenza di un'insistente voce femminista (e uso i termini *presenza* e *voce* intenzionalmente), le teorie sul postmoderno hanno avuto la tendenza a trascurare o reprimere questa voce. L'assenza di un dibattito sulla differenza sessuale negli scritti sul postmoderno, così come la bassa percentuale di donne che hanno partecipato attivamente al dibattito su modernismo e postmoderno, suggerisce che quest'ultimo potrebbe essere un'altra invenzione maschile architettata per escludere le donne. Vorrei suggerire, tuttavia, che l'insistenza delle donne sulla differenza e l'incommensurabilità non solo può essere compatibile col pensiero postmoderno, ma ne è anche un esempio. Il pensiero postmoderno non è più un pensiero binario (come osserva Lyotard quando scrive "Pensare in termini oppositivi non trova corrispondenza con il sapere più vivace del postmoderno"[13]) La critica al sistema binario viene spesso liquidata come una moda intellettuale; è invece un imperativo intellettuale, dal momento che l'opposizione gerarchica dei termini marchiati o non marchiati (il decisivo/divisivo presenza/assenza del fallo) è la forma dominante sia nel rappresentare la differenza e giustificare la sua subordinazione all'interno della nostra società. Occorre quindi imparare a concepire la differenza senza l'opposizione.

Sebbene alcuni critici maschi simpatetici rispettino il femminismo (il vecchio detto: rispetta le donne)[14] e augurino loro il meglio, generalmente hanno rifiutato i tentativi di dialogo proposti dalle loro colleghe. Le femministe sono accusate a volte di spingersi troppo oltre, altre volte di non farlo abbastanza[15]. La voce femminista è, quasi sempre, considerata come una tra molte, il suo insistere sulla differenza come una testimonianza del pluralismo dei tempi. Il femminismo è stato, di conseguenza, rapidamente assimilato a tutta una serie di movimenti di liberazione o di autodeterminazione. Ecco l'elenco recente stilato da un illustre critico maschio: "gruppi etnici, movimenti del vicinato, femminismo, i tanti gruppi che promuovono la "controcultura" o stili di vita alternativi, membri dissidenti tra i lavoratori, movimenti studenteschi, movimenti su questioni singole". Questa coalizione forzata non solo considera il femminismo stesso come monolitico, sopprimendo quindi le molteplici differenze interne (essenzialismo, culturalismo, linguistica, freudiano, anti-freudiano...), ma postula anche un'enorme categoria indifferenziata, quella dei " Diversi", a cui possono essere assimilati tutti i gruppi marginalizzati o oppressi, e di cui le donne possono essere l'emblema: una *pars totalis* (un altro vecchio detto: la donna è incompleta). Così si nega però la specificità della critica femminista al patriarcato, insieme a tutte le altre forme di opposizione verso le discriminazioni sessuali, razziali e di classe. (Rosler mette in guardia contro l'uso delle donne come "segno per ogni marcatore di differenza" osservando che "l'apprezzamento per l'opera delle donne che ha per soggetto l'oppressione esaurisce la considerazione di tutte le oppressioni").

Inoltre, gli uomini non sembrano gradire l'idea di dover affrontare la questione messa nel programma critico dalle donne a meno che non siano state precedentemente neutralizzate – sebbene si tratti di un altro problema di assimilazione: a ciò che già si conosce, che è già stato scritto. Fredric Jameson, in *The Political Unconscious*, ad esempio, incita alla "ri-audizione delle voci d'opposizione delle culture etniche e nere, della letteratura femminista e gay, dell'arte "naive" o della marginalizzata folk art e *via dicendo*" (la produzione culturale delle donne è quindi identificata, anacronisticamente, con la folk art), per poi modificare subito la sua petizione: "l'affermazione di queste voci culturali non egemoniche resta inefficace" sostiene Jameson, se esse non vengono *riscritte* nei termini appropriati nel "sistema dialogico delle classi sociali"[16].

Quello che è certo è che la classe che determina la sessualità, e l'oppressione sessuale, è troppo spesso ignorata. La disuguaglianza sessuale non può tuttavia essere ridotta a una questione di sfruttamento economico – lo scambio di donne per uomini – e spiegata esclusivamente in termini di lotta di classe; per ribaltare la dichiarazione di Rosler, l'attenzione esclusiva all'oppressione economica può esaurire la considerazione su altre forme di oppressione.

Affermare che la divisione dei sessi non può essere ridotta alla divisione del lavoro, significa rischiare di polarizzare il femminismo e il marxismo, ed è un rischio reale se si considera la tendenza fondamentalmente patriarcale del secondo. Il marxismo privilegia l'attività produttiva tipicamente maschile come l'attività *sicuramente umana* (Marx: l'uomo "Comincia a distinguere se stesso dall'animale non appena inizia a produrre i mezzi per il suo sostentamento")[17]; le donne, storicamente confinate nella sfera delle attività non-produttive o riproduttive, sono di conseguenza collocate al di fuori della società dei maschi produttori, nello stato di natura. (Come ha scritto Lyotard: "Il confine tra i sessi non delimita due parti della stessa entità sociale")[18]. La questione non riguarda tuttavia solo la condizione di oppressione del discorso marxista, ma le sue ambizioni assolutistiche, le sue rivendicazioni nei confronti di ogni forma di esperienza sociale. Ma questa rivendicazione è caratteristica di tutti i discorsi teorici, ed è uno dei motivi per cui le donne la condannano in quanto fallocratica[19]. Non è sempre la teoria in sé che le donne ripudiano, o meglio non solo, come suggerito da Lyotard, ma la priorità che gli uomini le hanno garantito e il suo rigido opporsi all'esperienza pratica. Si tratta piuttosto di mettere alla prova la distanza che mantiene tra se stessa e il suo oggetto: una distanza che oggettivizza e domina.

Molte artiste femministe, proprio a causa dei tremendi effetti della riconcettualizzazione necessaria a prevenire una ricaduta fallologica nel loro discorso, hanno infatti stretto una nuova (o rinnovata) alleanza con la teoria: la più utile probabilmente è quella con i testi scritti dalle donne influenzate dalla psicoanalisi di Lacan (Luce Irigaray, Hélène Cixous, Montrelay...). Molte di queste artiste hanno fornito in prima persona i maggiori contributi teorici. Il saggio del 1975 della filmaker Laura Mulvey "Visual Pleasure and Narrative Cinema", ad esempio, ha generato un dibattito importante nell'ambito della discussione critica sulla mascolinità dello sguardo cinematografico[20]. Le artiste femministe, influenzate o meno dalla psicoanalisi, considerano spesso i testi critici o teorici come un'importante arena per interventi strategici: i testi critici di Martha Roesler sulla tradizione documentaristica nella fotografia (tra i migliori sul tema) sono una parte cruciale della sua attività *d'artista*. Certo, molte artiste moderniste hanno scritto sul loro lavoro, ma la scrittura è sempre stata considerata un'appendice alla attività principale come pittrici, scultrici, fotografe, ecc...[21], mentre l'attività in simultanea che caratterizza l'attività di molte artiste femministe su molteplici fronti è un fenomeno postmoderno. E una delle cose che mette in discussione è proprio la rigida opposizione tra teoria e pratica artistica.

Allo stesso tempo, la pratica femminista postmoderna potrebbe aprire un dibattito sulla questione della teoria, e non solo su quella *estetica*. Prendiamo in considerazione *Post-Partum Document* (1973-1979), l'opera di Mary Kelly in sei parti (165 pezzi, più le note) che utilizza diversi modi di rappresentazione (letteraria, scientifica, linguistica, archeologica, ecc...) per documentare i primi sei anni di vita di suo figlio. In parte archivio, in parte mostra, in parte case-history, *Post-Partum Document* è anche un contributo e una critica alla teoria di Lacan. L'opera, che si apre con una serie di diagrammi presi dagli *Ecrits* (diagrammi che Kelly presenta come immagini), potrebbe essere (male) interpretata come semplice applicazione o illustrazione della psicoanalisi. Si tratta, piuttosto, dell'interrogarsi di una madre su (di) Lacan, un interrogarsi che in ultimo rivela una considerevole svista della descrizione lacaniana della relazione tra madre e figlio: la costruzione delle fantasie della madre faccia a faccia con il figlio. *Post-Partum Document* è quindi un lavoro controverso, per il modo in cui apparentemente fornisce le prove del feticismo *femminile* (i molteplici sostituti a cui fa ricorso la madre per rifiutare la separazione dal figlio); Kelly pertanto mette in luce una mancanza nella teoria del feticismo, un perversione finora circoscritta al maschio. L'opera di Kelly non è un'anti-teoria; piuttosto, come testimonia l'uso di sistemi di rappresentazione multipli, che non esiste un solo modo per raccontare tutti gli aspetti dell'esperienza umana. O, come sostenuto da lei stessa: "Non esiste un discorso teorico generale in grado di offrire una spiegazione per tutte le forme di relazioni sociali e le attività della politica"[22].

A LA RECHERCHE DU RÉCIT PERDUE

"Non esiste un discorso teorico generale..."– il femminismo è anche una condizione postmoderna. In effetti, Lyotard diagnostica *la* condizione postmoderna come quella in cui le *grands récits* della modernità – la dialettica dello Spirito, l'emancipazione dei lavoratori, l'accumulazione di benessere, la società senza classi – hanno tutte perso credibilità. Lyotard definisce un discorso come moderno, quando fa appello a una di queste *grands récits* per legittimarlo; l'avvento della postmodernità indica una crisi nella legittimazione della funzione della narrativa, della sua capacità di veicolare consenso. La narrativa, conviene Lyotard, si sottrae ai suoi elementi – " I grandi pericoli, i grandi viaggi, il grande obbiettivo". Al contrario, "Si disperde tra le nuvole delle particelle linguistiche – quelle narrazioni, ma anche denotative, prescrittive, descrittive, ecc... – ognuna con la sua singolare valenza pragmatica. Oggi, ciascuno di noi vive in una grande prossimità rispetto ad esse. Non formiamo necessariamente comunità linguistiche stabili e le proprietà di quelle che costituiamo non sono necessariamente comunicabili"[23].

Lyotard, tuttavia, non piange la fine della modernità, anche se è in ballo la sua stessa carriera di filosofo. "Per la maggior parte delle persone, - scrive - la nostalgia per la narrazione perduta [*grands récits*] è cosa passata"[24]. "La maggior parte" non include Fredric Jameson, sebbene egli guardi alla condizione postmoderna in termini simili (come una perdita della funzione sociale della narrativa) e operi una distinzione tra opere moderniste e postmoderne in base alle loro diverse relazioni con il "contenuto-verità dell'arte: la rivendicazione a possedere una qualche verità o valore epistemologico". La sua descrizione della crisi nella letteratura modernista corrisponde metonimicamente alla crisi della modernità stessa:

*Nella forma più importante, l'esperienza modernista non ha
coinciso con un singolo movimento o processo storico, ma con
il "trauma da scoperta", un impegno e un'aderenza alle sue forme
individuali attraverso una serie di "conversioni religiose". Non si più
semplicemente leggere D. H. Lawrence o Rilke, vedere Jean Renoir o
Hitchcock o ascoltare Stravinsky come manifestazioni distinte di quello
che oggi definiamo modernismo. Si legge tutta l'opera di un determinato
scrittore, apprendendo uno stile e un mondo fenomenologico, al quale
ci si converte.... Tuttavia, questo dimostra che l'esperienza di una forma
modernista era incompatibile con un'altra, e quindi che si poteva entrare
in un mondo solo abbandonandone un altro... La crisi del modernismo è
sopraggiunta in seguito, quando è diventato improvvisamente chiaro che
"D. H. Lawrence" non era un assoluto dopotutto, quanto meno non era
la forma ultima della verità del mondo, ma solo un linguaggio artistico
tra gli altri, uno scaffale di libri in un'intera vertiginosa libreria*[25].

Sebbene chi ha letto Foucault potrebbe posizionare questa presa di coscienza all'origine del modernismo (Flaubert, Manet) piuttosto che alla fine[26], il resoconto di Jameson sulla crisi della modernità mi sembra sia persuasivo che problematico, problematico perché persuasivo. Come Lyotard, ci immerge in un prospettivismo nieztschiano radicale: ogni opera rappresenta non solo visioni diverse dello stesso mondo, ma corrisponde a un mondo completamente diverso. Tuttavia, diversamente da Lyotard, lo fa solo per districarci da esso. Per Jameson la perdita della narrativa equivale alla perdita della nostra capacità di collocarci nella storia; la sua diagnosi del postmoderno come "schizofrenico" indica che esso è caratterizzato da una sensazione di collasso della temporalità[27]. In *The Political Unconscious*, quindi, non solo spinge per la resurrezione della narrativa – in quanto "atto socialmente simbolico" – ma in particolare di quella che identifica come la "narrazione dominante" marxista – la storia dell'umanità come "battaglia collettiva per strappare il regno della Libertà dal regno della Necessità"[28].

Narrazione dominante – come tradurre altrimenti *grand récit* di Lyotard? E in questa traduzione s'intravedono i termini di un'altra analisi della fine della modernità, quella che non parla dell'incompatibilità delle diverse narrazioni moderne, ma della loro fondamentale solidarietà. Cosa rende narrazioni dominanti le *grands récits* della modernità, se non il fatto di narrare la dominazione, le gesta dell'uomo, alla ricerca del telos per conquistare la natura? Quale altra funzione svolgono queste narrazioni se non legittimare la missione auto-attribuitasi dall'uomo di trasformare l'intero pianeta a sua immagine e somiglianza? E quale forma ha preso questa missione se non quella di collocare uomini della stessa specie dappertutto – vale a dire, trasformare il mondo in una rappresentazione con l'uomo come soggetto? A tal riguardo, tuttavia, la definizione *narrazione dominante* sembra tautologica; giacché la narrativa, grazie al "suo potere di dominare gli effetti sconsolanti della forza corrosiva del processo temporale"[29] potrebbe essere narrazione dell'autorità[30].

In gioco non c'è solo lo status della narrazione, ma quello della rappresentazione stessa. L'era moderna non è stata solo l'era della narrazione dominante, ma anche della rappresentazione – almeno questo è quanto ha sostenuto Martin Heidegger in una conferenza del 1938 a Freiburg im Breisgau, pubblicata in seguito nel 1952 come "L'Epoca dell'Immagine del Mondo" [Die Zeit die Weltbildes][31]. Secondo Heidegger la transizione verso la modernità non è avvenuta grazie al passaggio da un'immagine del mondo medievale a una moderna, "a contrassegnare l'essenza dell'Età moderna, piuttosto, è in generale il divenire-immagine del mondo". Per l'uomo moderno, l'esistenza delle cose passa attraverso la loro rappresentazione. Questo comporta che il mondo esiste solo all'interno e attraverso un *soggetto* che crede di produrre il mondo producendone la rappresentazione:

Il processo fondamentale dell'Età moderna è la conquista del mondo come immagine. La parola "immagine" [Bild] significa ora: il formato immagine [GeBild] del produrre rappresentativo, il prodotto del proporre e disporre rappresentante. In questo produrre l'uomo lotta per la posizione in cui egli può essere quell'essente che dà la misura e fissa la norma direttiva per ogni essente.

Quindi, attraverso "l'intreccio dei due processi" – il mondo che diviene immagine e l'uomo che diviene soggetto – "comincia così quel tipo di uomo che invade e occupa le facoltà umane come spazio di misura ed esecuzione del dominio dell'essente nella sua interezza". Cos'altro è la rappresentazione se non un "im-prendere e com-prendere" (appropriazione), un "contro-stanziamento oggettuante che progredisce in procedure padroneggiando gli oggetti"?[32]

Di conseguenza, quando in un'intervista Jameson ricorda "la *riconquista* di alcune forme di rappresentazione" (che equipara alla narrazione: "La narrazione – sostiene – è, generalmente, quello a cui si pensa quando si ripete la solita 'critica della rappresentazione' post-strutturalista"[33]), egli in effetti sta invocando la riabilitazione dell'intero progetto sociale della modernità. Poiché la narrazione dominante marxista è solo una versione tra le tante narrazioni dominanti moderne (cos'è la "lotta collettiva per strappare il regno di Libertà da quello della Necessità" se non un progressivo sfruttamento della terra da parte del genere umano?), il desiderio di Jameson di far risorgere (questa) narrazione è un desiderio moderno, un desiderio *per* la modernità. È un sintomo della nostra condizione postmoderna, vissuta ovunque nel nostro tempo come una tremenda perdita dell'autorità, che fa nascere programmi terapeutici, sia a Destra sia a Sinistra, nel tentativo di recuperare tale perdita.

Sebbene Lyotard metta in guardia – giustamente, a mio avviso – dall'interpretare le trasformazioni nella cultura moderna/postmoderna soprattutto come effetti dei mutamenti nelle società (l'avvento ipotetico di una società postindustriale, ad esempio)[34], è evidente che l'autorità venuta meno non è tanto quella culturale, quanto quella economica e politica. Cos'altro ha stimolato il desiderio dell'Occidente a esercitare un dominio e un controllo anche maggiori, se non l'emergere delle nazioni del Terzo Mondo, la "rivolta della natura" e il movimento delle donne, vale a dire la voce dei conquistati?

Sintomi della nostra recente perdita di potere sono visibili ovunque nella cultura contemporanea, specialmente nelle arti visive. Il progetto modernista di unire le forze della scienza e della tecnologia per trasformare l'ambiente dopo i principi razionali di funzione e utilità (Produttivismo, Bauhaus) è stato da tempo abbandonato; si assiste al suo posto a un disperato, spesso isterico, tentativo per recuperare la pittura e la scultura in gesso/bronzo – medium identificati di per sé con l'egemonia culturale dell'Europa occidentale. Tuttavia, gli artisti contemporanei sono in grado al massimo di *simulare* l'autorità, di manipolarne i segni. Da quando in epoca moderna l'autorità è stata invariabilmente associata con il lavoro umano, la produzione estetica ha finito per degenerare in un immenso dispiegarsi di segni del lavoro artistico, un esempio è la pennellata violenta, "appassionata". Questo genere di simulacri dell'autorità sono invece solo testimoni della sua perdita: in effetti gli artisti sembrano impegnati in un'azione collettiva di disconoscimento – e il disconoscimento si accompagna sempre a una perdita di... virilità, mascolinità, potenza[35].

Questo gruppo di artisti si accompagna a un altro che rifiuta la simulazione dell'autorità in favore della contemplazione nostalgica della sua perdita. Un artista parla "dell'impossibilità della passione in una cultura che ha istituzionalizzato l'auto-espressione", un altro "dell'estetica come qualcosa fondato realmente sul desiderio e la perdita piuttosto che sul compimento". Un pittore riesuma il genere desueto del paesaggio in prestito per le sue tele, solo per eseguire un'equazione implicita tra la loro superficie devastata e i campi sterili dipinti, parlando dell'esaurimento delle risorse terra (che diventa così glamourizzata); qualcun altro drammatizza la sua ansia attraverso la figura più convenzionale che gli uomini hanno concepito per la minaccia della castrazione: la Donna... resa distante, remota, inavvicinabile. Sia che rinneghino o reclamizzino la propria mancanza di potere, come vittime o eroi, è superfluo dire che questi artisti sono stati ricevuti calorosamente da una società restia ad ammettere di essere stata guidata dalla sua posizione di centralità; la loro è un'arte "ufficiale" che, come la cultura che ha prodotto, deve fare ancora i conti con la sua stessa decadenza.

Gli artisti postmoderni parlano di decadenza, ma in modo molto diverso. Spesso l'opera postmoderna è testimone di un deliberato *rifiuto* dell'autorità; ad esempio, *The Bowery in Two Inadequate Descriptive Systems* (1974-75) di Martha Rosler, dove le fotografie delle vetrine della Bowery si alternano a gruppi di parole scritte a macchina che indicano ebbrezza. Sebbene le sue foto siano intenzionalmente piatte, il rifiuto di Martha Rosler dell'autorità in questo lavoro è molto più che tecnico. Da un lato, ella nega al testo/didascalia la sua funzione convenzionale di fornire all'immagine qualcosa che manca; al contrario, l'accostamento di due sistemi di rappresentazione – visivo e verbale – è calcolato (come suggerisce il titolo) per "minare" piuttosto che "sottolineare" il valore reale di ognuno[36]. Ancor più rilevante, Rosler si è rifiutata di fotografare i residenti di Skid Row, di parlare per loro, di metterli in luce da una distanza di sicurezza (la fotografia come lavoro sociale secondo la tradizione di Jacob Riis). Per "l'interessato" o colui che Rosler chiama "vittima", la fotografia vigila sul ruolo costitutivo della propria attività, ritenuto meramente rappresentativo (il "mito" della trasparenza e oggettività della fotografia). Nonostante la sua benevolenza nel rappresentare coloro ai quali è stato negato l'accesso agli strumenti di rappresentazione, il fotografo inevitabilmente agisce da agente di quel sistema di potere che per primo ha messo a tacere queste persone. Essi sono così vittimizzati due volte: prima dalla società e poi dal fotografo che si arroga il diritto di parlare a nome loro. In effetti, in queste fotografie, è il fotografo e non il soggetto a posare – come coscienza del soggetto, in effetti come coscienza stessa. Sebbene Rosler in questa opera può non aver dato inizio a una controversia sull'ebbrezza – che consisterebbe in una teoria personale dell'ubriaco sulla propria condizione esistenziale – ha tuttavia indicato negativamente la questione cruciale di una pratica artistica contemporanea politicamente motivata: "l'indecenza di parlare per gli altri"[37].

La posizione di Martha Rosler lancia una sfida anche alla critica, in particolare, al critico che sostituisce l'opera d'arte con il proprio discorso. A questo punto, nel mio testo, devo cedere la parola all'artista. Nel saggio "In, su e ripensamenti (sul documentare la fotografia)" che accompagna *The Bowery*, Rosler scrive:

Se la povertà in questo caso è un soggetto, è sicuramente la povertà delle strategie della rappresentazione che vagano solitarie nel tentativo di sopravvivere. Le fotografie non possono avere a che fare con la realtà che è già stata compresa grazie all'ideologia, e sono un diversivo come le formazioni della parola, che almeno sono collocabili in un punto più prossimo alla cultura dell'ubriachezza, anziché essere inquadrature esterne di essa[38].

Un'opera come *The Bowery in Two Inadequate Descriptive Systems* non solo smaschera il "mito" della trasparenza e dell'oggettività della fotografia, mette in crisi anche la convinzione (moderna) della visione come mezzo privilegiato di accesso alla verità e alla certezza (vedere per credere). L'estetica moderna attribuiva alla vista una superiorità sugli altri sensi, in virtù del distaccamento dal suo oggetto: "La vista" secondo Hegel in *Lezioni di estetica*, "si trova in una relazione puramente teorica con l'oggetto, grazie all'intermediazione della luce, la sostanza immateriale che rende davvero liberi gli oggetti, accendendoli e illuminandoli, senza consumarli"[39]. Gli artisti postmoderni non negano questo distacco, né lo celebrano. Piuttosto ne esplorano gli interessi particolari che sostiene. La visione non è affatto disinteressata, o indifferente, come ha osservato Luce Irigaray: "Uomini e donne non riservano lo stesso privilegio allo sguardo. La vista, più degli altri sensi, oggettifica e domina. Stabilisce una distanza, mantiene la distanza. Nella nostra cultura, la sua supremazia su olfatto, gusto, tatto e udito ha condotto all'impoverimento delle relazioni fisiche... Nel momento in cui la vista domina, il corpo perde la sua materialità"[40]. Vale a dire si trasforma in immagine.

Che la priorità garantita dalla nostra cultura alla visione provochi un impoverimento sensoriale non è una conclusione nuova; la critica femminista lega tuttavia il privilegio della vista a quello sessuale. Freud identifica la transizione da una società matriarcale a una patriarcale con la simultanea svalutazione di una sessualità olfattiva e il passaggio a una sessualità visiva, più sublimata e mediata[41]. Peraltro, nello scenario freudiano è attraverso la vista che il bambino scopre la differenza sessuale, la presenza o l'assenza del fallo in base a cui verrà assunta l'identità sessuale del bambino. Come ricorda Jane Gallop nel suo *Feminism and Psychoanalisis: The Daughter's Seduction*, "Freud articola la 'scoperta della castrazione' su una visione: la visione di una presenza fallica nel ragazzo, la visione di un'assenza fallica nella ragazza, in ultimo la visione di un'assenza fallica nella madre. *La diversità sessuale assume il suo significato principale grazie a uno sguardo*"[42]. Non sarà perché il fallo è il segno più visibile della diversità sessuale che esso è diventato il "significante privilegiato"? Ciononostante, non è solo la scoperta della diversità, ma anche la sua negazione che si fonda sulla visione (sebbene la riduzione della differenza a una misura comune – le donne giudicavano secondo gli standard maschili e trovavano carenze – è già una negazione). Secondo Freud, come scrive nel saggio del 1927 "Feticismo", il bambino spesso conserva l'ultima impressione visiva prima della visione "traumatica", come sostituto del pene "mancante" della madre:

In tal modo, il piede o la scarpa devono la loro attrazione come feticci, almeno in parte, al fatto che il ragazzino curioso era solito sbirciare tra le gambe delle donne per vedere i loro genitali. Il velluto e la pelliccia riproducono – come si sospetta da tempo – la visone dei peli pubici che avrebbe dovuto rivelare il sospirato pene; la biancheria intima spesso usata come feticcio riproduce il denudarsi, l'ultimo istante in cui la donna poteva ancora esser vista come fallica[43].

Cosa dire delle arti visive in un sistema patriarcale che privilegia la vista sugli altri sensi? È possibile non aspettarsi un potere che privilegia il mascolino – come dimostrato dalla storia – uno strumento, probabilmente, di potere esercitato attraverso la rappresentazione della minaccia posta dalla femmina? Ultimamente si è diffusa una pratica artistica fondata su teorie femministe e rivolta, in modo più o meno esplicito, alla questione della rappresentazione e della sessualità, maschile e femminile. Gli artisti uomini hanno avuto la tendenza ad analizzare la struttura sociale della mascolinità (Mike Glier, Eric Bogosian, i primi lavori di Richard Prince); le donne hanno iniziato con molto ritardo il processo di decostruzione della femminilità. Pochi hanno prodotto immagini nuove, "positive" sul tema di una femminilità rivisitata, sarebbe una semplice sostituzione e quindi un modo per prolungare la vita dei consueti sistemi della rappresentazione. Alcuni rifiutano totalmente di rappresentare la donna, in base alla convinzione che la rappresentazione del corpo femminile non è mai libera dal pregiudizio fallico. Molti di questi artisti, tuttavia, lavorano sul repertorio di immagini esistente, non perché privi di originalità o critica, ma perché il loro soggetto, la sessualità femminile, si costituisce sempre nella e come rappresentazione – una rappresentazione della differenza. Va sottolineato che questi artisti non sono tanto interessati a quello che la rappresentazione afferma sulle donne, piuttosto analizzano cosa la rappresentazione *fa* alle donne (ad esempio, il modo in cui costantemente le pone come oggetti dello sguardo maschile). Come scrive Lacan "Le immagini e i simboli *per* la donna non possono essere isolati dalle immagini e dai simboli *della* donna... È la rappresentazione – la rappresentazione della sessualità femminile – repressa o no, a condizionare le regole del gioco"[44].

Tuttavia, l'analisi critica di quest'opera ha evitato (di poco) la questione del genere sessuale. Questa pratica, data la sua ambizione tendenzialmente decostruttivista, viene a volte assimilata alla tradizione modernista della demistificazione. (Di conseguenza, la critica della rappresentazione in questo saggio ha finito per essere una critica ideologica). In un saggio dedicato alle procedure allegoriche nell'arte contemporanea, Benjamin Buchloh affronta il lavoro di sei artiste – Dara Birnbaum, Jenny Holzer, Barbara Kruger Louise Lawler, Sherrie Levine, Martha Rosler – usandole come modello della "mitificazione secondaria" elaborata da Roland Barthes in *Miti d'oggi* nel 1954. Buchloh non riconosce il fatto che Barthes abbia successivamente rigettato questa metodologia – una posizione che va considerata alla luce del suo crescente rifiuto per l'autorità da *Il piacere del testo* in poi[45]. Né tantomeno attribuisce un significato particolare al fatto che tutte queste artiste siano donne; anzi, Buchloch fornisce loro una genealogia nettamente maschile secondo la tradizione dadaista del collage e del montaggio. Sostiene che tutte le sei artiste manipolano i linguaggi della cultura popolare (televisione, pubblicità, fotografia) in modo da "rendere trasparenti tutti i loro effetti e le funzioni ideologiche", e che nei loro lavori "l'interazione insignificante e apparentemente inestricabile tra comportamento e ideologia diventa un *modello* da osservare"[46].

Cosa vuol dire affermare che queste artiste rendono visibile l'invisibile, specie in una cultura dove la visibilità è sempre legata al punto di vista maschile e l'invisibilità a quello femminile? Di cosa parla realmente la critica quando dichiara che queste artiste rivelano, espongono, "svelano" (l'ultima parola è usata da Buchloch nel testo) gli intenti ideologici nascosti nelle immagini della cultura di massa? Si consideri, ad esempio, l'analisi di Buchloch del lavoro di Dara Birnbaum, una video artista che ri-edita materiale di repertorio preso direttamente dalle emittenti televisive. Su *Technology/Transformation: Wonder Woman* (1978-79), video basato sull'omonima serie televisiva, Buchloch scrive che "svela le fantasie adolescenziali di Wonder Woman". Tuttavia, come in tutto il lavoro di Dara Birnbaum, questo videotape non lavora semplicemente sulle immagini della cultura di massa, ma sulle *immagini femminili* della cultura di massa. Le attività connesse al corpo femminile di svelare, denudare, posare non sono forse prerogative maschili?[47] Inoltre, le donne che Birnbaum rappresenta sono di solito atlete e performer assorte nell'esibizione della loro perfezione fisica. Non hanno difetti, né mancanze e pertanto sono prive di storia e desideri. (Wonder Woman è l'incarnazione perfetta della madre fallica). Nel suo lavoro è riconoscibile il tropo freudiano della donna narcisista o il "tema" lacaniano della femminilità come spettacolo contenuto, reale solo in quanto rappresentazione del desiderio maschile[48].

L'impulso decostruttivo che anima il suo lavoro ha suggerito anche affinità con le strategie testuali poststrutturaliste, e molti dei testi critici su questi artisti – incluso il mio – hanno semplicemente avuto la tendenza di tradurre il loro lavoro in francese. Certo, il discorso di Foucault sulle strategie occidentali dell'emarginazione e dell'esclusione, le accuse di "fallocentrismo" di Derrida, il "corpo senz'organi" di Deleuze e Guattari, sembrerebbero tutte congeniali alla prospettiva femminista (come ha osservato Irigaray, non è forse il "corpo senz'organi" la condizione storica delle donne?[49]). Tuttavia, le affinità tra teorie poststrutturaliste e pratiche postmoderne possono rendere cieco il critico di fronte al fatto che, quando le donne sono consapevoli, simili tecniche hanno ben altro significato. Perciò, quando Sherry Levine si appropria – le prende in senso letterale – delle foto dei contadini di Walker Evans o di quelle di Edward Weston (ancor più appropriato come esempio) del figlio Neil, in posa come un busto greco classico, come viene sempre ripetuto, sta solo drammatizzando la riduzione delle possibilità creative in una cultura satura di immagini? Non sarà invece il suo rifiuto per l'autorità un rifiuto per il ruolo del creatore in quanto "padre" della sua opera, dei diritti di paternità attribuiti all'autore dalla legge?[50] (Questa interpretazione delle strategie di Levine è sostenuta dal fatto che le immagini di cui si appropria sono invariabilmente immagini dell'Altro: donne, natura, bambini, il povero, il pazzo...)[51]. La mancanza di rispetto per l'autorità paterna suggerisce che la sua attività non sta tanto nell'appropriazione – possedere e trattenere – quanto nell'espropriazione: espropria colui che si è appropriato.

Sherry Levine collabora spesso con Louise Lawler, sotto lo pseudonimo "A Picture is Not Substitute for Anything", titolo che rivela una critica inequivocabile alla definizione classica di rappresentazione. (E. H. Gombrich: "Qualsiasi forma d'arte produce immagini, e ogni produzione di immagini è la creazione di sostituti"). La loro collaborazione non spinge forse a chiedersi cosa si suppone che l'immagine sostituisca, rimpiazzi o quale assenza nasconda? Quando Lawler espone *A Movie Without a Picture*, nel 1979 a Los Angeles e nel 1983 a New York, sta semplicemente sollecitando lo spettatore a collaborare alla produzione di questa immagine? O non sta anche negando allo spettatore quel tipo di piacere visivo che di solito genera il cinema – un piacere legato alle perversioni maschili del voyeurismo e della scopofilia[52]? Sembra quindi molto appropriato che a Los Angeles abbia proiettato (o non-proiettato) *The Misfits* – l'ultimo film completato da Marilyn Monroe. Lawler non ha semplicemente eliminato l'immagine, ha eliminato l'immagine archetipo della desiderabilità femminile.

Quando Cindy Sherman, nei suoi *Untitled Film Stills* in bianco e nero (realizzati tra la fine degli anni Settanta e i primi anni Ottanta), trasformava se stessa in modo tale da somigliare alle eroine dei b-movie hollywoodiani di fine anni Cinquanta, inizio Sessanta, per poi autoritrarsi in situazioni che suggerivano vi fosse un pericolo imminente, appena fuori dalla cornice, stava semplicemente attaccando la retorica "dell'autorialità usando l'accostamento del noto artificio dell'attrice di fronte alla telecamera con la presunta autenticità del regista dietro di essa?"[53]. Non era anche la sua interpretazione un recitare al di fuori dalla nozione psicoanalitica della femminilità in termini di smacheramento, cioè come rappresentazione del desiderio maschile? Come ha scritto Hélène Cixous: "Viviamo in una rappresentazione, e quando si chiede a una donna di prenderne parte, le si chiede sempre, ovviamente, di rappresentare il desiderio maschile"[54]. Infatti, la funzione stessa delle fotografie di Sherman come specchio-maschera che rinvia allo spettatore il suo stesso desiderio (e lo spettatore di quest'opera è invariabilmente un maschio): il desiderio tipicamente maschile di fissare la donna in un'identità stabile e stabilizzante. Il lavoro di Sherman confuta esattamente questo: anche se le sue fotografie sono sempre autoritratti, l'artista non è mai uguale, né appare con le sembianze dello stesso modello; anche se si presume di riconoscere la stessa persona, si è costretti a individuare le oscillazioni dei contorni di quell'identità[55]. Nei successivi lavori, Sherman abbandona i film-still per occupare il paginone centrale delle riviste, esponendosi alle accuse di complicità nella sua stessa oggettificazione, rinforzando così l'immagine della donna relegata all'interno di una cornice[56]. Anche se Sherman sceglie di posare come una pin-up, questo certo non ci permette di appenderla al muro.

Infine, quando Barbara Kruger fa un collage con le parole *Your Gaze Hits the Side of My Face*, sull'immagine di un busto femminile, presa da un annuario degli anni Cinquanta, sta semplicemente "facendo un'equazione... tra la riflessione estetica e l'alienazione dello sguardo? Sono entrambi reificati?"[57]. O non sta piuttosto parlando della *mascolinità* dello sguardo, del modo in cui oggettifica e domina? E quando la scritta *You Invest in the Divinity of the Masterpiece* appare su un dettaglio ingrandito della scena della creazione della Cappella Sistina, sta solo parodiando la nostra riverenza nei confronti dell'arte, oppure si tratta di un commento sulla produzione artistica come contratto tra padri e figli? Il lavoro di Kruger è sempre indirizzato a un determinato genere sessuale; il punto tuttavia non è la fissità della mascolinità e della femminilità, fissate in anticipo dai meccanismi della rappresentazione. Piuttosto, Kruger usa un termine senza un contenuto fisso – l'alterazione linguistica ("Io/tu") – per dimostrare che anche la mascolinità e la femminilità sono identità instabili, soggette a scambiarsi.

È ironico che tutte queste pratiche, proprio come gli scritti teorici che le sostengono, siano emerse in un periodo storico apparentemente caratterizzato dalla completa indifferenza. Si è assistito, in arte, alla graduale dissoluzione di divisioni un tempo fondamentali: originale/copia, autentico/falso, funzione/ornamento. Ogni termine oggi sembra contenere il suo stesso opposto e la sua indeterminatezza comporta l'impossibilità di scegliere, o meglio, l'assoluta equivalenza e quindi l'intercambiabilità delle scelte. O almeno così si dice[58]. La presenza del femminismo, con il suo insistere sulla differenza, ci costringe e riconsiderare la cosa. Nel nostro paese dire addio potrà apparire esattamente come un saluto d'accoglienza, ma solo da un punto di vista maschile. Le donne hanno imparato – o forse l'hanno sempre saputo – a riconoscere la differenza.

1. Paul Ricoeur "Civilization and National Cultures", *History and Truth*, Northwestern University Press, 1965, p.278

2. Hayden White "Getting Out of History", "Diacritics", n.3 (autunno 1992) p.3. White non riconosce mai che è proprio questa universalità a essere messa in questione oggi

3. Si veda, ad esempio, "Towards A Theory of Reading in the Visula Arts: Poussin's *The Arcadian Shepards*" di Louis Marin in *The Reader in The Text* a cura di S.Suleiman e I. Crosman, (Princeton University Press, 1980) pp.293-324. Questo saggio reitera i punti centrali della prima sezione di *Détrouir la peinture* di Louis Marin (Galilée, Parigi 1977). Si veda anche l'analisi sugli apparati enunciativi della rappresentazione cinematografica nel saggio di Christian Metz "History/Discourse: A Note on Two Voyeurisms" in *The Imaginary Signifier* (Indiana University Press, 1982). Inoltre, per un quadro generale su questi studi, si veda il mio testo "Representation, Appropriation & Power", "Art in America" 70, n.5 (Maggio 1982) pp.9-22

4. Da qui l'identificazione problematica della pratica d'avanguardia di Kristeva come femminile; problematica perché sembra agire in complicità con tutti quei discorsi escludono le donne dalle regole della rappresentazione, associandole invece al presimbolico (la natura, l'inconscio, il corpo, ecc...)

5. Jacques Derrida " Sending: On Representation" in *Social Research* 49 n 2 (estate 1982) – il corsivo è all'autore. (in questo saggio Derrida analizza "L'epoca del mondo come immagine" di Heidegger, un testo su cui tornerò). "Oggi il dibattito su pensiero contro rappresentazione è vasto" scrive Derrida " In modo più o meno articolato e rigoroso questo giudizio è facilmente giunto all'idea che la rappresentazione sia un male...

E ancora, a prescindere dalla forza e oscurità di questa corrente, l'autorità della rappresentazione resta per noi vincolante, imponendosi sulla nostra mente attraverso una storia fortemente stratificata, densa e enigmatica. Essa organizza la nostra vita, la precede e ci ammonisce in modo troppo severo per ridurla a un semplice oggetto, una rappresentazione, l'oggetto della rappresentazione con cui confrontarci, davanti a noi come un soggetto" (304). Conclude poi così "l'essenza della rappresentazione non è una rappresentazione, non è rappresentabile, *non c'è rappresentazione della rappresentazione*" (p.314, corsivo aggiunto)

6. Michèle Montrelay, "Reserches sur la femminité", "Critique" 278 (luglio 1970); tradotto da Parve Adams in "Inquiry into Femminity", "m/f" 1 (1978); reprint in "Semiotext(e)" 10 (1981), p.232

7. Molti dei punti affrontati nelle pagine che seguono – la critica del pensiero binario, ad esempio, o la vista come senso privilegiato sugli altri – sono stati più volte trattati in filosofia. Quello che mi interessa sono i modi in cui vengono articolati dalla teoria femminista nell'ambito del tema del privilegio sessuale. Di conseguenza, tematiche spessa condannate come puramente epistemologiche si dimostrano anche politiche. (Un esempio di questo tipo di condanna la si trova in "Critical Theory and Modernity" di Andreas Huyssens in "New German Critique" 26 [primavera/ estate 1981] pp.3-11). Il femminismo dimostra l'impossibilità di mantenere questa scissione

8. "Ciò che è senza dubbio in gioco qui è il rilievo concettuale assunto dalla sessualità della donna, che mette in luce una svista notevole". Jacques Lacan, "Guiding Remarks for a Congress on Feminine Sexuality" nell'edizione di *Feminine Sexuality,* a cura di J. Mitchell e J.Rose,

Norton and Pantheon, New York 1982, p.87

9. Si veda il mio testo "The Allegorical Impulse: Toward a Theory of Postmodernism" (part 2), "October" *13* (estate 1980)

10. Questo progetto è stato posto alla mia attenzione da Rosalind Deutsche

11. Scrive Stephen Heath, "Qualsiasi testo che fallisca non tenendo conto del problema della differenza sessuale nella sua enunciazione e nel suo orientamento sarà, in un sistema patriarcale di fatto indifferente, un riverbero del dominio maschile", "Difference", in "Screen" 19, n.4 (inverno 1978-79) p.53

12. Martha Rosler "Notes on Quotes", in "Wedge" 2 (autunno 1982), p.69

13. Jean-François Lyotard, *La condizione postmoderna,* Feltrinelli, Milano 1981

14. Si veda Sarah Kofman, *Les Respect des femmes*, Galilée, Parigi 1982

15. Perché è sempre una questione di *distanza*? Ad esempio, Edward Said scrive: "Quasi tutti quelli che si occupano di letteratura o studi culturali non si interessano alla verità a cui tutte le opere intellettuali o culturali prima o poi giungono, a un certo punto, in un territorio tracciato e ammissibile, contenuta da parte dello Stato. La critica femminista ha aperto una squadra alla questione, *ma non ha coperto l'intera distanza*". "American 'Left' Literary Criticism", *The World, the Text and the Critic* (Harward University Press, Cambridge 1983) p.169 (corsivo aggiunto)

16. Fredric Jameson, *The Political Unconscious*, Cornell University, Ithaca 1981, p.84

17. Marx e Engels, *The German Ideology* (New York: International Publishers, 1970), p.42. Uno dei punti messi in evidenza dal femminismo è la cecità scandalosa del marxismo nei confronti della disuguaglianza sessuale. Sia Marx sia Engels hanno interpretato il patriarcato come parte di una forma di produzione precapitalista, sostenendo che la transizione dalla forma di produzione feudale a una capitalista ha corrisposto a una transizione dal dominio del maschio a quello del capitale. Scrivono nel *Manifesto Comunista*: "La borghesia, ovunque abbia preso il sopravvento, ha messo fine a qualsiasi relazione feudale, patriarcale...". I tentativi di revisione (come propone Jameson in *The Political Unconscious*) per spiegare il persistere del patriarcato sopravvissuto alle forme precedenti di produzione sono una risposta inadeguata alla sfida lanciata dal femminismo al marxismo. La difficoltà del marxismo con il femminismo è parte di un pregiudizio ideologico ereditato dall'esterno; si tratta piuttosto di un effetto strutturale del privilegiare la produzione come la principale attività umana. Su questo punto si veda *Marxism and Domination* di Isaac D. Balbus (Princeton University Press, 1982) in particolare il secondo capitolo "Marxist Theories of Patriarchy" e il quinto "Neo Marxist Theories of Patriarchy". Si veda inoltre *The Crisis in Historical Matrialism* di Stanley Aronowitz (Brooklyn: J. F. Bergin, 1981), in particolare il quarto capitolo "The Question of Class"

18. Lyotard, "One of the Things at Stake in Women's Struggle", *Substance 20* (1978) p.20

19. Probabilmente, la dichiarazione antiteoretica femminista più chiassosa quella di Marguerite Duras: "Il criterio su cui si basa il giudizio maschile sull'intelligenza è la capacità di teorizzare e in tutti i movimenti attuali, in qualsiasi campo – cinema, teatro, letteratura – la sfera teorica va perdendo sempre più la sua influenza. È stata attaccata per secoli. È giunta l'ora di farla affondare, dovrebbe perdersi in un risveglio dei

sensi, rendersi cieca, ed esistere così, in *New French Feminism*, a cura di E. Marks e I. de Courtivron, [New York: Schocken, 1981) p.111. L'implicita connessione tra il vantaggio garantito dagli uomini alla teoria e alla vista sugli altri sensi richiama l'etimologia del termine *theoria*; si veda sotto. Sarebbe forse più appropriato dire che la maggior parte delle femministe ha un atteggiamento ambivalente sulla teoria. Ad esempio, nel film di Sally Potter *Thriller* (1979) – alla domanda "Chi è responsabile per la morte di Mimi?" nella *Bohème* – la protagonista scoppia a ridere mentre legge ad alta voce l'introduzione a *Théorie d'ensemble* di Kristeva. Di conseguenza il film di Potter è stato interpretato come una dichiarazione antiteoretica. Il punto è, tuttavia, l'inadeguatezza delle attuali teorie elaborate per descrivere la specificità dell'esperienza femminile. Per quanto ci viene detto, "la protagonista è in cerca di una teoria che spieghi la sua vita e la sua morte". In merito a *Thriller* si veda "She Who Laugh First Laugh Last" di Jane Weinstock, *Camera Obscura 5* (1980)

20. Pubblicato in *Screen* 16, n 3 (autunno 1975)

21. Si veda il mio testo "Earthwords", "October" 10 (autunno 1979), pp.120-32

22. "No Essential Femminity: A Conversation between Mary Kelly and Paul Smith", in "Parachute" 26 (primavera 1982)

23. Lyotard, *La condizione postmoderna*, op.cit.

24. Ibid

25. Jameson, "In the Destructive Element Immerse: Hans-Jürgen Syberberg and Cultural Revolution" "October" 17 (estate 1981)

26. Si veda, ad esempio "Fantasia of the Library", in D. F. Bouchard (a cura di), *Language, countermemory practice* (Ithaca: Cornell University Press 1977), pp.87-109 e Douglas Crimp "Sulle rovine del museo" in questo libro

27. Si veda "Postmodernismo e società consumistica" in questo libro

28. Jameson *"Political Unconscious"* p.19

29. White, p.3

30. Quindi, l'antitesi alla narrativa potrebbe essere l'allegoria, che Angus Fletcher identifica come "l'epitome della contro-narrativa". Condannata dall'estetica moderna perché parla dell'inevitabile recupero del lavoro umano dalla natura, l'allegoria è anche l'epitomo dell'antimoderno, in base al quale vede la storia come un processo irreversibile di dissoluzione e decadenza. La malinconia, lo sguardo contemplativo dell'allegorista non deve tuttavia essere un segno di sconfitta; potrebbe rappresentare la saggezza superiore di chi ha rinunciato a qualsiasi rivendicazione d'autorità.

31. M. Heiddeger "L'epoca dell'immagine del mondo" in *Sentieri Erranti nella selva*, Bompiani 2002, Milano. Ovviamente, ho semplificato le argomentazioni complesse e, a mio parere, estremamente importanti di Heidegger

32. Ibid. La definizione di Heidegger dell'epoca moderna – come l'epoca della rappresentazione con l'obbiettivo del potere – coincide con la trattazione della modernità fatta da Theodorn Adorno e Max Horkheimer nella loro Dialettica dell'Illuminismo (scritta durante l'esilio nel 1944, non ebbe risalto fino al 1969, quando venne ristampata). "Quello che gli uomini vogliono apprendere dalla natura – scrivono – è il modo di utilizzarla per poter dominare totalmente su di essa e sugli altri uomini. Lo strumento più importante per realizzare questo desiderio è (ciò che Heidegger dovrebbe almeno riconoscere come) la rappresentazione: l'annullamento "delle molteplici affinità tra gli esseri viventi"

in favore della "singola relazione tra il soggetto che conferisce il senso e l'oggetto privo di significato". Quello che sembra ancor più importante, in questo contesto, è che Adorno e Horkheimer identicabo più volte questa operazione come "patriarcale".

33. Jameson, "Interview", "Diacritics", n.3 (autunno 1982) p.87

34. Lyotard, *La condizione postmoderna*. Qui, Lyotard sostiene che le *grands récits* della modernità contengono il seme della loro stessa delegittimazione

35. Per approfondimenti su questi pittori, se veda il mio "Honor, Power and The Love of Women", "Art in America" 71, n.1 (gennaio 1983) pp.7-13

36. Martha Rosler intervistata da Martha Gever in "Afterimage" (ottobre 1981), p.15. *The Bowery in Two Inadequate Descriptive Systems* è stato pubblicato nel libro di Martha Rosler *3 Works*, The Press of The Nova Scotia College of Art and Design, Halifax 1981

37. "Intellectuals and Power: A conversation between Michel Foucault and Gilles Deleuze" in *Language, counter-memory, practice*, in "L'Arc" n.49, pp. 3-10. Deleuze rivolgendosi a Foucault, "Credo tu sia stato il primo – nei tuoi libri e nella pratica – a insegnarci qualcosa di fondamentale: l'iniquità di parlare per gli altri"

L'idea di un contro-discorso nasce anche a partire da questa conversazione, in particolar modo dal lavoro di Foucault con il "Gruppo di informazione dei carcerati". Foucault sosteneva che: "Quando un carcerato comincia a parlare, racconta una propria versione della prigione, del sistema penale e della giustizia. Questo è discorso davvero rilevante, un discorso contro il potere, il contro-discorso dei carcerati e di quelli che noi chiamiamo delinquenti, non una teoria *sulla delinquenza*

38. Martha Rosler, "In, Around and Afterthoughts (On Documentary Photography)", *3 Works*, p.79

39. Citato in "Heath", p.84

40. Intervista a Luce Irigaray contenuta in *Les femmes, la pornographie, l'érotisme*, Seuil, Parigi 1978, a cura di Marie Françoise Hans e Gilles Lapouge

41. Sigmund Freud, *Il disagio della civiltà*, edizioni Scienza moderna, Roma 1949

42. Jane Gallop, *Feminism and Psychoanalysis: the Daughter's Seduction*, Cornell University Press, Ithaca 1982, p.27

43. "On Fetishism", in Philip Rieff (a cura di) *Sexuality and the Psycology of Love*, Collier, New York 1963, p.217

44. Lacan, op. cit., p.90

45. Sul rifiuto di Lacan per l'autorità, si veda Paul Smith "We Always Fail – Barthes's Last Writings", "SubStance" 36 (1982) pp.34-9. Smith è uno dei pochi ad essersi occupato della critica femminista al patriarcato senza tentare di riscriverla.

46. Benjamin Buchloh, "Allegorical Procedures: Appropriation and Montage in Contemporary Art", "Artforum" 21, n.1 (settembre 1982) pp.43-56

47. L'idea di Lacan che "il fallo gioca il suo ruolo solo quando è velato", suggerisce una diversa inflessione per il termine svelato; che non appartiene a Buchloch

48. Sul lavoro di Birnbaum si veda il mio testo " Phantasmagoria of the Media", "Art in America" n.5, maggio 1982, pp.98-100

49. Si veda Alice A. Jardine, "Theories of the Feminine: Kristeva", "Enclitic" n.2, (autunno 1980), pp.5-15

50. "L'autore è considerato padre e padrone della sua opera: la scienza letteraria insegna quindi il *rispetto* per il manoscritto e le intenzioni dichiarate dell'autore, mentre la società afferma la legalità del rapporto dell'autore con l'opera (le '*droîte d'auteur*' or 'copyright', di fatto cosa recente,

essendo stata legalizzata effettivamente
solo all'epoca della Rivoluzione francese).
Per quanto riguarda il testo, si legge senza
l'iscrizione del padre". Roland Barthes,
"From Work to Text" , in *Image, Music, Text*,
Hill and Wang, New York 1977, pp.160-61

51. Le primi immagini di cui si è
appropriata Levine erano prese dalle
riviste femminili, della maternità (donne
nel loro ruolo naturale). In seguito ha
preso le fotografie dei paesaggi di Eliot
Porter e Andreas Feininger, poi i ritratti di
Niels, il figlio di Weston, poi le fotografie
per la Farm Security Administration
di Walker Evans. Gli ultimi lavori sono
sulla pittura espressionista, ma resta
sempre il coinvolgimento con le immagini
dell'alterità. Ha esposto anche immagini
delle riproduzioni pastorali degli animali di
Franz Marc e gli autoritratti di Egon Schiele
(follia). Sulla consistenza tematica del
"lavoro" di Levine si veda la mia recensione
"Sherry Levine at A & M Artworks", "Art in
America" *70*, n.6 (estate 1982), p.148

52. Si veda Christian Mets, *Le signifiant
imaginaire: psychanalyse et cinéma*, in
"Persee" n.23, 1975. [trad. it.: *Cinema e
psicanalisi: il significante immaginario*,
Marsilio, Venezia 1980]

53. Douglas Crimp "Appropriating
Appropriation" in *Image Scavengers:
photography*, in Paula Marincola (a
cura di), Institute of Contemporary Art,
Philadelphia 1982

54. Hélenè Cixous, "Entretien avec
Françoise van Rossum-Guyon" citata in
Heat p.96, Rodopi, Amsterdam 1990

55. L'identità mutante di Cindy Sherman
ricorda le strategie d'autore di Eugenie
Lemoine-Luccioni come esposte da
Jane Gallop; si veda *Feminism and
Psychoanalysis*, p.105. "Come per i bambini,
le varie produzioni di un autore hanno date
diverse, e non è possibile attribuire loro la
stessa origine, lo stesso autore. Andrebbe

perlomeno abolita l'idea ingannevole che
una persona sia sempre la stessa, senza
subire cambiamenti nel tempo. Lemoine-
Luccioni rende difficile l'attribuzione di
paternità firmando ogni testo con un nome
diverso, ognuno dei quali la *rappresenta*".

56. Si veda, ad esempio, la critica di Martha
Rosler in "Notes on Quotes", "Wedge"
n.2 (autunno 1982), p.73: "La ripetizione
di immagini femminili costrette in una
cornice sarà presto vista, come la pop art,
come una conferma della società 'post-
femminista'"

57. Hal Foster, "Subversive Sign", in "Art in
America" *70*, n.10 (novembre 1982), p.88

58. Per una dichiarazione legata alla
produzione di arte contemporanea, si veda
Mario Perniola, "Time and Time Again",
"Artforum" n.8 (aprile 1983), pp.54-55.
Perniola ha un debito con Baudrillard; ma
non si torna così di nuovo a Paul Ricoeur
nel 1962, vale a dire al punto di partenza?

Gregory Ulmer (nato nel 1944 a Sheldon, Iowa), dal 1980 è professore di Inglese e Media Studies alla University of Florida e insegna Electronic Languages e Cybermedia alla European Graduate School di Saas-Fee in Svizzera. Esperto di nuovi media e di tecnologia, molte delle teorie di Ulmer fanno cerchio attorno alla sua "coscienza anticipatoria" (*anticipatory consciousness*), una forma intuitiva come metodo per inventare forme emergenti di conoscenza che vengono metodologicamente remixate dai suoi sostenitori in tutto il mondo attraverso un continuo processo di scoperta. Gli esperimenti di Ulmer su Internet (vedi, ad esempio, il *Networked Writing Environment*) sono organizzati con un'attenzione alla problematica della monumentalità elettronica - un progetto a lungo termine che lo impegna assieme allo studio della mutazione della sfera pubblica in elettrocrazia (*electracy*: vale a dire, il tipo di "alfabetizzazione", abilità o conoscenza, necessaria per sfruttare appieno le potenzialità comunicative dei nuovi media elettronici), la trasformazione delle identità individuali e collettive, la partecipazione dei cittadini alla politica. Secondo Ulmer i nuovi media stanno influenzando la nostra epoca così come l'invenzione della stampa ha influenzato il medioevo e l'alfabeto l'antica Grecia. Attivo in molti campi, Ulmer è autore di numerosi libri: *Internet Invention: From Literacy to Electracy* (Longman, 2003), *Heuretics: The Logic of Invention* (Johns Hopkins, 1994), *Teletheory: Grammatology in the Age of Video* (Routledge, 1989), *Applied Grammatology: Post(e)-Pedagogy from Jacques Derrida to Joseph Beuys* (Johns Hopkins, 1985), *Electronic Monuments*, University of Minnesota Press 2005.

L'oggetto della post-critica

La posta in gioco nella polemica sulla critica si comprende più facilmente se inquadrata nel contesto dell'arte modernista e postmodernista. Il punto è la "rappresentazione". Più precisamente, la rappresentazione dell'oggetto di studio nel testo critico. La critica subisce la stessa trasformazione che hanno subito la letteratura e l'arte durante le avanguardie, nei primi decenni del secolo scorso. La stessa rottura con la "mimesis", i valori e i presupposti del "realismo", che ha rivoluzionato l'arte modernista, si sta verificando (seppur tardivamente) nella critica. La conseguenza principale è un mutamento nella relazione tra il testo critico e il suo oggetto di studio: la letteratura.

Una logica di questo passaggio la si trova nella denuncia di Hayden White: "Quando gli storici sostengono che la storia è una combinazione di arte e scienza sostengono in genere che si tratta di una combinazione delle scienze sociali del tardo Diciannovesimo secolo e dell'arte di metà Novecento", modellata sui romanzi di Scott o Tackeray[1]. White suggerisce invece che gli storici della letteratura (o di qualsiasi altra disciplina) dovrebbero usare metodi e intuizioni scientifiche *contemporanee* come base per il loro lavoro, perseguendo "la possibilità di usare forme di rappresentazione impressionistiche, espressionistiche, surrealiste e (forse) attiviste, per drammatizzare il significato delle informazioni che hanno scoperto, ma che, troppo spesso, non sono ammesse come prove" (White). Sosterrò, in linea con Hayden White, che la "post-critica" (post–modernista, post–strutturalista) è costituita proprio dall'applicazione degli strumenti dell'arte modernista alla rappresentazione critica, e che il principale strumento ripreso da critici e teorici parte dalla coppia compositiva collage/montage.

COLLAGE/MONTAGE

Quasi tutti sostengono che il collage sia l'innovazione formale più rivoluzionaria del nostro secolo nell'ambito della rappresentazione artistica[2]. Sebbene sia una tecnica antica, il collage è stato introdotto nell'"arte alta" (come è risaputo) da Picasso e Braque come soluzione ai problemi sollevati dal cubismo analitico; una soluzione che ha fornito un'alternativa "all'illusionismo" della prospettiva che aveva dominato la pittura occidentale sin dagli albori del Rinascimento.

Nella scena di una natura morta in un caffè, con uno spicchio di limone, un'ostrica, un bicchiere, una pipa e un giornale [Natura morta con sedia impagliata (1912) primo collage cubista] Picasso incollò un pezzo di tela cerata che simula lo schema dell'intreccio della paglia, riuscendo così a indicare la sedia senza ricorrere a nessuna delle tecniche tradizionali. Esattamente come le lettere dipinte JOU stanno per JOURNAL, la sezione simulata dell'impagliatura rappresenta la sedia. Picasso è andato poi oltre inserendo nei suoi collage oggetti reali o frammenti, per rappresentare letteralmente se stessi. L'idea bizzarra era quella di trasformare il cubismo e diventare ispirazione per la maggior parte dell'arte del Ventesimo secolo[3].

L'interesse per il collage come strumento per la critica risiede in parte nell'impulso oggettivista del cubismo (opposto ai movimenti non-oggettivi che ha inspirato). Il collage cubista, inglobando direttamente nell'opera un frammento reale del referente (forma aperta), rimane "rappresentazionale" rompendo totalmente con l'illusionismo *trompe d'oeil* del realismo tradizionale. Tuttavia, "questi oggetti tangibili e non illusionistici fornivano una fonte originale di interazione tra le espressioni artistiche e l'esperienza del mondo quotidiano. Era stato compiuto un passo imprevedibile e significativo perché arte e vita fossero sempre più un'esperienza simultanea"[4].

Non è necessario raccontare nuovamente come il collage sia diventato lo strumento dominante e onnipresente dell'arte del Ventesimo secolo. Voglio ricordare piuttosto i principi del collage/montage che hanno indirizzato le rappresentazioni in una varietà di arti e media, inclusa la maggior parte della recente critica letteraria: "Al fine di distinguere un certo numero di elementi dalle opere, dagli oggetti, dai messaggi preesistenti e integrarli all'interno di una nuova creazione con l'intento di produrre una totalità originale che manifesti rotture di ogni sorta"[5]. L'operazione che può essere riconosciuta come una sorta di "bricolage" (Lévi-Strauss), unisce quattro caratteristiche: découpage (o distaccamento), messaggi o materiali premodellati o esistenti, assemblaggio (montaggio), discontinuità o eterogeneità. Il "collage" è il trasferimento di un materiale da un contesto a un altro, il "montage" è la "disseminazione" di questi prestiti sotto nuove forme (Group *Mu*). Due caratteristiche del collage illustrato in *Natura morta con sedia impagliata* sono degne di nota: 1) il frammento prestato è un significante "che riassume in una forma molte caratteristiche di un dato oggetto" (Fry); 2) la sedia impagliata è in realtà rappresentata da un *simulacro* – la tela cerata stampata – che tuttavia è un'aggiunta readymade piuttosto che un'illusione riproduttiva.

Anche la fotografia è un esempio utile per la modalità di rappresentazione adottata dalla post-critica – se non viene intesa come culmine della prospettiva lineare, ma come mezzo di *riproduzione meccanica* (come descritta nel celebre testo di Walter Benjamin). L'analogia tra la post-critica e la rivoluzione nella rappresentazione che ha trasformato l'arte dovrebbe poi includere anche il principio della rappresentazione fotografica sia nelle versioni realiste che in quelle semiotiche. Se presa in considerazione in senso generale, la rappresentazione fotografica può essere descritta in base ai principi del collage. In effetti è un sistema per il collage (perfezionato poi nella televisione) che produce simulacri della vita: 1) la fotografia seleziona e trasferisce un frammento della visione continua in un nuovo frame. La discussione sul realismo, sostenuto con veemenza soprattutto da André Bazin, sostiene che data la riproduzione meccanica, che forma automaticamente l'immagine del mondo senza l'intervento "creativo" dell'uomo (la riduzione dell'atto della creatività all'atto della selezione, come nel readymade), "l'immagine fotografica è una sorta di decalcomania o trasferimento... [essa] è l'oggetto stesso"[6]. 2)Sebbene la semiotica preferisca definire questa relazione con il reale in termini di significanti iconici e indicali, l'immagine fotografica significa se stessa e un'altra cosa: diventa un significante ridefinito nel sistema di un nuovo frame. Sono diverse le versioni della tesi che sostiene che la fotografia (e il cinema) sia un linguaggio, ben riassunta nella nozione di Sergei Eisenstein del "montaggio intellettuale", secondo cui il reale è usato come elemento del discorso.

La versione più forte della teoria semiotica sulla fotografia si concretizza nelle strategie del fotomontaggio (dove si uniscono, in ogni caso, i principi della fotografia e del collage/montage). Nel fotomontaggio le immagini fotografiche sono le stesse tagliate e incollate in una sovrapposizione nuova, sorprendente e provocatoria, proprio come in *The Meaning of the Hitlerian Salute* (1933) che, al di là del titolo, consiste in:

Una didascalia che prende la forma di uno slogan di Hitler: "Milioni sono dietro di me". Un'immagine: Hitler di profilo, sul lato destro, saluta, ma al contrario, dietro le spalle (la sua unica versione del gesto, con il palmo della mano all'indietro, le dita allungate oltre l'orecchio). La sua silhouette arriva solo al centro dell'immagine. Sopra il palmo della mano c'è un rotolo di banconote che gli sta consegnando un uomo panciuto, in nero, immenso e anonimo (si vede a stento il mento)[7].

In questa composizione le parole di Hitler, così come la sua immagine, sono usate contro di lui, rivelando in un colpo il legame tra il capitalismo tedesco e il partito nazista. Il fotomontaggio illustra il potenziale "produttivo" del collage promosso da Walter Benjamin e Bertold Brecht (tra gli altri). "Mi riferisco al processo del montage: l'elemento sovraimposto disturba il contesto in cui è inserito" sostiene Benjamin, descrivendo il gioco di Brecht. "L'interruzione dell'azione, in base al quale Brecht ha descritto il suo teatro come *epico*, neutralizza costantemente l'effetto illusionistico nello spettatore. Diventa un ostacolo per questo tipo di illusionismo, nel teatro che vuole fare uso di elementi reali all'interno di arrangiamenti sperimentali... [Lo spettatore] riconosce la situazione reale e senza esserne soddisfatto si stupisce, come nel teatro del naturalismo. Il teatro epico, dunque, non riproduce situazioni, piuttosto le scopre"[8].

Brecht ha difeso i meccanismi del collage/montage contro il realismo socialista di György Lukács (basato sull'estetica del romanzo del Diciannovesimo secolo) come alternativa al modello organico di crescita e alle sue teorie di armonia, unità, linearità, fine. Il montage non riproduce il reale ma costruisce un oggetto (il suo ambito lessicale include i termini "assemblare, costruire, legare, unire, aggiungere, combinare, congiungere, costruire, organizzare" [*Montage*]) o meglio monta un processo (la relazione della forma rispetto al contenuto non è più una relazione di esteriorità, la forma che somiglia ai vestiti che può indossare non importa cosa essi contengano, è il processo, la genesi, il risultato di un lavoro [*Montage*]) per intervenire nel mondo, non per riflettere ma per cambiare la realtà. Non c'è nulla di naturalmente sovversivo nel principio di fotomontaggio o di ogni altro strumento formale. Anzi, come spesso ci viene ricordato, tali effetti devono essere continuamente reinventati. Parte dell'interesse della post-critica per questo contesto sta nel fatto che il dibattito tra Lukács, Brecht, Benjamin, Adorno e altri, nel rispetto del valore degli esperimenti di montaggio in letteratura sarà indubbiamente reiterato ora nell'ambito della critica. La rivoluzione del collage/montage nella rappresentazione sarà ammessa nei saggi accademici, nella riflessione sul sapere, rimpiazzando la critica "realista" basata sulla nozione di "verità come corrispondenza o corretta riproduzione di un oggetto referente di studi? La questione della post-critica è stata posta proprio in questo modo da Roland Barthes in risposta all'attacco fatto al suo libro su Racine da Raymond Picard (che associava Barthes al Dadaismo). Barthes spiegava che i poeti modernisti, a cominciare da Mallarmé, avevano già dimostrato l'unificazione tra poesia e critica, che la stessa letteratura era una critica al linguaggio e che la critica non possedeva un "meta-linguaggio" in grado di descrivere o spiegare la letteratura. La conclusione di Barthes era che le categorie di letteratura e critica non potevano più essere tenute separate, che oramai c'erano solo *scrittori*. La relazione del testo critico al suo oggetto di studio non stava più per essere concepita in termini di soggetto-oggetto, ma di soggetto-predicato (autori e critici, entrambi a confronto con lo stesso materiale: il linguaggio), con il "senso" come "simulacro" del testo letterario, con un rinnovato "fiorire" della retorica nella letteratura. Il testo critico che suggerisce la trasformazione sistematica relativa ai due scritti è un'*anamorfosi* del suo oggetto – un'analogia con prospettive distorte che, nella post-critica, è unita all'analogia con la pratica del collage/montage[9].

La risposta alla sua iniziativa "paraletteraria"[10] fu violenta e ostile, spiegava Barthes, dal momento che il suo progetto, sull'esempio degli artisti stessi, andava a toccare direttamente il linguaggio[11]. Jacques Derrida ha ribadito recentemente questo criterio di avanguardismo critico: "La decostruzione di un'istituzione pedagogica e tutto quello che ne consegue. Quello che questa istituzione proprio non può sostenere è la manomissione della lingua da parte di chiunque... è possibile sopportare più facilmente tutta una sorta di "contenuti" apparentemente più rivoluzionari ideologicamente, solo se questi contenuti non toccano i confini del linguaggio e tutti i contratti giuridico-politico che garantiscono"[12].

Che Jacques Derrida esplori la lezione della rivoluzione modernista nell'ambito della rappresentazione è comprensibile, considerando che intraprende una decostruzione proprio del concetto e della filosofia della mimesi. "La mimesi", che Derrida etichetta come "mimetologismo", si riferisce alla cattura della rappresentazione da parte dei metafisici del "logocentrismo", un periodo che va da Platone a Freud (e oltre) in cui la scrittura (qualsiasi tipo di iscrizione) viene ridotta a uno stadio secondario, come "veicolo", in cui il significato o il referente viene sempre *prima* del segno materiale, il puramente intelligibile prima del meramente sensibile[13]. "Non si tratta di 'rigettare' queste nozioni", scrive Derrida. "Sono necessarie e, almeno oggi, più nulla è pensato.... Poiché questi concetti sono indispensabili per il patrimonio sconvolgente a cui appartengono, si dovrebbe essere anche meno inclini a rinunciare a essi". (*Grammatologia*). L'alternativa di Derrida al "mimetologismo", quindi, *non* allontana né nega il referente ma lo ripensa in altro modo: "Complica la linea di confine che dovrebbe intercorrere tra il testo e ciò che sembra risiedere oltre i suoi margini, quello che viene classificato come *reale*"[14].

Diventa evidente che ricorrendo al collage/montage come strumento stilistico per decostruire la mimesi, Derrida sta facendo per questo nuovo metodo di rappresentazione quello che Aristotele, nella *Poetica*, fece per il "mimetologismo". Esattamente come Aristotele aveva fornito sia una teoria della tragedia (mimesis) sia un metodo (analisi formale) per lo studio di tutte le forme letterarie, Derrida, in un testo come *Glas* (indicato come il testo "esemplare" del poststrutturalismo[15]) fornisce una teoria del *montage* (grammatologia) e un metodo (decostruzione) per lavorare su qualsiasi forma di scrittura. Derrida è l'Aristotele del *montage*.

Nonostante le sue complessità e contraddizioni associate, la formulazione base di Derrida della natura del linguaggio è relativamente semplice, è una formulazione che, posta nel contesto del paradigma collage, acquista il suo pieno significato. La grammatologia è "post-strutturalista" in quanto rimpiazza il "segno" (composto da significante e da significato – l'unità più elementare del significato secondo lo strutturalismo) con un un'unità ancora più elementare: il *gramma*.

> *Si tratta di produrre un nuovo concetto di scrittura – che possiamo chiamare* gramma *o* differànce*... Tanto nell'ordine del discorso parlato quanto in quello scritto nessun discorso può funzionare come segno senza rinviare a un altro elemento che, esso, non è sempre presente. Questa concatenazione fa sì che ogni elemento – fonema o grafema – si costituisca a partire dalla traccia presente in esso degli altri elementi della catena o del sistema. Ora, tale concatenazione, tale tessuto, è il testo, che non si produce se non nella trasformazione di un altro testo. Niente non è mai, in nessuno luogo, né negli elementi né nel sistema, semplicemente presente o assente. Ovunque e sempre, ci sono solo differenze e tracce di tracce. Il gramma quindi è il concetto più generale della semiologia, che diviene così grammatologia[16].*

In altre parole, il collage/montage, è la manifestazione sul piano del discorso del principio di "gramma", come diventa chiaro quando la sua definizione viene comparata con le seguente definizione retorica degli effetti del collage:

> *L'eterogeneità [del collage], sebbene ridotta da ogni operazione compositiva, si impone sulla lettura come stimolo a produrre un significato che non può essere né univoco né stabile. Ogni elemento citato interrompe la continuità o la linearità del discorso e conduce necessariamente a una doppia lettura: quella del frammento percepito in relazione al testo d'appartenenza, quello dello stesso frammento incorporato in una nuova unità, una diversa totalità. Il trucco del collage sta anche nel non sopprimere mai del tutto l'alterità di questi elementi riuniti in una composizione temporanea. Così, l'arte del collage si rivela come una delle strategie più efficaci per mettere in questione tutte le illusioni della rappresentazione (Group, Mu).*

L'effetto di una lettura indecisa, che oscilla tra presenza e assenza, è proprio ciò che Derrida cerca di raggiungere su tutti i livelli della sua "doppia scienza", dalla sua ridefinizione paleonimica (rimotivazione) dei concetti alla pubblicazione di due libri con una sola copertina (*Glas*).

La nozione di gramma è utile soprattutto per teorizzare il fatto evidente, assai discusso nella psicoanalisi strutturalista (Lacan) e nella critica ideologica (Althusser), che significati e significanti vengono continuamente spezzati e ricombinati, rivelando così l'inadeguatezza del modello del segno di Ferdinand de Saussure, secondo cui il significante e il significato si relazionano come se fossero due facce dello stesso foglio. La tendenza della filosofia occidentale, nell'arco di tutta la sua storia ("logocentrismo"), a identificare e fissare un determinato significato con un dato significante viola, secondo la grammatologia, la natura del linguaggio, che non funziona in termini di *coppie* appaiate (significato/significanti) ma di accoppiamenti o abbinamenti "persona o cosa che si accoppia o si lega assieme". La seguente descrizione di quella che Derrida chiama "iterabilità" è anche un buon riassunto delle conseguenze del collage sul gramma:

> *Vorrei insistere su questa possibilità: possibilità di prelievo e innesto citazionale che appartiene alla struttura di ogni marca, parlata o scritta, e che costituisce ogni marca come scrittura ancor prima e al di fuori di ogni orizzonte di comunicazione semio-linguistica; come scrittura, cioè come possibilità di funzionamento staccata, a un certo punto, dal suo voler-dire "originale" e dalla sua appartenenza a un contesto saturabile e rigido. Ogni segno, linguistico o non linguistico, parlato o scritto (nel senso corrente dell'opposizione), di unità piccola o grande, può essere citato, messo tra virgolette; può con ciò rompere con ogni contesto dato, generare all'infinito nuovi contesti, in modo assolutamente non saturabile*[17].

Nella critica, come nella letteratura, il collage assume la forma della citazione, ma si tratta di una citazione portata agli estremi (nella post-critica), con il collage come "caso limite" del citazionismo e la grammatologia come teoria della scrittura come citazione (cf. *Collages*).

Un punto di partenza utile per rivedere la prassi di montage di Derrida è la raccolta intitolata *La disseminazione* (termine indicato come sinonimo di collage/montage [Group, *Mu*], di cui egli ha detto che "il titolo più generale del problema trattato in questi testi dovrebbe essere: castrazione e mimesi" (*Posizioni*). Citando l'oggetto di studi o facendo degli esempi come illustrazioni, il critico si mette nella posizione del castratore: "Tale scelta è una castrazione, una performance, una finzione o circoncisione. Questo è, come sempre, il coltello che con frequenza ossessiva taglia l'albero di *Numeri* [il testo che Derrida "studia" nel saggio *La disseminazione*] si affila come una minaccia fallica... 'L'operazione' di leggere/scrivere va sotto il titolo de *'la lama di un coltello rosso'*" (*La disseminazione*). Tuttavia, piuttosto che elaborare questa connessione tra la scrittura e la psicoanalisi (molto sfruttata nei testi di Derrida), vorrei soffermarmi sui due elementi chiave della tecnica post-critica di Derrida, innesto e mimica:

1. *INNESTO [graft]*. Lo stesso discorso di Derrida sulla scrittura montata come "innesto" in *La disseminazione* è redatto con lo stile del collage (*fa* ciò che *dice*), in un testo composto da parti quasi uguali tratte da *Numeri* (un racconto francese nuovo di Philippe Sollers) e la cornice di testo di Derrida. Sostiene Derrida: "Scrivere significa fare innesti. È la parola stessa" (*La disseminazione*). Poi, in una descrizione del metodo applicabile sia al suo testo quanto a quello di Sollers, eseguendo una distinzione post-critica con il collage convenzionale, aggiunge:

> *Tutti i campioni testuali forniti da* Numeri *non hanno, come si può essere tentati di credere, la funzione di "citazione", "collage" o "illustrazione". Essi non sono stati applicati sulla superficie o negli interstizi di un testo che esisterebbe già a prescindere da essi. È possibile leggerli solo nell'atto della loro re-iscrizione, nell'innesto. È la violenza di un'incisione sostenuta, discreta che non è apparente nello spessore del testo, una fecondazione calcolata della proliferazione allogena attraverso cui i due testi si trasformano, si deformano, si contaminano a vicenda nei contenuti, tendono a volte a rigettarsi o a passare in modo ellittico l'uno nell'altro, e si rigenerano nella ripetizione, lungo i bordi di un'attaccatura nebulosa. Ciascun testo innestato continua a sprigionare luce all'indietro, verso il luogo della sua rimozione, trasformando anch'esso, interessando il nuovo territorio. (La disseminazione)*[18].

La nuova rappresentazione, questo nuovo status dell'esempio montato in una cornice critica, ha a che fare in parte con l'allontanamento dal commento e dalla spiegazione, basata sui concetti, per lavorare invece attraverso lo strumento degli esempi, sia in termini di sostituzione di esempi per le argomentazioni nei suoi scritti[19], sia per avvicinare l'oggetto di studi (quando si tratta di un altro testo critico o teorico) nell'ambito degli esempi utilizzati[20]. "Ritaglia un esempio, dal momento che non si può né si dovrebbe intraprendere il commento infinito che sembra necessario adottare e annullare immediatamente (*La disseminazione*). Se il taglio si associa alla "castrazione" ("Così fa un'incisione, un taglio arbitrario, violento"), il montage o la disseminazione dei frammenti raccolti nella nuova cornice viene associato "all'invaginazione" (il collage/montage è una scrittura bisessuale).

La logica degli esempi governati dal principio dell'invaginazione è illustrata dall'espediente della figura presa in prestito da un'insieme di teorie (erede moderno della nozione di concetto come "avente" o "appartenente") per descrivere la fuga paradossale "dell'esempio" dalla concettualizzazione (il collage nella scrittura è una sorta di furto che viola la "proprietà" in ogni senso: proprietà intellettuale protetta dal copyright e le proprietà di una determinata nozione). L'illustrazione raffigura ciò che Derrida formula come "legge della legge del genere":

È precisamente un principio di contaminazione, una legge di impurità, un'economia parassitaria. Nel codice delle teorie stabilite, se posso usarlo almeno in senso figurativo, parlerei di una sorta di partecipazione senza appartenenza – un prendere parte senza esserne parte, senza averne diritto. Il tratto che segna l'appartenenza inevitabilmente divide, il confine dell'insieme arriva a formare, attraverso l'invaginazione, un'apertura interna più larga dell'intero; il risultato di questa divisione e di questa abbondanza resta singolare in quanto senza limiti[21].

La strategia di Derrida "dell'invaginazione" (intreccio o montage dell'esempio) serve a trovare una forma di "mimesi" critica che, come la legge della legge del genere, si riferirebbe al suo oggetto di studi come a un eccesso (e viceversa), la "legge della partecipazione senza appartenenza, della contaminazione", simile al paradosso della gerarchia della classificazione nell'insiemistica: "La ri-marcazione dell'appartenenza non appartiene" ("Genre").

La questione è posta da Derrida quando è costretto a confrontare *L'Arrêt de mort* di Blanchot e *The Triumph of Life* di Shelley, ma essendo alla ricerca di un'alternativa al commento "mimetologico" è: "Come può un testo, data per certa la sua unità, presentarne un altro da leggere, senza toccarlo, senza dire niente a riguardo, in pratica senza fare riferimento?" ("Borderlines"). La soluzione sta nel "provare a creare un effetto di *sovrapposizione* o iperimpressione di un testo su un altro", il testo come "palinsesto" o "macula", una procedura a banda doppia o "doppio legame" che rompe con le premesse convenzionali della critica e della pedagogia: "Un processo viene sovrapposto a un altro, lo accompagna senza accompagnarlo". Tuttavia: "Non si può tenere un corso su Shelley senza citarlo, pretendendo di avere a che fare con Blanchot e parecchi altri ancora" ("Borderlines"). Una versione della soluzione utilizzata ne *La disseminazione* e in *Glas*, è semplicemente quella di interpolare ritmicamente ("l'arte dell'interruzione" come musica) una serie di citazioni tratte dal testo "ospite". Tuttavia, come dimostra *Glas*, la citazione produce testi troppo lunghi. Un modello di scrittura che va oltre la giustapposizione fino alla sovraimpressione non è il collage ma la fotografia. Lo stesso "Borderlines" viene paragonato (in merito al problema della traduzione) a un film per lo sviluppo" per la "trasformazione": vale a dire il testo come "processo". "Questa sovraimpressione è leggibile", aggiunge, facendo riferimento a una stampa a doppia esposizione nella storia di Blanchot, su una "fotografia"("Borderlines"). Il compito della post-critica, in altre parole, è pensare alle conseguenze per la rappresentazione critica dei nuovi strumenti di riproduzione (nastri magnetici e film, tecnologie che richiedono una composizione attraverso il collage/montage) nel modo in cui, come notato da Benjamin in "L'autore come produttore", Brecht ha fatto per la rappresentazione teatrale. Derrida formula la sua nuova mimesi della sovraimpressione in termini di mimica.

2. *MIMICA [mime]*. L'innovazione più importante nella pratica di montage di Derrida è la "nuova mimesi", dove il testo mima il suo oggetto di studi[22]. *La disseminazione* si rivela uno studio unitario in cui la teoria di una nuova mimesi elaborata nei primi due saggi ("La farmacia di Platone" è un'analisi della "mimesi" nella filosofia platonica. "La doppia seduta" è una riflessione sull'alternativa di Mallarmé alla mimesi platonica, scoperta nel mimo) viene applicata nel testo conclusivo ("disseminazione"). La lezione chiave de "La farmacia di Platone" è che ogni composizione che funzioni secondo il principio della riproduzione meccanica deve andare sotto la categoria (sgradita a Platone) dell'ipomnesi o della memoria artificiale; l'ipomnesi può solo mimare il sapere. Il sofista vende solo "i segni e le insegne della scienza: non la memoria stessa (*mneme*), solo i monumenti (*hypomnemata*), gli inventari, gli archivi, le citazioni, le copie, i racconti, le favole, le liste, i duplicati, le cronache, le genealogie, le referenze. Non memorie, ma memoriali" (*La disseminazione*). In breve, la scrittura è un simulacro della "vera scienza" da Platone al positivismo, è ciò che la post-critica mette in questione.

> *Siamo oggi alla vigilia del platonismo. Il quale, naturalmente, si può anche pensare come un domani dell'hegelismo. A questo punto la* filosofia, *l'episteme non sono "rovesciate", "rifiutate", ecc., in nome di qualcosa come la scrittura, anzi al contrario. Ma sono, secondo un rapporto che la filosofia chiamerebbe simulacro, secondo un eccesso più sottile della verità, assunte e nello stesso tempo spostate in tutt'altro campo, dove si potrà ancora, ma unicamente, "mimare il sapere assoluto"* (La disseminazione).

Derrida conclude poi dalla sua analisi approfondita della *Mimica* di Mallarmé (nel capitolo "La doppia seduta") sostenendo che il mimo modella un'alternativa alla mimesi di Platone.

> *Siamo davanti a una mimica che non imita niente…. Non c'è alcuna "referenza semplice". L'operazione del mimo fa allusione ma allusione a niente…. Mallarmé preserva in questo modo la struttura differenziale della mimica o mimesi, ma senza la sua interpretazione platonica o metafisica che implica che, in qualche luogo, si sta imitando l'essere di qualcosa che c'è. Mallarmé mantiene anche la struttura del fantasma (e mantiene anche se stesso all'interno) come l'ha definita Platone: il simulacro come copia della copia. Con l'eccezione che non esiste più un modello, e di conseguenza nessuna copia* (La disseminazione).

Una volta accertato che il mimo è emblematico (per Derrida) della riproduzione meccanica, diventa evidente che la rappresentazione senza referenza è una descrizione del modo in cui il film o il nastro funziona come "linguaggio", ricevendo copie esatte di immagini e suoni (nel collage, la riproduzione meccanica rimuove o eleva immagini e suoni dal loro contesto – *de-motivandoli*, una volta persa la referenza, l'indecisione dell'allusione), solo per *ri*-motivarli come significanti in un nuovo sistema. Mallarmé conquista l'etichetta di "modernista" separando il mimetismo dalla mimetologia logocentrica; Derrida diventa "postmoderno" mettendo all'opera il mimetismo nell'interesse di una nuova referenza (discussi come allegoria nella sezione seguente).

I primi esperimenti di Derrida con la scrittura mimica consistevano in gran parte in collage di citazioni dirette e imponenti ("Di nuovo, non faccio niente di più che fare citazioni, come forse potrai notare", *Glas*). L'ipotesi del lavoro era che la ripetizione fosse "originaria" – "Una volta ripetuta, la linea non è più esattamente la stessa, il cerchio non ha più lo stesso centro, l'*origine è andata*[23]. Il desiderio di Derrida di sovrapporre un testo a un altro (il programma a cui si rivolge il mimetismo) è un tentativo per mettere a punto un sistema di referenza e rappresentazione che opera in termini di *différance*[24], con la sua temporalità reversibile, piuttosto che secondo il tempo del segno irreversibile. Fin dall'inizio la strategia della decostruzione è stata la ripetizione: "Non si tratta di scegliere tra due linee di pensiero. Piuttosto, di meditare la circolarità che le fa passare indefinitamente l'una nell'altra. E, ripetendo rigorosamente questo *circolo* nella propria possibilità storica, lasciare forse che si produca, nella differenza della ripetizione, qualche spostamento *ellittico*"[25]. Ecco la prima versione del testo come "struttura" – "che tocca" il linguaggio – dove la scrittura decostruttiva *traccia* la superficie dell'oggetto di studio (scrittura come "tracciato") in cerca di "difetti"ed "errori": l'apertura dei giunti, delle articolazioni, dove i testi possono essere smembrati. La decostruzione si compie infatti prendendo in prestito i termini utilizzati proprio dal testo ospite – "differenza" da Ferdinand de Saussure, "supplemento" da Rousseau, e così via; rimotivandoli, separandoli (seguendo il principio del gramma) da un insieme concettuale o da un campo semantico e riconnettendoli a un altro (ma sempre con la massima attenzione semantica alle potenzialità e agli elementi disponibili nella parola stessa).

Come sviluppato dalla strategia della ripetizione "letterale", il prestito di termini e di citazioni dirette è stato completato dalla costruzione di simulacri generali dell'oggetto di studio. La pratica è chiaramente illustrata in un caso estremo come "Cartouches" (in *La vérité en peinture*), dove il compito è mimare nel discorso un'opera *visiva*. Il referente è un lavoro di Gérard Titus-Carmel dal titolo *The Pocket-Size Tlingit Coffin* (1975-76), che consiste in una "scultura" – una scatola in mogano di dimensioni "modeste" – e in centoventisette disegni di questo "modello", ciascuno preso da un'angolazione diversa. La relazione che esiste all'interno di *Tlingit Coffin* tra la scultura e i disegni è emblematica e rimarca la relazione tra il mimetismo critico di Derrida e il referente scelto ("modello"). La scultura (la scatola come modello) " non appartiene alla linea di cui fa parte", ma è eterogeneo rispetto a essa (*La vérité*). Il discorso stesso di Derrida, come notato in precedenza, "non tocca nulla", lascia il lettore da solo con l'opera, "passa accanto in silenzio, come un'altra teoria, un'altra serie, senza parlare di quello che rappresenta né per me, né per lui" (*La vérité*).

Diversamente da Heiddeger che sosteneva che l'arte "parla", Derrida insiste sul mutismo della serie o sulla sua incapacità di lavorare senza concetto, senza conclusioni: "Questo sarebbe la di-mostrazione. Non abusiamo del facile gioco di parole. La di-mostrazione rivela senza mostrare, senza evidenziare nessuna conclusione, senza comportare nulla, senza una tesi utile. Si rivela secondo modi diversi, ma procedendo secondo i suoi passi di dimostrazione [*pas de démonstration*] o non dimostrazione. Trasforma, si trasforma, nel suo processo piuttosto che avanzare un oggetto significativo del discorso"[26]. La serie di disegni, dimostra il problema dell'ordine e della rappresentazione nei confronti degli esempi di modelli, motivo per cui Derrida li ha selezionati e montati. In effetti, il suo testo si riferisce al referente così come i disegni fanno riferimento alla scatola, un esempio montato perché, come in *Numeri*, espone l'esposizione.

La strategia per mimare *Tlingit Coffin* consiste nell'ignorare tali oggetti plastici (nel modo in cui il "contenuto" di *Numeri* è stato essenzialmente ignorato) e mimare il processo strutturale dell'opera – concentrandosi sulla generazione di un "contingente" i termini (cartiglio, paradigma, articolo, induzione, contingente e simili), processati in modo parallelo a quello in cui Gérard Titus-Carmel percorre le centoventisette variazioni nei suoi disegni del modello, "mettendoli in prospettiva, girandoli in ogni verso (direzione) tramite una serie di scarti [*écarts*], variazioni, modulazioni e anamorfosi", fermandosi finalmente dopo un determinato numero di pagine, creando lo stesso effetto di una necessità contingente o di una motivazione arbitraria come la serie esatta dei centoventisette disegni (*La vérité*). L'anagramma e l'omonimo operano sul lessico nel modo in cui le anamorfosi operano sulle prospettive della rappresentazione. Derrida mima i disegni datati ulteriormente come stesse componendo un diario, con voci datate, dove ogni voce costituisce una variazione sul tema. Questa è la logica del simulacro come traduzione, come mimetismo verbale di una scena visiva: un mimetismo che funziona in modo simile in altri testi, senza tener conto del referente.

L'implicazione del mimo testuale per la post-critica, che informa la paraletteratura come ibrido della letteratura e della critica, dell'arte e della scienza, sta nel fatto che la conoscenza di un oggetto di studio si può ottenere senza concettualizzazione o spiegazione. Anzi, quasi seguendo l'ammonizione di Wittgenstein secondo cui "il significato sta nell'uso", Derrida esegue (mima) la struttura compositiva del referente, che si rivela in un altro testo dello stesso "tipo" (genere: ma diverso, in base alla "legge della legge del genere" analizzata in precedenza). La post-critica, allora, funziona con "un'epistemologia" della performance – sapere come costruzione, produzione, fare, agire, come nel resoconto di Wittgenstein sul rapporto del sapere rispetto alla "destrezza di una tecnica". La post-critica quindi scrive "sull'oggetto" nel modo in cui parla chi conosce Wittgenstein, "Ora so come andare sull'argomento!"[27] – dove "su" comporta tutte le dimensioni e le ambiguità del "su" contenuto nel *Sur-vivre* di Derrida (oltre, circa, sopra, su; incluse le connotazioni parassitiche). La scrittura potrebbe mostrare di più (e altro) rispetto a quello che dice: è il "surplus di valore" della scrittura che interessa Derrida. Il "più" in questione è "l'allegoria".

ALLEGORIA

L'importanza dell'allegoria per il postmoderno è già stata discussa da critici come Craig Owens (tra gli altri) che infatti usa quanto scritto da Derrida e Paul de Man per definire la questione. Owens identifica l'allegoria con il concetto di Derrida di "supplemento" (uno dei tanti nomi che Derrida assegna all'effetto del gramma): "Se l'allegoria viene identificata come un supplemento ["un'espressione aggiunta esternamente a un'altra espressione", quindi "extra", che supplisce una mancanza], allora essa si allinea anche con la scrittura, nella misura in cui la scrittura viene concepita come complementare del discorso"[28]. Inoltre, Owens fa buon uso anche del concetto di decostruzione per suggerire come il postmoderno vada "oltre il formalismo":

*L'impulso decostruttivo è caratteristico dell'arte postmoderna in generale
e deve essere distinto dalla tendenza autocritica del modernismo. La teoria
modernista presuppone che la mimesi, l'adeguazione di un'immagine a
un referente, possa essere messa tra parentesi o sospesa, e che l'oggetto
artistico stesso possa essere sostituito (metaforicamente) con il suo
referente... Il postmoderno non mette tra parentesi né sospende il
referente, lavora invece per problematizzare l'attività del referente[29].*

Sono state sollevate delle obiezioni in merito alla possibilità di sostenere
queste distinzioni tra un'auto-riferimento e un riferimento complesso, sia alle
dichiarazioni di Owens sia al progetto di Derrida[30]. Questi dubbi sul "post", sulla
possibilità di lavorare "oltre" il modernismo o lo strutturalismo, si basano su un
pensiero ancora semiologico invece che grammatologico. La grammatologia è
venuta fuori all'opposto della crisi formalista e ha sviluppato un discorso del
tutto referenziale, ma referenziale nel senso di "narrazione allegorica" piuttosto
che "allegoresi". "L'allegoresi", il metodo a lungo usato dai critici tradizionali
per il commento, "sospende" la superficie del testo, applicando termini come
"verticalità, livelli, senso occulto, difficoltà ieratica di interpretazione", mentre
la "narrazione allegorica" (usata dalla post-critica) esplora il livello *letterale*
del linguaggio stesso, in una ricerca orizzontale dei significati polisemantici
simultaneamente disponibili nelle parole stesse – nelle etimologie e nei giochi
di parole – e nelle cose a cui le parole danno nome. La narrazione allegorica si
disvela come una drammatizzazione o una rappresentazione (personificazione)
della "verità letterale inerente le parole stesse"[31]. In breve, l'allegoria narrativa
favorisce il materiale del significante sul senso dei significanti.

Un'idea del funzionamento del materiale di riferimento potrebbe derivare
dagli esempi fatti da Owens, compreso quello (a supporto della mia discussione
sulla fotografia) in cui sostiene che: "Il cinema sia il mezzo principale per
l'allegoria moderna" grazie alle sue forme di rappresentazione; il cinema
compone narrazioni a partire da una successione di immagini reali, e questo lo
rende particolarmente adatto al pittogrammatismo essenziale dell'allegoria".
Citando Barthes "un'allegoria è un rebus, una scrittura composta di immagini
reali "("Allegorical Impulse") Owens fa anche l'esempio di Sherrie Levine,
che letteralmente "prende" le fotografie (fatte da altri) come variante estrema
della capacità allegorica del collage usato come "readymade". Il fulcro di un
recente progetto allegorico di Levine, dove l'artista ha "selezionato, montato,
e incorniciato le fotografie di soggetti naturali di Andreas Feininger", spiega
Owens, "è la decostruzione dell'opposizione tra natura e cultura". "Quando
Levine ha bisogno di un'immagine della natura, non ne realizza una sua, bensì
si appropria di quella di qualcun altro, e lo fa perché mette in evidenza il grado

a cui la natura è sempre già implicata in un sistema di valori che le assegna una posizione specifica, determinata culturalmente"[32]. Levine, quindi, dà una dimostrazione della scrittura grammatologica adatta all'era della riproduzione meccanica, in cui il "copyright" ora esprime il diritto di copiare qualsiasi cosa, un mimetismo o una ripetizione che sono originari e che producono differenze (proprio come nell'allegoria dove qualsiasi cosa può significare qualcos'altro).

I post-critici scrivono mediante il discorso degli altri (ciò che è già-scritto), così come Levine "prende" le fotografie. Per usare le parole di John Cage, grande collagista di musica elettronica, "con il nastro magnetico, esiste la possibilità di usare la letteratura della musica come materiale (tagliandolo, trasformandolo, ecc...); questa è la cosa migliore che potesse accaderle"[33]. Roland Barthes caratterizza il rapporto tra arte e scienza che esiste nella paraletteratura. Nell'ambito di questa nuova "arte intellettuale", spiega, "produciamo teoria, lotta critica e piacere simultaneamente; sottoponiamo gli oggetti del sapere e del discorso, come in ogni forma d'arte, non più a un'istanza di verità ma a una considerazione degli *effetti*"[34]. Il punto è che "uno imita la scienza, l'altro la mette in un'immagine – *come un pezzo di un collage*"(Barthes). Nel suo caso, Barthes gioca spesso con la linguistica: "si usa una pseudo-linguistica, una linguistica metaforica: non che i concetti grammaticali cerchino immagini per esprimersi, anzi è l'esatto contrario, *perché questi concetti vanno a costituire le allegorie*, una seconda lingua, la cui astrazione è deviata verso false conclusioni" (Barthes). La dichiarazione di Barthes è la definizione più precisa possibile che si possa dare di cosa sia la post-critica, e del modo in cui Derrida scrive, allegorizza, il gramma.

Walter Benjamin, a cui allude anche Owens, è probabilmente il principale precursore dell'uso post-critico dell'allegoria-collage.

Benjamin ha visto l'affinità tra l'immaginazione allegorica dei drammaturghi barocchi tedeschi e le esigenze artistiche del Ventesimo secolo; in primo luogo nello spirito melanconico del passato, con le sue emblematiche ma imperscrutabili insegne, riscoperte da lui in Kafka; poi nel principio affine del montage trovato nell'opera di Eisenstein e Brecht. Il montage diventò per lui la forma moderna, costruttiva, allegorica, attiva, non-melancolica di allegoria, ossia l'abilità di connettere cose diverse così da scioccare le persone attraverso nuovi riconoscimenti e comprensioni[35].

Benjamin applica lo stile del collage/montage nella prima edizione di *Einbahnstraße* (la cui copertina, quando venne pubblicato nel 1928, riportava un fotomontaggio di Sasha Stone come icona della tecnica applicata al testo[36]). Avendo definito il libro accademico convenzionale come una "mediazione sorpassata tra due sistemi diversi di deposito"[37], Benjamin voleva scrivere un libro interamente composto da citazioni per liberarsi da ogni soggettività e permettere al sé di essere veicolo per l'espressione "delle tendenze oggettive culturali"[38] (in modo analoga a *Frammenti del discorso amoroso* di Barthes).

La risposta di Benjamin al problema della rappresentazione sollevato in filosofia dalla crisi modernista era quello di abbandonare la forma del libro convenzionale a favore del saggio: incompleto, digressivo, senza prove o conclusioni, dove fosse possibile giustapporre frammenti, dettagli minimi (primi piani) presi da ogni strato del mondo contemporaneo. Certamente, questi dettagli, funzionavano in modo allegorico. In ultimo, aderendo al modello del geroglifico in cui l'oggetto particolare della natura o della vita quotidiana viene preso come segno convenzionale per un'idea, l'oggetto non è usato "per trasmettere le sue caratteristiche naturali, ma quelle che noi gli abbiamo prestato"[39]. D'altra parte, nel collage il significato allegorico è letterale, deriva dalle sue stesse caratteristiche naturali. "La 'verità' che Benjamin ha scoperto in questa forma letterale [*Trauerspiel*], quella che si è persa nella storia delle sue interpretazioni, era che l'allegoria non era una rappresentazione arbitraria dell'idea che raffigurava. Si trattava invece dell'espressione reale di quella costituzione materiale dell'idea[40].

Lo stile del saggio doveva essere "un'arte dell'interruzione": "L'interruzione è uno dei metodi fondamentali di ogni dare-forma. Va molto oltre il campo dell'arte. È, tanto per citare uno dei suoi aspetti, l'origine della citazione" (Brecht). La pratica di Benjamin consisteva nel "collezionare e riprodurre in citazioni le contraddizioni del presente senza risoluzione" – "la dialettica a un punto morto", abbinando gli estremi di una determinata idea. Questa strategia di collage era in sé un'immagine della "rottura", della "disintegrazione" della civiltà nel mondo moderno, connessa a una delle più famose formule di Benjamin: "Le allegorie sono, nell'ambito del pensiero, quello che le rovine sono nell'ambito delle cose" (*Il dramma barocco tedesco*), con la premessa che qualcosa diventi un oggetto di conoscenza solo quando "decade" o è fatto per disintegrare (analisi come decadenza).

Theodor Adorno condivide molte delle ipotesi più basilari di Benjamin sul valore della strategia del montage-allegoria. Il metodo di Adorno derivava in parte dai suoi studi con Arnold Schönberg. Adorno voleva fare all'idealismo filosofico quello che Schönberg, con le sue procedure compositive a dodici toni, aveva fatto alla musica. "Schönberg ha rifiutato l'idea di artista-genio e l'ha rimpiazzata con quella dell'artista artigiano; egli non vedeva la musica come espressione della soggettività, ma come ricerca del sapere che si trova al di fuori dell'artista, come potenziale nell'oggetto, nel materiale. Per lui comporre era una scoperta e un'invenzione attraverso la pratica del fare-musica" (Buck-

Morss). Il metodo è oggettivo perché "l'oggetto" guida, essendo la critica una traduzione in parole della *logica interna dell'oggetto*, della cosa, dell'evento, del testo stesso. Una volta articolato, tuttavia, il materiale può essere "riorganizzato" per rendere intelligibile la sua "verità":

> *L'intellettuale rifletteva su una realtà sensuale e non-identica non per dominarla, non per macellarla per farla entrare nei letti di Procuste delle categorie mentali o per liquidare la sua particolarità eclissandola dietro concetti astratti. Invece, l'intellettuale, come l'artista, procedeva per mimesi, e nel processo imitativo della materia la trasformava cosicché potesse essere letto come un'espressione monadologica della verità sociale. In questa filosofia, come nelle opere d'arte, la forma non era indifferente al contenuto: da qui il significato centrale della rappresentazione, le modalità dell'espressione filosofica. La creazione estetica stessa non era un'invenzione soggettiva, tanto quanto la scoperta oggettiva del nuovo all'interno del dato, in modo immanente, attraverso un raggruppamento dei suoi elementi. (Buck-Morss)*

Forse Benjamin usa questo atteggiamento in modo più conciso quando cita la nozione di Goethe del simbolo come suggestione sul "senso" della fotografia: "C'è un empirismo sensibile che rende se stesso più intimamente identico all'oggetto diventando così una teoria genuina"[41]. Tuttavia, è importante capire che questo oggetto-che-diventa-teoria nell'allegoria-montage funziona in termini di una rappresentazione che non è né allegorica né simbolica in senso tradizionale (i significati non sono né puramente immotivati né motivati – l'opposizione decostruita dalla grammatologia, secondo cui il "senso" è un processo continuo di demotivazione e rimotivazione). Un aspetto importante di questa "filosofia del particolare concreto", il cui vero interesse è "nel non-concettuale, nel singolare e particolare; in ciò che dai tempi di Platone è stata liquidata in quanto transitoria e insignificante, e su cui Hegel pone l'etichetta di 'esistenza folle'"(Buck-Morss), prima intuita da Benjamin e poi formalizzata da Adorno, è la sua abilità a sfruttare la tensione tra arte e scienza secondo modi che anticipano la strategia della post-critica. In effetti, la descrizione di Adorno del metodo come "fantasia esatta" (secondo Buck-Morss: "fantasia che rimane strettamente nel materiale che la scienza presenta e sorpassa solo negli aspetti più piccoli della loro organizzazione: aspetti, accordati, che la fantasia stessa deve originariamente generare.") delinea il progetto della teoria post-strutturalista – per collocare il "soggetto" del sapere e della "prammatica" – per studiare il comportamento dell'utente (sapiente) nei confronti del messaggio.

Ciò che l'allegorista barocco o romantico concepiva come emblema, viene trattato dal post-critico come modello. Un ottimo esempio dell'uso di Derrida dell'oggetto quotidiano come modello teorico si trova in *Sproni. Gli stili di Nietzsche. Sproni* è una divagazione su un frammento trovato nei Quaderni di Nietzsche: "Ho dimenticato il mio ombrello" – una citazione apparentemente inutile, annotata a caso. Derrida esegue una "fantasia precisa" a proposito di questo frammento, il cui stato di indecisione, sostiene, viene replicato nell'opera completa di Nietzsche (e in quella di Derrida). Nel processo di creazione di questa tesi, Derrida si appropria dell'ombrello come icona marcando o modellando la struttura stessa dello stile in quanto tale: "Lo stile-sprone, lo stile che sprona, è un oggetto oblungo, una parola che perfora anche quando para. È il punto oblungo-a foglie (uno sprone o un palo) che prende il suo potere apotropaico dai tessuti tesi, resistenti, dalle reti, vele e veli tesi, avvolti e non avvolti attorno a esso. Ma, occorre non dimenticare che è anche un ombrello"[42].

La "doppia" struttura dello stile – legata al problema della rappresentazione allegorica che tutto a un tratto si rivela e nasconde, trova, nella morfologia dell'ombrello, con il suo bastone e i suoi tessuti, un modello reale. Derrida prende in prestito "l'ombrello" lasciato indietro nei Quaderni di Nietzsche e gli dà nuovo senso (il suo significato era comunque indefinito) come uno strumento dimostrativo. L'ombrello per Derrida non conta come "simbolo", freudiano o altro, non come significato, ma come macchina strutturale che, con la sua capacità di aprirsi e chiudersi, di-mostra il gramma irrappresentabile.

Da un esame dei testi di Derrida saltano fuori questi oggetti teoretici presi in prestito, comprese, oltre l'ombrello, un paio di scarpe (da van Gogh)[43], un ventaglio (da Mallarmé), una scatola di fiammiferi (da Genet), una cartolina (da Freud) – tutto a mostrare la doppia struttura del gramma.

Tutti insieme costituiscono un collage, da intitolare *Natura morta* (come modello di scrittura essi manifestano necessariamente la pulsione verso la morte), o forse un autoritratto – secondo modalità surrealiste – dal momento che ognuno di questi oggetti compare in una discussione sul feticismo. Basti dire che "l'esempio" nella post-critica funziona come "oggetto feticista", collegando quindi l'allegoria con la psicoanalisi nella paraletteratura.

PARASSITA/SAPROFITA

Un modello del rapporto tra il testo post-critico e il suo oggetto di studio, spesso menzionato nel dibattito tra tradizionali e post-critici, è quello del parassita da ospitare. Joseph Hillis Miller, parlando del decostruzionismo durante la conferenza "The Limits of Pluralism", confuta l'affermazione di Wayne Booth (sostenuta da M. H. Abrams) che "la lettura decostruttivista di una data opera sia semplicemente e totalmente parassitaria nei confronti di una lettura scontata o univoca"[44]. Dato che Derrida descrive la grammatologia come "un'economia parassitaria", questo termine può non essere una "piaga" nel senso inteso da Booth e Abrams. La risposta di Joseph Hillis Miller consiste nel problematizzare il significato di "parassita": "Cosa accade quando un saggio critico estrapola un 'passaggio' e lo 'cita'? È forse diverso da una citazione, un'eco o un allusione scritta in un poema? La citazione è un alieno nel corpo del suo ospite, il testo principale, oppure al contrario è il testo interpretativo il parassita che circonda e strangola la citazione che è sua ospite?" La questione si aggrava nel caso della post-critica, che porta la citazione al suo limite: il collage.

La confutazione di Miller vuole minare la nozione stessa di lettura "univoca" mostrando la pluralità equivoca, paradossale del significato di "ospite" e "ospitante" che rivelano la stessa radice etimologica e sono intercambiabili nel significato. Il centro di questo esercizio etimologico:

[...] è un argomento sul valore del riconoscimento della grande complessità e ricchezza equivoca del linguaggio apparentemente ovvio e univoco, anche del linguaggio della critica, che in questo senso si trova in continuità con quello della letteratura. Questa complessità e questa ricchezza equivoca risiedono in parte nel fatto che non esiste espressione concettuale senza figura né intreccio tra concetto e figura senza una storia, una narrazione o un mito sottinteso, in questo caso la storia dell'alieno ospite in casa. La decostruzione è una ricerca di ciò che è sottinteso dalla relazione di figura, concetto e narrazione l'uno con l'altro.

In breve, la definizione di decostruzione secondo Joseph Hillis Miller è ciò che Maureen Quilligan descrive come operazione della narrazione allegorica.

Si dà il caso che Michel Serres abbia provveduto a una completa elaborazione – allegoria – della storia stessa della decostruzione, dell'alieno ospite in casa, in un testo paraletterario intitolato *Le parasite*. Non solo Serres sostiene la tesi di Miller sull'equivocità della terminologia dell'ospite-parassita, egli lo integra notando il fatto che in francese è disponibile un terzo significato che permette di esplorare letteralmente la storia del parassita come allegoria della teoria della comunicazione (o piuttosto, come nel caso del gramma, la teoria stessa produce l'allegoria):

Il parassita è un microbo, un'infezione insidiosa che prende senza dare e indebolisce senza uccidere. Il parassita è anche un ospite, scambia chiacchiere, preghiere e adulazioni in cambio di cibo. Il parassita è anche rumore, la statica in un sistema o l'interferenza in un canale. Queste attività in apparenza diverse, secondo Michel Serres, non sono dette solo per coincidenza con la stessa parola (in francese). Anzi, sono intrinsecamente relazionate e, in effetti, hanno la stessa funzione in un sistema. Sia che produca febbre o solo aria calda, il parassita è un eccitatore termico. In quanto tale, è sia l'atomo di una relazione sia il generatore di cambiamento in questa relazione[45].

Considerando la fortuna di questa omonimia come indizio, Serres cerca una selezione di esempi letterari, storie su cene, ospite e ospitante, a cominciare dalle favole di La Fontaine, includendo il ritorno di Ulisse, tra i pretendenti, il *Simposio*, il *Tartufo*, ecc..., tutti presi in esame in termini di interruzione, interferenza, il rumore che spaventa il topo, la chiamata che allontana Simonide dalla tavola, proprio un attimo prima che collassi il tetto (il ricordo di quali ospiti fossero seduti lì, allo scopo di identificare i corpi, si dice sia l'origine della "memoria artificiale"). Serres ne deduce che il parassitismo sia "negentropico", il motore del cambiamento o dell'invenzione – richiamando l'arte di Benjamin dell'interruzione – che consiste in una nuova logica a tre elementi: rumore, ospite e interferente (il rumore è "l'elemento casuale, quello che trasforma un sistema o un ordine in un altro"). Il gramma nella struttura del linguaggio, e il collage nell'ambito del discorso, sono gli esecutori di questa interruzione inventiva.

Questo contesto procura un'opportunità per dimostrare l'utilità della post-critica non solo come metodo compositivo ma anche come metodo di lettura; sono scritture che in ogni caso hanno un valore esemplare come alcune delle più importanti versioni della paraletteratura ancora prodotte. Parte del loro valore sta nel fatto che John Cage sia famoso come musicista postmoderno. Il suo "pianoforte preparato" e le prime attrezzature elettroniche, insieme alle sue innovazioni compositive (le partiture grafiche e le procedure aleatorie) e quelle performative (le partiture indeterminate per la performance), hanno rivoluzionato – "postmodernizzato" – la musica. Gli studenti di post-critica possono beneficiare del fatto che Cage decise di applicare la sua filosofia di composizione al linguaggio ("Spero di lasciare esistere le parole, come ho provato a lasciare esistere i suoni"[46]).

Vale la pena notare che Cage, come Adorno, aveva studiato teoria musicale con Arnold Schönberg. Cage ha adottato un punto di vista, simile alla strategia del "particolare concreto"di Adorno, secondo cui la musica dovrebbe essere una ricerca, un'esplorazione della logica dei materiali, che nel caso di Cage si è esteso fino a includere non solo i materiali della musica ma tutto ciò che proviene dal mondo naturale e culturale: "L'arte cambia perché la scienza cambia"; i cambiamenti nella scienza offrono agli artisti letture diverse del comportamento della natura"[47]. Questo atteggiamento ha condotto Cage a una sua personale versione – musicale – "dell'oggetto teoretico":

*Sappiamo che l'aria è satura di vibrazioni che non possiamo udire. In
Variations VII, ho provato a utilizzare suoni provenienti da questo ambiente
inascoltabile. Ma non è possibile considerare l'ambiente come un oggetto.
Sappiamo che si tratta di un processo. Mentre nel caso di un portacenere
sappiamo di avere a che fare con un oggetto. Sarebbe molto interessante
collocarlo in una camera completamente priva d'eco e ascoltarlo attraverso
un sistema di suono idoneo. L'oggetto diventerebbe un processo; si
scoprirebbe, grazie a una procedura presa in prestito dalla scienza, il senso
della natura attraverso la musica degli oggetti (Birds).*

Inoltre, questa procedura si identifica in modo esplicito con il principio del collage/montage, qui identificato dal "silenzio" (o come lo chiama Barthes "la morte dell'autore"): "*La galassia Gutenberg* è fatta di prestiti e collage: McLuhan applica quello che io chiamo silenzio a tutte le aree del sapere, vale a dire, lascia loro la parola. La morte del libro non è la fine del linguaggio: esso continua. Proprio come nel mio caso, il silenzio ha invaso tutto, e c'è ancora musica"(*Birds*). Cage riconosce a Marshall McLuhan, a cui è accreditata l'invenzione di una sorta di "saggio concreto" e Norman O. Brown – entrambi importanti rappresentanti della scrittura post-critica – un'importante influenza sul suo lavoro.

John Cage postmodernizza il saggio critico applicando alle sue *inventio* e *dispositio* lo stesso collage e le stesse procedure aleatorie usate nella lavorazione con il nastro registrato e altri strumenti elettronici nelle sue composizioni musicali. La selezione di testi – i diari di Thoreau e *Finnegans Wake* di Joyce – non è casuale ma, come nella selezione di Derrida di *Numeri*, una parte importante della dichiarazione critica. (Sia i diari che *Finnegans Wake* sono sottratti – letteralmente o in versione mimata – e firmati da Cage, rimotivati come significanti all'interno di una nuova cornice). Cage non scrive su Thoreau, ma usa i diari per creare altri testi che sono in effetti simulacri musicali. Questi simulacri sono collage costruiti, dove tutte le parole, lettere, frasi provengono direttamente dai diari, selezionati da operazioni a caso. "Mureau" ("musica" + "Thoreau"), ad esempio, è "un mix di lettere, sillabe, parole, frasi e periodi. L'ho scritto sottoponendo tutte le osservazioni di Henry David Thoreau sulla musica, il silenzio e i suoni che aveva udito che sono indicizzati nelle pubblicazioni dei diari di Dover a una serie di operazioni casuali da *I Ching*. Il pronome personale variava secondo tali operazioni e lo stile tipografico veniva determinato allo stesso modo[48].

Una versione più elaborata di questa operazione, intitolato *Empty Words*, rivela che questi lavori sono pensati per la performance, che è il modo usato da Cage per produrre *eventi-lectures* (realizzando così la logica originale del collage/ montage che "rappresenta" non in termini di verità ma di cambiamento – infatti *

Ching sono il "libro dei cambiamenti"). "Sottoponendo gli scritti di Thoreau alle operazioni casuali de *I Ching* per ottenere testi collage, ho preparato parti per dodici vocalist (o strumentisti...). Insieme a queste parti vanno le registrazioni di Maryanne Amacher di brezza, pioggia e infine tempesta e nell'ultima sezione (tempesta) un film di Luis Frangella che rappresenta un fulmine attraverso i negativi dei disegni di Thoreau brevemente proiettati"[49].

Quando si confronta questo testo stampato, l'importazione totale dei consigli di Barthes sulla lettura scrivibile diventa apparente, qualcosa come "Mureau" può non esser letto "concettualmente". Piuttosto, passando rapidamente l'occhio sulla pagina, lasciando che si arresti momentaneamente sui diversi caratteri tipografici cosicché il senso di queste parole annotate a caso abbia la possibilità di registrare, emerge un effetto potente: il simulacro della passeggiata attraverso il bosco di Concord con i sensi dischiusi e l'attenzione che fluttua. Cage spiega che Thoreau ascoltava "proprio come un compositore che oggi fa uso di tecnologia; e esplorava il quartiere di Concord con lo stesso entusiasmo di chi esplora le possibilità che offre l'elettronica".

Un altro esempio della procedura di Cage è *Writing for the Second Time Through "Finnegans Wake"*. Questo testo è nato a partire da *Finnegans Wake* mediante la forma mesostica di Cage: "non acrostica: in file verso il mezzo, non verso il limite. A renderlo un mesostico, per quanto mi riguarda, è il fatto che la prima linea, la seconda lettera della parola o del nome *non* va trovata. (La seconda lettera è nella seconda linea)" (*Words*). Così, Cage ha prodotto, nella prima versione del pezzo, centoquindici pagine di mesostici come questo:

Just

A

May i

bE wrong!

for She'll be sweet for you as i was sweet when

i came down out of me mother.

Jhem

Or shen | brewed by arclight |

and rorY end

through all Christian

ministrElsy.

Riducendo ulteriormente le sillabe permesse, la seconda versione è stata ridotta a quaranta pagine a proposito delle quali Cage dice:

Di volta in volta, nel corso di questo lavoro, ho avuto dubbi sulla validità di trovare questi mesostici in Finnegans Wake *nel nome che Joyce qui non ha messo. Tuttavia ho continuato, A dopo J, E dopo M, J dopo S, Y dopo O, E dopo C. Ho letto ogni passaggio almeno tre volte, e una volta o due persino sottosopra (*Words*).*

Se testi come *Empty Words* semplificano l'inclinazione post-critica verso il mimetismo e il collage, gli altri scritti di Cage espongono altrettanto bene il principio dell'allegoria-montage in un modo che illumina il potere allegorico del tema del parassita-ospite. "Where Are We Eating? And What Are We Eating?" ne è un buon esempio (una cronaca dei viaggi di Cage con la compagnia di ballo di Merce Cunningham, basata interamente sulle cose ordinate durante le soste per i pasti) con cui marcare il parallelo tra la narrazione allegorica di Cage e *Le parasite* di Serres, con quest'ultimo che ci avverte dell'importazione "extra" dei molti aneddoti sugli ospiti, gli ospitanti e la cena che si possono trovare negli scritti di Cage. L'intuizione straordinaria resa possibile attraverso l'elaborazione di Serres del significato in francese di "parasite" (che significa "rumore, "ospite" e "parassita") è che Cage – famoso per essere il compositore che ha aperto la musica al rumore ("Dal momento che la teoria della musica convenzionale è un insieme di leggi che riguardano esclusivamente i suoni "musicali", e non ha niente da dire sul rumore, è stato chiaro sin dall'inizio che era necessario una musica basata sul rumore, sulla mancanza di legge del rumore... Il passo successivo è stato sociale" – *M, v*) – quando sta scrivendo della cena, sta *ancora* parlando del rumore. I suoi aneddoti sul mangiare sono saggistici, l'equivalente discorsivo dell'uso del rumore nelle sue composizioni musicali. Sono anche un commento sul processo di invenzione parassitaria della citazione, da cui dipendono i suoi saggi e la sua musica.

Al centro di questa allegoria sul rumore e la cena c'è la passione di Cage per i funghi. Cage, fondatore della New York Mycological Society, possedeva una delle più grandi collezioni private del mondo di libri sui funghi. Inoltre, anche se gli aneddoti che hanno a che fare con i funghi sono sparsi in tutti gli scritti di Cage, essi sono il tema esclusivo di *Mushroom Book*, la cui costruzione sotto forma di collage può essere vista secondo questa prospettiva: "Per concludere per Lois il libro pianificato, scritto a mano includendo storie di funghi, estratti da libri (di funghi), commenti sulla ricerca (di funghi), estratti dai Diari di Thoreau (funghi), estratti dai Diari di Thoreau (intero), commenti su: Vita/Arte, Arte/Vita, Vita/Vita, Arte/Arte, Zen; letture del Momento, Cucina (spesa, ricette), Giochi, stazioni radio con Musica, Mappe, Amici, Invenzioni, Progetti + Scrittura senza sintassi, Mesostici (sui nomi dei funghi)" (*M*).

Perché i funghi? Cage sottolinea che in molti dizionari i "funghi" sono vicini alla "musica" [ndt: *mushroom, music*]. Tuttavia, letto come paraletteratura, il fungo potrebbe essere inteso come un modello inserito in un discorso con propositi allegorici. Infatti, il fungo si rivela come il miglior emblema anche per ciò che Derrida chiama *pharmakon*, pozione o medicina che è allo stesso tempo elisir e veleno (in prestito da Platone), modellando quello che Derrida chiama (per analogia) "indeciso" (diretto contro tutti i sistemi di classificazione concettuali). Gli indipendenti invece sono:

> *Unità di simulacri, proprietà verbali "false" (nominali o semantiche) che non possono più essere incluse nell'opposizione filosofica (binaria), ma che, ciononostante, occupano l'opposizione filosofica, resistendo e disorganizzandola,* senza mai *costituire un terzo termine, senza mai lasciare spazio per una soluzione sotto forma di dialettica speculativa (il* pharmakon *non è né un rimedio né un veleno, né buono né cattivo, né fuori né dentro, né parlato né scritto* (Posizioni).

Il *pharmakon* è in campo farmaceutico (e in quello concettuale) ciò che il fungo è nel mondo vegetale, come nota Cage, "più li conosci, più fatichi a identificarli. Ognuno è se stesso. Ogni fungo è quello che è – il proprio centro. È inutile pretendere di conoscere i funghi. Essi sfuggono alla nostra erudizione". (*Birds*). Il fascino subito da Cage per la micologia è in parte dovuto a questa indefinibilità di classificazione, come indicato nei suoi aneddoti sugli esperti che hanno sbagliato a identificare specie velenose come commestibili o di persone che si sono ammalate, persino morte, mangiando una varietà che non ha effetti su altre persone (a volte gli individui reagiscono diversamente alle stesse specie). Quando suggerisce, nel contesto degli aneddoti sulle sue esperienze di avvelenamenti da funghi, che sia un peccato che i libri non siano commestibili, Cage sembra sostenere una tesi simile a quella di Roland Barthes in *S/Z* in merito ai *rischi* nella lettura. Sarrasine, avendo confuso il castrato Zambinella per una donna, muore "a causa del ragionare inaccurato e inconcludente": "Tutti i codici culturali, presi da citazione a citazione, insieme formano una versione in miniatura stranamente unita del sapere enciclopedico, una farragine: questo miscuglio forma la 'realtà' quotidiana in rapporto alla quale il soggetto adatta se stesso, vive. Un difetto in questa enciclopedia, un buco in questo tessuto culturale, e può sopraggiungere la morte. Non conoscendo il codice delle usanze papaline, Sarrasine muore a causa di una lacuna nella conoscenza"[50]. I funghi, in altre parole, di-mostrano una lezione sulla sopravvivenza.

In base al principio dell'allegoria-montage, gli aneddoti sui funghi di Cage costituiscono dei frammenti collage che alludono a tutta la scienza micologica.

Per determinare il significato più grande dei funghi come allegoria, occorre rivedere la "logica del materiale" evocata quindi in modo paradigmatico (proprio come i termini assenti di un campo semantico sono implicati negativamente dagli specifici termini usati in una frase). La connotazione relativa al nostro particolare contesto ha a che fare con la relazione ospite-parassita come modello per lo status della citazione nella post-critica. La lezione insegnata dal tipo di funghi ricercati (emblematizzando l'attività di ricerca in generale) e mangiati da John Cage in particolare – carnosi, fruttati, i funghi "più alti", Boletus, Morels e simili – è la simbiosi. Questi funghi non sono parassiti, ma saprofiti (ogni organismo che vive su materia organica morta) ed esistono in una relazione simbiotica, reciprocamente vantaggiosa, con i loro ospiti (le piante verdi e gli alberi che forniscono il "cibo" organico). Il genere "Cortinarius", ad esempio, come descritto da C. H. Kauffman (uno dei suoi studi, *The Agaricacae of Michigan* è annoverato da Cage tra i dieci libri che l'hanno più influenzato), si può trovare "nella regione dei pini e degli abeti rossi o nelle vecchie foreste di faggi, dove le ombre sono dense e il terreno è saturo di umidità", crescendo su un substrato di materia decadente. Gli alberi traggono beneficio dalla crescita dei funghi, tra le radici, assorbendo le sostanze nutritive rese solubili come risultato del processo di decomposizione a cui i funghi contribuiscono[51].

Questa ecologia simbiotica (legata all'utilità dei funghi più bassi, le cui fermentazioni sono essenziali alla produzione di vino, formaggio e pane) è la versione di Cage di ciò di cui Benjamin parlava quando paragonava l'allegoria alle rovine, e si potrebbe dire che il saprofite, vivendo della decadenza degli organismi morti così da rendere possibile la vita per le piante, è per la natura quello che la rovina è per la cultura o l'allegoria per il pensiero. Per Adorno e Benjamin, le rovine erano segni della *decadenza* dell'era borghese, che richiedeva in ambito filosofico una "logica di disintegrazione". Anche per Derrida, la decostruzione è un processo di decomposizione all'opera proprio alla *radice* delle metafore – i filosofemi – del pensiero Occidentale. Tuttavia, si potrebbe dire che quest'opera è simbiotica, simile alla "formazione di micorrize" dove le radici degli alberi e i funghi si integrano a vicenda, permettendo l'un l'altro di "vivere", di *sopravvivere*. Il punto è che se i critici normali aderiscono al modello del poema come pianta vivente (il critico M. H. Abrams, ad esempio, è uno tra quelli che accusano i decostruttori di essere "parassiti", il suo *Mirror and the Lamp* rappresenta lo studio decisivo del modello organico in poesia) potrebbe essere utile rendere esemplare la post-critica in quanto saprofita, colei che cresce tra le radici della letteratura, che si alimenta della decadenza della tradizione.

Cage suggerisce che i suoi funghi possono essere interpretati in modo allegorico, anche se lui stesso (essendo, come dice, il "grasshopper" della favola) è troppo pigro per intraprendere il lavoro richiesto per fare il confronto

(*Silence*). La filosofia sociale prodotta dalla sua teoria della musica, tuttavia, manifesta il tema simbiotico dell'ecologia, dell'operazione e della fine della competizione. Facendo riferimento all'attuale situazione mondiale, alle stesse implicazioni globali del tema del parassita alla base dello studio di Serres, egli ammonisce: "La festa è quasi finita. Ma gli ospiti restano: non c'è altro posto dove andare. Persone non invitate cominciano ad arrivare. La casa è in disordine. Dobbiamo stare tutti insieme e pulire senza dire una parola"(*M*).

Ciononostante, la lezione immediata per la post-critica si trova in questa dichiarazione riportata nei diari: "Funghi. Macchine-insegnanti" (*M*). In altre parole, ciò che coloro che attaccano la post-critica come "parassitaria" non hanno ancora compreso è che l'allegoria-montage (i funghi come macchine-insegnanti) fornisce proprio la tecnica per la divulgazione, per comunicare la conoscenza delle discipline culturali a un pubblico generale, cosa che la critica normale, cosiddetta umanista, dice di desiderare. Wayne Booth, in un discorso presidenziale presso la Modern Language Association denunciava la critica della scrittura nel solipsismo, ignaro del fatto che ne *La carta postale*, solo per fare un esempio, Derrida mette a disposizione un modello capace di dimostrare con assoluta semplicità l'essenza teologica della tradizione logocentrica: "Tutto, nella nostra cultura *bildopédique*, nella nostra politica enciclopedica, nelle telecomunicazioni di ogni sorta, nel nostro archivio telematico metafisico, nelle nostre biblioteche, come la meravigliosa Bodleiana ad Oxford, tutto è costruito su un documento protocollare di un assioma, che potrebbe essere dimostrato, esibito su una carta, una cartolina ovviamente, è così semplice, elementare, sommario, stereotipato" – questo assioma è che Socrate viene prima di Platone, che il significato viene prima del significante; in breve, l'ordine rigido di una sequenza irreversibile. Quando si spedisce una cartolina, confidando che venga recapitata al destinatario, si mette in mostra l'ideologia dell'identità. Cage nota che "Va fatto qualcosa per i servizi postali. Oppure si dovrebbe smettere di dare per scontato solo perché abbiamo spedito per posta qualcosa che questo arrivi dove l'abbiamo indirizzato"[52].

Ne *La carta postale* Derrida suggerisce la possibilità di una rete di comunicazioni senza "destino" o "destinazione" dove tutta la posta (i messaggi) siano indirizzati solo "a chi interessa" – un sistema che da valore al "rumore" o all'invenzione sul significato trasparente. Inoltre, egli ci mostra la scrittura appropriata per quest'era: "È sufficiente per manipolare" sostiene riferendosi al modello della cartolina " per tagliare, incollare, azionare o dividere, con spostamenti nascosti e grande agilità tropica" (*La carta postale*). L'immagine sulla cartolina (una trovata nella biblioteca Bodleiana, raffigura Socrate che prende note da Platone) attraverso la tecnica del *collage* diventa "articolata", "è in grado di dire qualsiasi cosa".

Questi testi rappresentano o mimano non attraverso gli strumenti dei segni ma quelli della firma. Quel che resta dell'identità, in un testo post-critico, è costituito dalla nuova mimesi: la contaminazione tra il linguaggio e chi lo usa, e gli effetti di questo si possono vedere nel fatto che il compositore di *Music of Changes*, che compone tutte le sue produzioni attraverso gli strumenti del *Book of Changes* (*I Ching, Il libro dei mutamenti*) per cambiare la società, egli spera, si chiama *Jo Change* (John Cage).

1. Hayden White, *Tropics of Discourse: Essays in Cultural Criticism*, Johns Hopkins, Baltimore 1978

2. Si veda Richard Kostelanetz (a cura di), *Esthetics Contemporary*, Prometheus, Buffalo 1978

3. Edward Fry, *Cubismo*, Mazzotta, Milano 1967

4. Eddie Wolfram, *History of Collage*, MacMillian, New York 1975

5. Group Mu, a cura di, *Collages*, Union Général, Parigi 1978

6. André Bazin, "Ontologia dell'immagine fotografica" in *Che cosa è il cinema?*, Garzanti, Milano 1986 (I ed.1973)

7. A cura di Erika Billeter e Denis Bablet, *Collage et montage au théâtre et dans les autres arts durant les années vingt*, La Cité, Losanna 1978

8. Walter Benjamin, "L'autore come produttore", in *Avanguardia e rivoluzione*, Einaudi, Torino 1979

9. Roland Barthes *Critica e verità*, Einaudi, Torino. Si veda anche Barthes, "L'attività strutturalista" in *Saggi critici*, Einaudi, Torino 1966

10. La dichiarazione più recente che questa combinazione tra letteratura e critica è il concetto di Rosalind Krauss di "paraletteratura". "Se uno dei capisaldi della letteratura modernista è stata la creazione di un lavoro che avrebbe forzato la riflessione sulla condizione della sua costruzione, che avrebbe insistito sulla lettura come atto critico molto più consapevole, non sorprende quindi che il medium di una letteratura postmoderna debba essere il testo critico battuto in forma paraletteraria. Ciò che è chiaro è che Barthes e Derrida sono gli *scrittori*, non i critici, che oggi gli studenti leggono". Si veda "Rosalind Krauss, "Postructuralism and the 'Paraliterart'", "October" 13 (1980). L'intuizione della paraletteratura sta nel fatto che sebbene dagli anni Sessanta la rivoluzione del collage sembri aver fatto il suo corso, si è rinnovata, in effetti, nel discorso critico, finalmente colpito dalle sperimentazioni sulla rappresentazione. In effetti, come propone Elizabeth Bruss in *Beautiful Theories* (The Johns Hopkins University Press, 1982 - interessata alla critica di Susan Sontag, William Glass, Harold Bloom e Roland Barthes), la teoria non è solo la forma letteraria più interessante, è la modalità più adatta per uscire dall'impasse raggiunta dai movimenti modernisti in arte

11. Si veda Serge Doubrovsky, *Pourquoi la Nouvelle Critique?*, Mercure de France, Parigi 1966

12. Jacques Derrida, "Living On: Border Lines" in *Decostruction and Criticism* (New York, Seabury, 1979) pp.94-5 [trad. it.: *Sopra-vivere*, Feltrinelli, Milano 1982]

13. Questo è il soggetto del libro *Della grammatologia* di Derrida, Jaca Book, Milano 1998

14. Jacques Derrida, *La disseminazione*, Jaca Book, Milano 1989

15. Philippe Lewis, "The Post-Structuralist Condition", in "Diacritics" n.12, 1982

16. Jacques Derrida, *Posizioni*, Ombre Corte, Verona 1999

17. Jacques Derrida, "Firma evento contesto", in *Limited Inc.*, Raffaello Cortina Editore, Milano 1997

18. In *La disseminazione*, Derrida scrive: "Ciò che è in questione qui, almeno stavolta, non è in mostra ma sotto i riflettori, non è sulla scena ma è impegnato, non è dimostrato ma *montato*, montato con perizia da pasticcere in qualche improbabile macchinario" (*La disseminazione*). Il verbo è *monter*, da cui deriva "montage". In seguito in un altro testo, giocando con il significato di *monter*, introduce l'immagine del *pass-partout* o della stuoia (utilizzata per incorniciare fotografie) come analogia del modo in cui un testo critico "monta" i suoi esempi. Si veda J. Derrida, *La verità in pittura*, Newton Compton, Roma 2005

19. Si veda J. Derrida, "Title (to be specified)", "Sub-Stance" n. 31, 1981

20. Questa è la strategia usata per decostruire Kant in *La verità in pittura* e de Saussure in *Glas*, Galilée, Parigi 1974

21. Si veda J. Derrida "La legge del genere", "Glyph" 7, 1980

22. *La disseminazione* è scritto con la stessa tecnica di *montage* praticata in *Numeri* (in effetti, *Numeri* è scelto come testo-tutor proprio per questa ragione) cosicché quello che è rimarcato qui (il termine che Derrida preferisce è "rappresentato", "illustrato" "esposto", ecc) nella versione critica è la strutturazione dell'oggetto di studio: "Saremo quindi inscritti – simultaneamente – negli angoli e negli spigoli di questi *Numeri*, dentro e fuori, sopra la pietra che *ti* aspetta, alcune questioni che toccano 'questo' testo 'qui', lo status del suo rapporto con *Numeri*, ciò che pretende di aggiungere a 'quel' testo per *mimare* la sua presentazione e rappresentazione,

per tentare di offrire una parvenza di recensione o descrizione. Se *Numeri* offre una descrizione di sé allora 'questo' testo – e tutto ciò che lo riguarda – è già o ancora 'quel' testo. Proprio come *Numeri* calcola e finge l'autorappresentazione e inscrive la presenza in un dato gioco, così fa ciò che, con una certa ironia, potrebbe essere chiamato 'questo' testo mimo presentazione, commento, inventario, recensione, descrizione o inventario di *Numeri*. Come un simulacro *generalizzato*, questo testo circola qui nell'interesse di due finzioni, tra un cosiddetto testo primario e uno cosiddetto commento" (*La disseminazione*)

23. Derrida, *La scrittura e la differenza*, Einaudi, Torino 2000

24. La ripetizione stessa che permette a un segno di essere un segno – di essere riconosciuto esattamente per quello che significa – produce una differenza, come enfatizzato da de Saussure (il segno non è il referente stesso). L'oscillazione temporale generata in questo gioco tra presenza e assenza è ciò che Derrida chiama *différance*, dando nome a ciò che si oppone al rigido ordine primo-secondo tra significante e significato dettato dalla semiotica logocentrica da Platone a de Saussure

25. Derrida, *Speech and Phenomenon*, Northwestern University, Evanston 1973

26. Derrida, *La carta postale*, Raffaello Raffaello Cortina Editore, Milano 1996

27. Ludwig Wittgenstein, *Indagini filosofiche*, Einaudi, Torino 2009

28. Craig Owens "The Allegorical Impulse: Toward a Theory of Postmodernism", "October" 12,1980

29. Craig Owens "The Allegorical Impulse (Parte seconda) "October", 13, 1980

30. Si veda Stephen Melville "Notes on the Remergence of Allegory" "October", 19, 1981 e Jonathan Culler, *On Decostruction*, Cornell University, 1983

31. Maureen Quilligan, *The Language of Allegory*, Cornell University, 1979

32. Craig Owens "The Allegorical Impulse (Parte seconda) pg 64-66, Douglas Crimp, "The photographic Activity of Postmodernism", "October", 15, 1980

33. Richard Kostelanez (a cura di), *John Cage*, Praeger, New York 1970

34. Barthes, *Barthes di Roland Barthes*, Einaudi, Torino 1977

35. Stanley Mitchell, "Introduction", in *Understanding Brecht*, Walter Benjamin, New Left Books, London 1977

36. Rainer Hoffman, *Montage im Holhraum zu Ernst Blochs "Spuren"*, Herbert Grundmann, Bonn 1977

37. Benjamin, *Strada a senso unico*, Einaudi, Torino 2006

38. Martin Jay, *The Dialectical Imagination*, Little Brown, Boston 1973. Jay menziona *Love's Body* di Norman O'Brown come messa in pratica del programma di Benjamin

39. Walter Benjamin, *Il dramma barocco tedesco*, Einaudi, Torino 1999

40. Susan Buck Moss, *The Origin of Negative Dialectics*, MacMillan, New York 1976

41. Benjamin, *Breve storia della fotografia*, Passigli Editori, Bagno a Ripoli 2014

42. J. Derrida, *Sproni. Gli stili di Nietzsche*, Adelphi, Milano 1991

43. In questo caso, Derrida s'impossessa di materiale tratto da una discussione tra Heidegger e Meyer Shapiro sulla proprietà delle scarpe raffigurate nel quadro di van Gogh – un tema che simboleggia l'intera questione della proprietà e della firma implicato nella scrittura collage. Come l'ombrello preso in prestito da Nietzsche, le scarpe di van Gogh sono separate dall'argomento critico e rimotivato come modello per il gramma – un atto che da solo rifiuta i tentativi della critica di fissare il significante-scarpa a un significato specifico, per determinare se le scarpe raffigurate appartenessero a una donna pesante (Heiddeger) o a van Gogh stesso (Shapiro). In effetti, il fatto che le scarpe siano dipinte parzialmente slacciate è indizio del processo del processo su cui funziona la coppia-gramma. "Come un laccio, ogni 'cosa', ogni forma d'essere delle cose, passa dentro e fuori dall'altra. Spesso ci si avvale di questa figura, passando e ripassando attraverso l'occhiello delle cose, da fuori a dentro, da dentro a fuori, *sulla* superficie esterna e *sotto* quella interna, e viceversa quando questa superficie è capovolta come la punta della scarpa sinistra, il laccio rimane lo "stesso" su entrambi i lati, si mostra e sparisce (via/da) nell'incrocio dell'occhiello, l'assicura della sua rassomiglianza, il fondo legato all'alto, l'interno legato all'esterno, da una legge di stenosi". Derrida insiste nel deridere chi vede il linguaggio in termini di segni, che vedono coppie (significanti-significati) ovunque, nel modo in cui Heiddeger e Shapiro immaginano di guardare un paio di scarpe. Guardando più attentamente il quadro, Derrida sostiene ironicamente, non è affatto chiaro che le scarpe siano appaiate: anzi, sembrano due scarpe per il piede sinistro, in ogni caso, lasciate indietro, come l'ombrello di Nietzsche, per il prossimo che le userà, o per lo scrittore. Si veda Derrida, "Restitutions of Truth to Size" in "Research in Phenomenology", vol. 8, 1978

44. J. Hillis Miller "The Critic as Host", "Critical Inquiry" *3*, 1977

45. Michel Serres, *Le Parasite, Grasset, Paris 1980*

46. John Cage (in conversazione con Daniel Charles), *For the Birds*, Boyars, 1981

47. John Cage, *Silence*, MIT Press, Boston 1961

48. John Cage, *M: Writings '67-'72*, Wesleyan University, Bloomington 1974

49. John Cage, *Empty Words*, Wesleyan University, Bloomington 1981

50. Roland Barthes, *S/Z*, Ed. Seuil, Parigi 1970

51. Per un approfondimento sulla micologia si veda G. C. Ainsworth, *Introduction to the History of Mycology*, Cambridge University, 1976

52. John Cage, *A Year From Monday*, Wesleyan University, Bloomington 1969

Fredric Jameson (Cleveland, 14 aprile 1934), critico letterario e teorico politico,
si laurea all'Haverford College (Philadelphia) nel 1954. Per un breve periodo
approfondisce i suoi studi in campo filosofico in Francia e Germania dove viene a
contatto con i nuovi sviluppi del pensiero strutturalista. Allievo di Erich Auerbach
presso la Yale University, nel 1961 scrive la tesi di dottorato *Sartre: the Origins of a
Style* (Guilford Surrey 1984), che gli fa ottenere una cattedra ad Harvard e in seguito
all'Università di California. Attualmente insegna Letteratura e lingue romanze presso
la Duke University, in North Carolina. Vicino all'ambiente politico della New Left e al
movimento pacifista, l'autore inaugura un indirizzo critico-letterario marxista inedito
nell'ambiente accademico statunitense. La più originale elaborazione jamesoniana,
la nozione di inconscio politico fa eco al concetto di inconscio sociale già esplorato
da Althusser e Lacan ed equipara la produzione e il consumo di un testo letterario ad
atti simbolici ascrivibili in un orizzonte storico e sociale che definisce la loro stessa
cornice interpretativa. Aggiornando il concetto di industria culturale, denunciato
dagli ideologi del New Criticism americano e della Scuola di Francoforte, indaga
quella che definisce la dominante culturale dell'epoca del tardo capitalismo (Ermest
Mendel) e della società postindustriale (Daniel Bell): il postmodernismo viene
interpretato come modernità compiuta al suo più alto grado nella storia, in cui le
dinamiche del capitalismo globalizzato fondano una totalità integrata tra economia
e cultura, tra produzione delle merci e produzione estetica. "Postmodernism and
Consumer Society" nasce come conferenza al Whitney Museum nell'autunno del 1982,
successivamente pubblicato in varie riviste è stato tradotto in italiano nel volume
L'originalità dell'avanguardia e altri miti modernisti, Fazi 2007. Numerose le opere di
Jameson disponibili in italiano: *Il postmoderno: la logica culturale del tardo capitalismo*,
Fazi 2007; *L'inconscio politico*, Garzanti 1990; *Tardo marxismo: Adorno, il postmoderno
e la dialettica*, manifestolibri 1994; *Una modernità singolare. Saggio sull'ontologia del
presente*, Sansoni 2003; *Firme del visibile: Hitchcock, Kubrick, Antonioni*, Donzelli 2005;
Il desiderio chiamato utopia, Feltrinelli 2007; *Brecht e il metodo*, Cronopio 2008.

Il postmoderno e la società dei consumi

Il concetto di postmoderno non è ancora stato ben compreso, né accettato del tutto. La resistenza nei suoi confronti deriva in parte dall'originalità dei fenomeni che copre, di cui si trovano esempi in tutte le forme artistiche: la poesia di John Ashbery, ad esempio, ma anche l'improvvisazione dei *talk poems* che si sono diffusi come reazione alla poesia modernista complessa, ironica e accademica degli anni Sessanta; reazione contro l'architettura moderna e, in particolare, agli edifici monumentali dell'International Style, gli edifici pop e gli involucri decorati celebrati da Robert Venturi nel suo manifesto *Learning from Las Vegas*; Andy Warhol e la pop art, ma anche il foto-realismo; e nella musica il periodo di John Cage, ma anche la sintesi tra classico e "popolare" che si riscontra in compositori come Philip Glass e Terry Riley; persino il punk e la new wave (gruppi come i Clash, Talking Heads e The Gang of Four); mentre nel cinema video e cinema sperimentale devono tutto a Godard, ma c'è anche un genere completamente nuovo di film e fiction commerciali che trova un equivalente nella narrativa contemporanea, nelle opere di William Burroughs, Thomas Pynchon e Ishmael Reed da un lato e nel *nouveau roman* francese dall'altro. Tutto questo rientra sotto la definizione di postmoderno.

Questo elenco mette in evidenza due cose: la prima è che la maggior parte dei fenomeni postmoderni citati sopra nascono come reazione specifica nei confronti delle forme istituzionalizzate e dominanti del modernismo avanzato, le stesse che hanno conquistato le università, i musei, le gallerie d'arte e le fondazioni. Questi stili, un tempo sovversivi e controtendenza (l'espressionismo astratto, la grande poesia modernista di Pound, Eliot o Wallace Stevens, il cosiddetto International Style di Le Corbusier, Frank Lloyd Wright, Mies, Stravinsky, Joyce, Proust e Mann), scioccanti e scandalosi per i nostri nonni, sono avvertiti dalle generazioni degli anni Sessanta come l'establishment, il nemico. Sono i monumenti modificati, morti, oppressivi e canonici da abbattere perché possa emergere il nuovo. Vale a dire che ci saranno diversi fenomeni di postmoderno quanti erano i fenomeni moderni, dal momento che i primi, almeno inizialmente, nascono localmente come reazioni specifiche *contro* questi modelli. Non che la cosa renda l'impresa di definire coerentemente il postmoderno meno ardua, dato che l'unità (se esiste) di questa nuova urgenza non si trova nella sua essenza, ma proprio nel modernismo che cerca di superare.

L'altra caratteristica della lista di fenomeni postmoderni che ho elencato è l'eliminazione di limiti e separazioni, in particolare la scomparsa della vecchia distinzione tra cultura d'élite e la cosiddetta cultura di massa o popolare. Questa è sicuramente l'innovazione più angosciante per gli accademici che hanno sempre avuto un forte interesse a preservare la cultura alta o d'élite da questo contesto degradato fatto di kitsch e scarti, di serial televisivi e una cultura da *Reader's Digest*, e a fornire agli iniziati sofisticati requisiti per leggere, ascoltare e vedere. Però molti dei nuovi postmodernismi hanno subito il fascino proprio di questo paesaggio fatto di pubblicità, di motel, dei casinò sulla Las Vegas Strip, dei film hollywoodiani di serie B, e della cosiddetta paraletteratura con i suoi tascabili da stazione, divisi tra gotico e romanzo rosa, tra biografie popolari e gialli, tra fantascienza e fantasy. I prodotti postmoderni non solo "citano" questi "testi" come avrebbero fatto Joyce o Mahler, ma li incorporano, ad un punto tale che ora risulta difficile tracciare una linea di demarcazione tra arte alta e arte commerciale.

Un'indicazione un po' diversa dell'eliminazione delle vecchie categorie di genere e discorso si trova nella cosiddetta teoria contemporanea. Per la generazione precedente si poteva ancora parlare di discorso tecnico della filosofia professionale (i grandi sistemi di Sartre o i fenomenologi, l'opera di Wittgenstein, la filosofia analitica o del linguaggio comune), accanto al quale era possibile distinguere il dibattito ben distinto delle altre discipline accademiche (scienze politiche, sociologia o la critica letteraria). Oggi, sempre di più, ci si trova davanti ad una scrittura definita semplicemente "teoria" che comprende allo stesso tempo tutte queste discipline o nessuna. Questo nuovo discorso, associato in genere alla Francia e per questo chiamato teoria francese, si sta diffondendo e segna la fine della filosofia così come la conosciamo. Per fare un esempio, l'opera di Michel Foucault è filosofia, storia, teoria sociale o scienza politica? Oggi tutti sostengono che sia impossibile stabilirlo, quindi io suggerirei di aggiungere anche il "discorso teorico" tra le manifestazioni postmoderne.

Vorrei aggiungere qualcosa a proposito dell'uso corretto di questo concetto: non si tratta solo dell'ennesima parola per definire un dato stile. Per quanto mi riguarda è un concetto che segna un periodo e la cui funzione va messa in relazione all'emergere di nuove caratteristiche formali nella cultura che vanno di pari passo con la diffusione di una società e di un ordine economico completamente nuovi (spesso definiti in modo eufemistico modernizzazione, società consumistica o postindustriale, società mediale, società dello spettacolo o capitalismo globalizzato). Questa nuova fase del capitalismo risale al boom del dopoguerra negli Stati Uniti tra la fine degli anni Quaranta e i primi anni Cinquanta o, in Francia, a partire dalla fondazione della *Cinquième République* nel 1958. Gli anni Sessanta sono un periodo di transizione, un periodo in cui, alla stesso tempo, s'instaura il cosiddetto Nuovo Ordine Mondiale (il neocolonialismo, la rivoluzione ecologica, l'informazione elettronica e la computerizzazione) e viene travolto e scosso dalle proprie contraddizioni interne e dalle resistenze esterne. Vorrei tracciare qui alcune delle modalità con cui il nuovo postmoderno esprime le verità insite nel nuovo ordine sociale che emerge nel tardo capitalismo, limitandomi esclusivamente alla descrizione di due caratteristiche fondamentali che chiamerò pastiche e schizofrenia. Questo ci permetterà di percepire la peculiarità dell'esperienza postmoderna rispettivamente di spazio e tempo.

Il *pastiche* è una delle caratteristiche o pratiche più significative del postmoderno. Innanzitutto, vorrei spiegare il significato di un termine che spesso si tende a confondere o assimilare a quel fenomeno verbale affine, conosciuto come parodia. Entrambi implicano l'imitazione o, ancor meglio, la mimica di altri stili, in particolare dei manierismi e degli scossoni stilistici. È abbastanza evidente che in genere la letteratura moderna offre un terreno fertile per la parodia, perché i grandi scrittori moderni sono stati identificati attraverso l'invenzione o la creazione di uno stile unico: per esempio le frasi lunghe di Faulkner o l'immaginario della natura in D.H. Lawrence; le particolari astrazioni di Wallace Stevens; il manierismo dei filosofi (si pensi ad Heidegger o Sartre) e lo stile di musicisti come Mahler o Prokofiev. Tutti questi stili, per quanto diversi l'uno dall'altro, hanno qualcosa in comune: sono inimitabili e inconfondibili.

La parodia sfrutta l'unicità di questi stili e ne coglie idiosincrasie ed eccentricità per produrre un'imitazione che ridicolizzi l'originale. Non oso dire che l'impulso satirico sia consapevole in ogni forma di parodia. In ogni caso, un bravo parodista deve nutrire una qualche segreta simpatia per l'originale, esattamente come una buon imitatore deve essere in grado di mettersi nei panni della persona imitata. Inoltre, l'effetto della parodia, che sia buona o maliziosa, è quello di mettere in luce la parte ridicola nell'essenza di questi manierismi stilistici, dei loro eccessi ed eccentricità, rispetto al parlato e alla scrittura comune. Rimane, pertanto, dietro ogni parodia la sensazione che ci sia una norma linguistica in contrasto con la quale gli stili dei grandi modernisti possono essere presi in giro.

Ma cosa accadrebbe se non si credesse più all'esistenza di un linguaggio normale, di un modo ordinario di parlare, di una norma discorsiva (quel genere di potere della chiarezza e della comunicazione osannato da Orwell nel suo celebre saggio, ad esempio)? Si potrebbe forse pensare che l'immensa frammentazione e privatizzazione della letteratura moderna – con il suo esplodere in una moltitudine di stili personali e manierismi – presagisca delle tendenze più profonde e generali nell'insieme della vita sociale. Se si suppone che l'arte moderna e il modernismo, ben lungi dall'essere una sorta di curiosità estetica specialistica, abbia davvero anticipato cambiamenti sociali su questa falsa riga; che per decenni, a partire dall'emergere dei grandi stili moderni, la società stessa abbia iniziato a frammentarsi in tal modo, ogni gruppo comincerà a parlare un personale linguaggio curioso, le professioni svilupperanno i propri codici o idiomi, e gli individui finalmente diventeranno una sorta di isola linguistica, separata da tutti gli altri? Ma, in tal caso, la reale possibilità di una norma discorsiva grazie alla quale è possibile prendere in giro linguaggi individuali e stili idiosincratici sparirebbe e resterebbe solo la diversità stilistica e l'eterogeneità.

Questo è il momento in cui emerge il pastiche e la parodia diviene impraticabile. Come la parodia, il pastiche è l'imitazione di uno stile peculiare e unico, è una soffocante maschera stilistica, un discorso fatto in una lingua morta, ma di questa mimica costituisce una pratica neutrale, senza nessuna delle motivazioni recondite della parodia, monca dell'impulso satirico, privo di comicità e della convinzione che accanto a una lingua anormale presa momentaneamente in prestito esista ancora una sana *normalità* linguistica. Il pastiche è dunque una parodia vuota, una parodia che ha perso il suo *sense of humour*: il pastiche sta alla parodia come quella cosa curiosa, la pratica attuale di ironia blanda, quella che Wayne Booth chiama la stabile e comica ironia del Settecento.

Occorre ora introdurre nel puzzle un altro pezzo per spiegare perché il modernismo classico fa parte del passato e perché il postmoderno avrebbe preso il suo posto. Questo nuovo elemento è generalmente chiamato "la morte del soggetto" o, per usare un linguaggio più convenzionale, la fine dell'individualismo in quanto tale. Come si è già detto, i grandi modernismi si basavano su uno stile personale, inconfondibile come le impronte digitali, unico come il proprio corpo. Questo significa che l'estetica modernista è in un certo senso legata in modo organico all'unicità del sé, a un'identità personalizzata e a un'individualità, una personalità unica in grado di generare una personale visione del mondo e forgiare uno stile inconfondibile.

Tuttora, da qualsiasi prospettiva la si guardi, sociologi, psicoanalisti, persino i linguisti, per non parlare di quelli di noi che si occupano di cultura e delle trasformazioni formali, stanno tutti esplorando l'idea che questo tipo di individualismo e identità personale faccia parte del passato; che l'antico soggetto individuale o individualista sia "morto". L'idea è che il concetto di individuo e le basi teoriche dell'individualismo possano essere ritenute ideologiche. Esistono due posizioni, una più radicale dell'altra. Una si accontenta di dire che nel periodo classico del capitalismo competitivo, nell'epoca d'oro del nucleo familiare e dell'apparizione della borghesia come classe sociale dominante, c'era questa cosa chiamata individualismo, il soggetto individuale. Oggi, nell'era del capitalismo corporativo, del cosiddetto uomo organizzatore, delle burocrazie che operano sia nell'economia sia nello Stato, dell'esplosione demografica, l'antico soggetto individuale borghese non esiste più.

L'altra, più radicale, è quella post-strutturalista. Non solo, secondo questa posizione, il soggetto individuale borghese non esiste più, si tratta ormai di un mito. *Non* è mai davvero esistito, non c'è mai stato un soggetto autonomo di questo tipo. Si tratta piuttosto un costrutto filosofico, di una mistificazione culturale che aveva il compito di persuadere dell'*esistenza* di un soggetto individuale e dell'identità individuale.

Non sarà qui necessario stabilire quale delle due posizioni sia corretta (o meglio, quale sia più interessante e produttiva). Quello su cui bisogna soffermarsi è il dilemma estetico: se l'esperienza e l'ideologia di un sé individuale, vale a dire i fondamenti della pratica stilistica del modernismo classico, sono superate, allora, non è affatto chiaro cosa dovrebbero fare artisti e scrittori contemporanei. L'unica certezza è che i modelli precedenti – Picasso, Proust, T. S. Eliot – non funzionano più (o di sicuro sono inoffensivi), dal momento che nessuno ha più un mondo e uno stile personale da esprimere. Non si tratta solo di un problema "psicologico". Bisogna tener conto del peso enorme di una tradizione fatta di settanta, ottant'anni di modernismo classico. Inoltre, un'altra ragione per cui artisti e scrittori non possono più inventare nuovi mondi e stili è che è stato già fatto: le combinazioni possibili sono limitate e i migliori sono già stati immaginati. Come ha detto Marx, in un altro contesto, il peso della tradizione estetica modernista, ormai defunta, "continua a pesare come un incubo sui viventi".

Ecco di nuovo il riapparire del pastiche. In un mondo in cui l'innovazione stilistica non è più ammissibile, non resta che imitare il passato scomparso, parlare attraverso una maschera, con le voci degli stili in un museo immaginario. Questo implica che l'arte contemporanea o postmoderna parli di sé, attraverso altre vie e, soprattutto, che il suo messaggio essenziale sia quello del fallimento necessario dell'arte e dell'estetica, il fallimento del nuovo e l'imprigionamento nel passato.

Tutto questo potrà sembrare molto astratto, quindi farò degli esempi. Uno di questi è così frequente da essere raramente ricollegato ai cambiamenti avvenuti nell'arte alta di cui si sta trattando. Questa particolare pratica di pastiche non si trova tanto nella cultura alta, quanto in quella di massa, ed è meglio conosciuta come "cinema della nostalgia" (quello che i francesi chiamano *mode rétro*). Questa categoria va concepita in modo ampio: non c'è dubbio che si tratti di film sul passato che trattano particolari periodi generazionali. La pellicola che inaugura questo "genere" (se di genere si può parlare) è *American Graffiti* di George Lucas, un film che nel 1973 tentava di ricreare l'atmosfera degli anni Cinquanta negli Stati Uniti, nell'era di Eisenhower. Il grandioso *Chinatown* di Polanski fa più o meno la stessa cosa nel confronti degli anni Trenta, così come fa Bertolucci per quanto riguarda lo stesso periodo nel contesto italiano ed europeo, durante il fascismo, ne *Il conformista*. Si potrebbe andare avanti a lungo; ma perché chiamiamo questo fenomeno pastiche? Perché non film storici, opere analizzabili molto più semplicemente come ispirate dai romanzi storici?

Ho ottime ragioni per pensare che siano necessarie nuove categorie per definire questi film. Per prima cosa vorrei far notare alcune anomalie: supponiamo che io includa *Star Wars* nel cinema della nostalgia. Che senso avrebbe? Credo si possa essere d'accordo sul fatto che non ci troviamo di fronte a un film storico sul nostro passato intergalattico. Per dirla diversamente, una delle esperienze culturali più importanti per la generazione cresciuta tra gli anni Trenta e Cinquanta è stato il serial televisivo in onda il sabato pomeriggio, Buck Rogers (perfidi alieni, supereroi americani, fanciulle in difficoltà, raggio mortale, kit per sopravvivere al giorno del giudizio, e la suspense finale fino al lieto fine per cui occorreva aspettare l'episodio successivo). *Star Wars* ha reinventato questa esperienza sotto forma di pastiche: cioè, non c'è ragione per fare una parodia di questi serial dal momento che si sono estinti. *Star Wars*, lungi dall'essere l'inutile satira di una forma scomparsa, ha soddisfatto un desiderio profondo (oserei dire represso) di riprovare la stessa esperienza. È un oggetto complesso, per mezzo del quale bambini e adolescenti vivono direttamente l'avventura, mentre il pubblico adulto soddisfa il desiderio profondo e più propriamente nostalgico di rivivere il passato attraverso i suoi bizzarri e vecchi manufatti estetici. Questo film è quindi *metonimicamente* un film storico o nostalgico: diversamente da *American Graffiti*, non scatta una fotografia del passato in tutta la sua vitalità, riproduce piuttosto la sensazione e la forma di alcuni oggetti d'arte caratteristici di un altro periodo (i telefilm), tentando di riaccendere il passato attraverso questi oggetti.

I predatori dell'arca perduta si trova a metà strada: in parte è un film *sugli* anni Trenta e Quaranta, ma in realtà trasporta quel periodo metonimicamente, attraverso le sue caratteristiche storie d'avventura (che non ci appartengono più).

C'è un'altra interessante anomalia di cui vorrei trattare per comprendere meglio il cinema della nostalgia in particolare e il pastiche più in generale. Ne fa parte *Brivido caldo* (1981), che la critica ha definito come un vago remake de *Il postino suona sempre due volte* o *La fiamma del peccato* (il plagio allusivo ed elusivo di vecchie sceneggiature è una caratteristica del pastiche). Tecnicamente *Brivido caldo* non rientra nel cinema della nostalgia, giacché è ambientato in un'odierna cittadina della Florida, nei pressi di Miami. Tuttavia, questa contemporanea tecnica è resa in modo ancor più ambiguo: i titoli di testa (sempre il nostro primo segno) in stile Art déco generano inevitabilmente una reazione nostalgica (rimandano subito a *Chinatown* e ad altri referenti storici). Anche lo stile del protagonista è ambiguo. William Hurt appartiene a una nuova generazione di *star*, dallo status completamente diverso rispetto a quello della precedente generazione di superstar maschili, come Steve McQueen o Jack Nicholson; è piuttosto un mix di allusioni a caratteristiche, generalmente legate alla figura di Clark Gable, associate a ruoli precedenti. Anche qui c'è una lieve sensazione di arcaicità. Lo spettatore si chiede perché una storia che poteva essere ambientata ovunque, sia stata girata proprio in una piccola cittadina della Florida, a dispetto della contemporaneità. Lentamente ci si accorge che l'ambientazione in una piccola città ha una funzione cruciale: consente alla macchina da presa di eludere i riferimenti associati alla realtà contemporanea, alla società consumistica con i suoi artefatti, le sue apparecchiature, i grattacieli e i segni del tardo capitalismo. Tecnicamente, tutto ciò che è presente sul set (le automobili, ad esempio) appartiene agli anni Ottanta, eppure tutto nel film contribuisce a sfocarne la contemporaneità ufficiale, a far sì che lo spettatore recepisca la vicenda in modo nostalgico, come se fosse una narrazione ambientata in una sorta di eterni anni Trenta, fuori dal tempo storico reale. Questa tendenza nostalgica, persino nei film ambientati nella contemporaneità, mi sembra sintomatica: come se, per qualche ragione, non fosse possibile focalizzarsi sul presente e ci fosse l'incapacità di modellare delle rappresentazioni della nostra attuale esperienza. Se davvero è così, ci troviamo di fronte a un'accusa allo stesso capitalismo o, almeno, a un sintomo preoccupante e patologico di una società incapace di gestire il tempo e la storia.

Torniamo quindi alla questione del perché il cinema della nostalgia (o pastiche) sia da considerare diverso dal romanzo o dal film storico. (Andrebbe qui inserito anche il più vistoso esempio letterario, il romanzo *Ragtime* di Edgard Laurence Doctorow, con la sua atmosfera *fin de siècle* e *Il lago delle strolaghe*, ambientato per lo più negli anni Trenta. Ma per me questi sono solo in apparenza dei romanzi storici, e Doctorow è un artista vero, uno dei pochi scrittori radicali e di sinistra attivi oggi. Non credo tuttavia di fargli torto se affermo che le sue storie non rappresentano tanto il passato, quanto idee e stereotipi culturali sul passato). La produzione culturale torna a essere inconscia, nel soggetto nomade: non può più rivolgere direttamente lo sguardo sul mondo reale e farne il suo punto di riferimento, ma, come nella caverna di Platone, deve tracciare la sua immagine mentale del mondo sulle sue pareti confinanti. L'unica forma di "realismo" possibile è quella che emerge dal trauma di venir fuori da questo confinamento e dalla presa di coscienza che, per qualche strana ragione, siamo condannati a cercare la nostra storia attraverso immagini pop e stereotipi su un passato, che resta comunque irraggiungibile.

Vorrei dedicarmi ora all'altra caratteristica fondamentale del postmoderno, cioè al suo particolare rapporto col tempo, che porta il nome di "testualità" o "écriture" , e qui mi tornano utili le teorie contemporanee sulla schizofrenia. Ci tengo a prevenire ogni possibile fraintendimento sull'uso che farò di questo termine: vuole essere descrittivo e non diagnostico. Naturalmente non penso neanche lontanamente che tra i più significativi artisti postmoderni – John Cage, John Ashbery, Philip Sollers, Robert Wilson, Ishmael Reed, Michael Snow, Andy Wahrol, persino Samuel Beckett – ci siano degli schizofrenici in senso clinico. La questione non riguarda neanche la diagnosi della nostra società e della nostra arte in termini di cultura-e-personalità: verrebbe da pensare che ci sono da dire cose molto più pericolose sul nostro sistema sociale di quelle rilevabili attraverso l'uso di una psicologia pop.

L'originalità di Lacan sta nell'aver descritto la schizofrenia essenzialmente come un disordine linguistico, ed averla legata all'insieme di nuove concezioni sul linguaggio in quanto legame fondamentale che mancava nella teoria freudiana sulla formazione della psiche matura. Transcodifica in linguaggio il complesso di Edipo, descrivendo la rivalità edipica non tanto nei termini dell'individuo biologico come rivale nel catturare l'attenzione della madre, quanto piuttosto di ciò che egli chiama il Nome-del-Padre, l'autorità paterna ormai considerata come funzione linguistica. Da questo deriva l'idea che la psicosi, e in particolare la schizofrenia emerge dall'incapacità del bambino di utilizzare correttamente il linguaggio.

Come per la linguistica, il modello utilizzato da Lacan è quello strutturalista ortodosso, basato su una concezione del segno linguistico a due (forse tre) componenti. Un segno, una parola, un testo è costituito da una relazione tra significante – un oggetto materiale, il suono di una parola o un testo scritto – e un significato, il *senso* del mondo o del testo materiale. Il terzo componente è il cosiddetto "referente", l'oggetto "reale" nel mondo "reale" a cui il segno fa riferimento – il gatto vero e proprio opposto al concetto o al suono della parola "gatto". In generale, nell'ambito dello strutturalismo c'era la tendenza a considerare il referente come un mito, che non si può più parlare di "reale" in senso esterno o oggettivo. Quindi restano il segno e i suoi due elementi. Mentre l'altra forza dello strutturalismo è quella di dissipare l'antico concetto del linguaggio inteso come strumento per assegnare un nome (es. Dio ha dotato Adamo della parola per poter dare un nome agli animali e ai fiori del giardino), che comporta una corrispondenza biunivoca tra significante e significato. Da un punto di vista strutturale, si avverte in maniera diretta che le frasi non funzionano così: non bisogna tradurre ogni significante o parola che compongono una frase nei loro significati secondo una corrispondenza biunivoca. Si legge, piuttosto l'intera frase, ed è attraverso l'interrelazione di parole e significanti che scaturisce il significato globale (d'ora in poi chiamato l'"effetto di senso"). Il significato, forse anche l'illusione o il miraggio del significato e del senso in generale, è un effetto prodotto dall'interrelazione di significanti materiali.

Questo ci pone in una condizione di arida schizofrenia come un'interruzione della relazione tra i significanti. Per Lacan l'esperienza della temporalità, del tempo umano, passato, presente, memoria, il persistere di un'identità nel corso dei mesi, degli anni – questa sensazione esistenziale o esperienziale del tempo stesso – anche questo è un effetto del linguaggio. Poiché il linguaggio ha un passato e un futuro e la frase si muove nel tempo noi riusciamo ad avere quello che ci sembra un'esperienza concreta o vivida del tempo. Ma, dal momento che la schizofrenia non conosce l'articolazione linguistica in questo modo, non ha neanche la nostra stessa esperienza della continuità temporale. È condannato a vivere un presente perpetuo con il quale i diversi momenti passati sono appena connessi e per il quale non esiste un futuro concepibile. In altre parole, l'esperienza schizofrenica è un esperienza isolata, disconnessa, discontinua del materiale significante che fallisce nel tentativo di creare una sequenza coerente. Lo schizofrenico, quindi, non riconosce l'identità individuale come la intendiamo noi, dal momento che la nostra sensazione di identità si regge sul nostro senso di persistenza dell'"io" e del "sé" nel tempo.

D'altra parte, lo schizofrenico ha un'esperienza molto più intensa del presente del mondo della nostra, proprio perché il nostro presente è sempre parte di un insieme più vasto di progetti che ci inducono selettivamente a focalizzare la nostra percezione. In pratica, noi non riceviamo semplicemente e globalmente il mondo esterno come una visione indifferenziata: siamo sempre concentrati sull'uso che intendiamo farne, scegliendo i percorsi da seguire, occupandosi di questo o quello. Lo schizofrenico, ciononostante, non è solo un "nessuno" nel senso di essere privo di un'identità personale: non può agire, dal momento che avere un progetto prevede la capacità di impegnarsi per un determinato periodo di tempo. Lo schizofrenico rinuncia, quindi, a una visione indifferenziata del mondo nel presente, un'esperienza affatto piacevole:

> *Mi ricordo chiaramente il giorno in cui questo accadde. Eravamo in villeggiatura ed ero andata come altre volte a passeggiare in campagna. D'un tratto udii cantare in tedesco dalla scuola davanti alla quale passavo; erano bambini a lezione di canto. Mi fermai ad ascoltare e in quell'istante un sentimento bizzarro si fece strada in me, un sentimento difficile da analizzare, ma che somigliava a tutti quelli che avrei provato più tardi: l'irrealtà. Mi sembrava di non riconoscere la scuola; era grande come una caserma e sembrava che i bambini fossero prigionieri obbligati a cantare. Era come se la scuola e il canto dei fanciulli fossero separati dal resto del mondo. In quel momento scorsi un campo di grano di cui non vedevo i limiti, e questa immensità dorata, luminosa sotto il sole, legata al canto dei bimbi- prigionieri nella scuola-caserma di pietra liscia mi diede una tale angoscia che cominciai a singhiozzare. Poi tornai di corsa nel nostro giardino e mi misi subito a giocare "cosicché le cose tornassero ad essere come ogni giorno", cioè per rientrare nella realtà. Fu la prima volta che percepii quegli elementi che più tardi sarebbero stati sempre presenti nel mio sentimento di irrealtà: lo spazio senza limiti, la luce abbagliante e la materia, liscia e nitida".* (Marguerite Séchehaye, *Autobiography of a Schizophrenic Girl*).

Si noti che con la rottura della continuità temporale, l'esperienza del presente diventa vivida e "tangibile": il mondo si pone dinanzi lo schizofrenico con un'intensità acuta, portando con sé una misteriosa e oppressiva carica di effetti, un'energia allucinatoria. Però, quella che può sembrare un'esperienza desiderabile – l'acuirsi delle capacità percettive, l'intensificarsi in modo inebriante e allucinogeno del nostro quotidiano e del contesto solito – viene in questo caso avvertito come una perdita, come "irrealtà".

Voglio sottolineare, tuttavia, proprio il modo in cui il significante isolato diviene ancora più materiale (o, meglio, persino *letterale*) ancor più vivido, sia l'esperienza piacevole o terrorizzante. La stessa cosa accade col linguaggio: ciò che la rottura schizofrenica del linguaggio fa alle singole parole che restano occultate è orientare di nuovo il soggetto e il discorso verso un'attenzione letterale nei confronti di queste parole. Normalmente, in un discorso, si cerca di vedere attraverso la materialità delle parole (il loro suono bizzarro o il loro aspetto grafico, il timbro della voce, gli accenti particolari, ecc.), attraverso il loro significato. Una volta perso il senso, la materialità delle parole diviene ossessiva, come nel caso dei bambini che ripetono continuamente una parola tanto da privarla del senso e farla diventare una cantilena incomprensibile. Per riconnetterci alla descrizione di prima, un significante che ha perso il suo significato è stato in tal modo trasformato in un'immagine.

Questa lunga digressione sulla schizofrenia ci permette di aggiungere una caratteristica difficile da trattare nella precedente descrizione: il tempo stesso. Occorre quindi spostare il discorso sul postmoderno dall'arte visiva a quella temporale – alla musica, alla poesia, e a un cero tipo di narrativa sul genere di Beckett. Chiunque abbia ascoltato John Cage avrà avuto un'esperienza simile a quella ricordata: frustrazione e disperazione. Il suono di un singolo accordo o nota seguiti da un silenzio così lungo che è impossibile ricordare l'accordo precedente, un silenzio che bandisce nell'oblio attraverso una nuova e bizzarra presenza sonora che finisce per sparire anch'essa. Quest'esperienza potrebbe essere rappresentata da numerose manifestazioni culturali contemporanee. Ho scelto il testo di un giovane poeta, in parte perché il suo "gruppo" o "scuola" – la cosiddetta *Language Poetry* – ha sperimentato in molti modi l'esperienza delle discontinuità temporale, qui descritta in termini di schizofrenia del linguaggio, ed è stata centrale nei loro esperimenti linguistici chiamati "New Sentence". Questo poema di Bob Perelman s'intitola *Cina* (fa parte della raccolta *Primer*, pubblicata dallaThis Press di Berkeley, California):

Viviamo nel terzo mondo a partire dal sole.
Numero tre. Nessuno ci dice cosa fare.
La gente che ci ha insegnato a contare è stata molto gentile.
È sempre tempo di partire.
Se piove, o hai il tuo ombrello o non ce l'hai.
Il vento ti porta via il capello.
Inoltre sorge il sole.
Preferirei che le stelle non ci descrivessero l'un l'altro;
preferirei che lo facessimo noi stessi.
Corri davanti alla tua ombra.
Una sorella che indica il cielo almeno ogni dieci anni è una
Buona sorella.
Il paesaggio è motorizzato.
Il treno ti porta dove va.
Ponti tra le acque.
Gente dispersa su vaste distese di cemento, dirigendosi verso l'aeroplano.
Non dimenticare cosa sembreranno il tuo capello e le tue scarpe quando
sarai introvabile.
Anche le parole che fluttuano nell'aria fanno ombre blu.

Se ha un buon sapore lo mangiamo.
Cadono le foglie. Indica le cose.
Cogli le cose giuste.
Ehi, sai cosa? Che? Ho imparato a parlare. Stupendo.
La persona dalla testa incompleta scoppiò in lacrime.
Mentre cadeva, che poteva fare la bambola? Niente.
Và a dormire.
Stai benissimo in pantaloncini. E anche la bandiera sta benissimo.
Le esplorazioni sono piaciute a tutti.
Ora di alzarsi.
Ma meglio abituarsi ai sogni.

Qualcuno potrebbe obiettare che non si tratta propriamente di scrittura schizofrenica in senso clinico; non sarebbe corretto dire che queste frasi sono materiale significante che fluttua liberamente il cui significato è evaporato. In fondo, un significato generale sembra esserci. Per quanto si tratti in modo curioso e segreto di un poema, cattura in parte l'eccitamento per l'immenso e incompiuto esperimento sociale che è la nuova Cina, senza pari nella storia: la comparsa inaspettata, tra due superpotenze, della "numero tre". La freschezza di un intero, nuovo mondo-materiale creato dagli esseri umani con un nuovo controllo sul loro destino collettivo. Soprattutto, il segnale dell'evento di una collettività diventata il nuovo "soggetto storico" e che, per la prima volta dopo la lunga soggezione al feudalesimo e all'imperialismo, parla per se stessa, con la propria voce. ("Ehi, sai che?... Ho imparato a parlare"). Eppure tale significato fluttua sopra o oltre il testo. È impossibile leggere questo testo secondo le categorie dell'antica scuola New Critical e trovare la complessa relazione interna e la struttura che ha caratterizzato l'antico "universale concreto" o il modernismo classico di Wallace Stevens.

L'opera di Perelman, e la *Language Poetry* in generale, devono molto a Gertrude Stein e a Gustave Flaubert. Mi sembra appropriato quindi inserire ora una descrizione di Flaubert fatta da Jean Paul Sartre che trasmette una sensazione vivida di questa tendenza:

La sua frase raggira l'oggetto, l'afferra, l'immobilizza, gli spezza
le reni, si chiude su di lui, si muta in pietra e si pietrifica con lui.
È un'entità cieca e sorda, senza arterie, senza un soffio di vita; un
silenzio profondo la separa dalla frase che segue: cade sempre nel
vuoto e trascina la sua preda caduta senza fine. Ogni realtà, una
volta descritta, viene cancellata dall'inventario.
(Jean Paul Sartre, Qu'est ce que la littérature?)

La descrizione è ostile e la vivacità di Perelman è storicamente diversa rispetto alla pratica omicida di Flaubert (Roland Barthes aveva rilevato una vena simile in Mallarmé: la frase, la parola sono un modo per uccidere il mondo esterno). Eppure comunica in parte il mistero delle frasi che finiscono in un vuoto silenzioso così grande che per un momento fa chiedere se può sopraggiungere una nuova frase al loro posto.

A questo punto occorre svelare il segreto di questo poema. È un pò come l'iperrealismo, che sembra un ritorno alla rappresentazione dopo l'astrazione anti-figurazione dell'Espressionismo Astratto, finché non si capisce che questi dipinti non sono realistici, non rappresentano il mondo esterno ma sono la fotografia di questo, in pratica la sua ennesima immagine. Un realismo fasullo, si tratta di arte sull'arte, l'immagine di un'immagine. Nel nostro caso, l'oggetto rappresentato non è davvero la Cina. In realtà, Perelman si è imbattuto in un libro di fotografie in un negozio di Chinatown, dove didascalie e caratteri erano lettere morte per lui (o bisognerebbe dire materiale significante?). Le frasi della poesia sono le *sue* didascalie per queste foto. I loro referenti sono altre immagini, un altro testo e "l'unità" della poesia non è *nel* testo, ma al di fuori nella compatta unità di un altro libro, assente.

In conclusione, vorrei provare a descrivere rapidamente la relazione tra la produzione culturale di questo tipo e la vita sociale contemporanea. È anche il caso di formulare la principale obiezione alle nozioni di postmoderno del tipo che ho schematizzato: in generale tutte le caratteristiche indicate non sono affatto nuove al modernismo vero e proprio o a quello che chiamo modernismo avanzato. Non è stato forse Thomas Mann a interessarsi all'idea di pastiche, e alcuni capitoli dell'*Ulisse* non sono la sua più ovvia realizzazione? Non sono stati fatti i nomi di Flaubert, Mallarmé e Gerturde Stein nella nostra descrizione della temporalità postmoderna? Dov'è la grossa novità? È proprio necessario il concetto di *postmoderno*?

La risposta a questa domanda finirebbe per sollevare l'intera questione della periodizzazione e di come lo storico (letterario o altro) possa porre una rottura radicale tra due periodi da ora distinti. Mi limiterò a suggerire che le rotture radicali tra periodi non comportano in genere cambiamenti totali nei contenuti quanto la ristrutturazione di un certo numero di elementi già presenti: caratteristiche che in un periodo o un sistema precedente erano subordinati ora acquisiscono importanza, e viceversa. Così, tutto quello che è stato descritto lo si può trovare nei periodi precedenti e in particolar modo nel modernismo. Il fatto è che finora queste erano caratteristiche secondarie o minori dell'arte modernista, erano marginali, la novità sta nel fatto che sono diventate la caratteristica centrale della produzione culturale.

Questo può essere argomentato più semplicemente a partire dal rapporto tra produzione culturale e società. Il modernismo classico era un movimento sovversivo; è apparso all'interno della società affaristica dell'età d'oro come scandalosa e offensiva per la classe media: era brutto, dissonante, *bohemien* e sessualmente disturbante. Era qualcosa di cui farsi beffa (quando la polizia non era chiamata per distruggere libri o chiudere mostre d'arte). Un'offesa al buon gusto e al senso comune o, come sostenuto da Freud e Marcuse, una sfida provocatoria alla realtà dominante e ai principi performativi della classe media all'inizio del Novecento. Il modernismo in generale non andava d'accordo con l'arredamento imbottito Vittoriano, con i moralismi e con le convenzioni di quella società perbenista. Questo per dire che qualsiasi contenuto politico esplicito del grande modernismo era sempre, in modo implicito, pericoloso, esplosivo, sovversivo per l'establishment.

Tornando improvvisamente al presente, è possibile misurare la grandezza dei cambiamenti culturali avvenuti. Non solo artisti come Picasso e Joyce hanno cessato di sembrare strani e repellenti, ora sono dei classici e sembrano piuttosto realistici. Mentre, sia nella forma sia nei contenuti dell'arte contemporanea, l'attuale società trova è davvero poco di intollerabile e scandaloso. Le forme più offensive dell'arte – il punk rock, o tutto il materiale sessualmente esplicito – sono facilmente accettate dalla società e ottengono successo commerciale in maniera non molto diversa dai migliori prodotti del vecchio modernismo. Questo significa che se anche l'arte contemporanea usa tutte le stesse caratteristiche formali dell'antico modernismo, la sua posizione è notevolmente mutata all'interno della nostra cultura. In primo luogo, la produzione delle merci – in particolare vestiti, mobili, edifici e altri manufatti – seguono oggi i cambiamenti stilistici provocati dalla sperimentazione artistica; la pubblicità, ad esempio, è alimentata dal postmoderno presente in tutte le arti ed è inconcepibile pensarla senza di esso. D'altro canto, i classici del modernismo evoluto fanno parte del cosiddetto canone e una volta svuotati del loro potere sovversivo sono insegnati nelle scuole e nelle università. In effetti, uno dei modi per segnare la rottura tra i periodi e datare la comparsa del postmoderno sta proprio in questo: nel momento (i primi anni Sessanta) in cui la posizione del modernismo e la sua estetica dominante è divenuta ufficiale nel mondo accademico ed ha quindi cominciato ad essere percepita come accademica da tutta una generazione di poeti, pittori e musicisti.

Tuttavia è possibile arrivare alla rottura seguendo un'altro percorso e descriverlo nei termini della recente vita sociale. Come ho già suggerito, marxisti e non sono giunti alla conclusione che a un certo punto, dopo la Seconda Guerra Mondiale, è apparso un nuovo tipo di società (chiamata società postindustriale, capitalismo globale, società consumistica, mediatica e via dicendo). Nuovi modelli di consumo, obsolescenza programmata, mode e stili che cambiano in modo sempre più rapido, l'invadenza della pubblicità, della televisione e dei media in generale presenti nella società a un livello senza precedenti, la periferia e la standardizzazione universale che sostituiscono la vecchia tensione tra città e campagna, centro e provincia; la crescita di grandi reti autostradali e la diffusione della cultura dell'automobile: queste sono alcune delle caratteristiche che sembrerebbero segnare un cambiamento radicale con la società anteguerra per la quale il modernismo era ancora un fenomeno underground.

Credo che la comparsa del postmoderno sia strettamente correlata all'emergere di questo momento di tardo capitalismo, consumistico o globale. Credo anche che le sue caratteristiche formali in molti modi esprimano la logica profonda di quel particolare sistema sociale. Posso solo, tuttavia, dimostrarlo attraverso uno dei maggiori temi: vale a dire, la scomparsa del senso della storia, il modo in cui tutto il nostro sistema sociale contemporaneo ha poco a poco cominciato a perdere la sua capacità di trattenere il proprio passato, cominciando a vivere un presente continuo e un continuo evolversi che distruggono le tradizioni che le precedenti formazioni sociali hanno cercato in un modo o nell'altro di preservare. Si pensi al collasso dell'informazione, a quanto sembrino oggi lontane figure come Nixon, e ancor di più, Kennedy. Si è tentati di dire che la reale funzione dell'informazione mediatica sia di relegare nel passato i fatti storici recenti il più rapidamente possibile. La funzione dell'informazione mediatica sarebbe quindi quella di aiutarci a dimenticare; i media hanno la funzione vera e propria di agenti e meccanismi della nostra amnesia storica.

Ma, nel caso delle due caratteristiche del postmoderno su cui mi sono soffermato – la realtà trasformata in immagini, la frammentazione del tempo in varie manifestazioni di un presente perpetuo – sono entrambe straordinariamente congrue in questo processo. L'unica conclusione per me possibile ha la forma di una domanda sul valore critico dell'arte più recente. Si è più o meno d'accordo sul fatto che l'antico modernismo aveva una funzione sovversiva nei confronti della società nei modi sopra descritti, critica, negativa, contestataria, sovversiva, ecc... Si può dire la stessa cosa del postmoderno e del suo momento sociale? Abbiamo capito che c'è un modo in cui il postmoderno replica, riproduce o rafforza la logica del capitalismo consumistico. La domanda più opportuna. dunque, è se esista anche un modo grazie al quale opporsi a questa logica. Ma questa è una domanda che dobbiamo lasciare aperta.

Jean Baudrillard (Reims, 1929 – Parigi, 2007), filosofo e sociologo francese tra i più importanti della cultura contemporanea, dapprima insegna tedesco e traduce Weiss e Brecht. Dal 1966 diventa assistente di Lefebvre all'Università di Paris-Nanterre: approfondisce così gli studi nel campo della teoria sociale, della semiologia e della psicoanalisi. Fondatore della rivista "Utopie" nel 1967, membro dell'Istituto di Ricerca e Informazione Socio-economica all'Università di Paris-IX (Dauphine) tra il 1986 e il 1990 e satrapo del Collegio Superiore di Patafisica dal 2001, negli ultimi anni di attività intellettuale abbandona ruoli accademici tradizionali per dedicarsi all'attività di scrittura e alla fotografia artistica.

La sua vasta riflessione sul sistema degli oggetti, contrassegnata da uno stile letterario creativo e imprevedibile, sconfina oltre i limiti disciplinari istituzionali alla ricerca di nuove strategie teoriche, e raccoglie contributi eterogenei che vanno dalla semiologia di Barthes alle prospettive antropologiche di Bataille e Mauss, dall'approccio analitico post-strutturalista alla patafisica di Jarry. L'universo della comunicazione massmediatica ha reso la realtà simulacro di se stessa, immagine ormai paradossalmente priva di referenzialità. Il principio della visibilità dell'informazione, definito in termini di iperrealtà e oscenità, avanza verso un processo di estinzione dell'illusione, in cui la rappresentazione del mondo si spoglia della matrice simbolica veicolata dal segno, per diventare spazio esclusivo della simulazione. La stessa soggettività è frammentata nella proliferazione dei prodotti delle nuove tecnologie comunicative.

Tra le opere tradotte in italiano: *Il sistema degli oggetti*, Bompiani 1972; *Lo scambio simbolico e la morte*, Feltrinelli 1979; *Le strategie fatali*, Feltrinelli 1984; *Guerra virtuale e guerra reale. Riflessioni sul conflitto del Golfo*, Mimesis 1991; *L'altro visto da sé*, Costa & Nolan 1992; *Il sogno della merce*, Lupetti 1994; *Illusione, disillusione estetiche. Il complotto dell'arte*, Pagine d'Arte 1999; (con J. Nouvel) *Architettura e nulla. Oggetti singolari*, Electa Mondadori 2003; *Patafisica e arte del vedere*, Giunti 2006; *Il patto di lucidità o l'intelligenza del male*, Raffaello Cortina Editore 2006; *Il sistema degli oggetti*, Bompiani 2006.

JEAN BAUDRILLARD

L'estasi della comunicazione

Non c'è più un sistema degli oggetti. Il mio primo libro contiene una critica dell'oggetto in quanto dato, sostanza, realtà, valore d'uso[1]. In quel caso l'oggetto era considerato come segno ancora gravido di senso. Con questa critica, invece, due tipi di logica interferiscono: una logica fantasmatica *che ha come riferimento principale la psicoanalisi – e le sue identificazioni, proiezioni e tutto l'immaginario del regno della trascendenza, potere e sessualità, con una preferenza nei confronti dell'asse casa/automobile (immanenza/trascendenza); e una* logica differenziale sociale *che distingueva con l'aiuto della sociologia e che trae origine dall'antropologia (il consumo come produzione di segni, differenzazione, status e prestigio). Dietro queste due logiche, in qualche modo descrittive e analitiche, c'è sempre stato il sogno di uno scambio simbolico, il sogno di uno status dell'oggetto e del consumo al di là dello scambio e dell'uso, al di là del valore e dell'equivalenza. In altre parole, una* logica sacrificale *del consumo, dono, spreco, potlach e della parte maledetta[2].*

In qualche modo, tutto questo esiste ancora, eppure da altri punti di vista scompare. La descrizione di questo universo intimo, proiettivo, immaginario e simbolico, corrisponde ancora a quello dello status dell'oggetto come specchio del soggetto, così come dell'immaginario profondo dello specchio e della "scena": una scena domestica, dell'interiorità, uno spazio-tempo privato (più o meno legato a uno spazio pubblico). Le contrapposizioni soggetto/oggetto e pubblico/privato erano ancora significative. Era il tempo della scoperta e dell'esplorazione della vita quotidiana, quest'altra scena che emerge all'ombra della storia, con la prima che acquisisce sempre maggiore investitura simbolica mano a mano che l'altra perde la sua investitura politica.

Oggi, non esistono più né scena né specchio, ma abbiamo invece uno schermo e una Rete. Al posto di una riflessiva trascendenza dello specchio e della scena, ci ritroviamo con una superficie non-riflessiva, una superficie immanente sulla quale si realizzano le operazioni, l'armoniosa superficie operativa della comunicazione.

Qualcosa è cambiato, e il periodo faustiano, prometeico (forse edipico) della produzione e del consumo apre la strada all'era *proteinica* delle Reti, all'era narcisistica e multiforme delle connessioni, del contatto, della contiguità, dei feedback e di un'interfaccia generica che va di pari passo con l'universo della comunicazione. A immagine della televisione, il più bell'oggetto prototipico di questa era nuova, tutto l'universo circostante e il nostro corpo si fanno schermo di controllo.

Noi non ci immedesimiamo più nei nostri oggetti con gli stessi affetti, gli stessi fantasmi di possesso, di perdita, di lutto, di gelosia: la dimensione psicologica si è attenuata e, anche se la si può sempre reperire nei particolari, la sensazione è che non sia davvero lì che si giochi la partita. Già Roland Barthes lo aveva segnalato a proposito dell'automobile: a una logica del possesso, della proiezione propria a una relazione soggettiva forte, si sostituisce una logica della "guida"[3]. Non più fantasie di potere, di velocità, di appropriazione legati all'oggetto in sé, ma una tattica potenziale legata al suo uso (padronanza, controllo e comando, resa ottimale dalla gamma di possibilità che l'automobile offre come vettore, e non più come santuario psicologico), e di conseguenza, trasformazione del soggetto in sé, che diventa elaboratore della guida, e non demiurgo ebbro di potenza. Il veicolo diventa una capsula, il cruscotto diventa una console e il paesaggio tutt'intorno si svolge come su uno schermo televisivo (al posto di un missile com'era prima).

Però possiamo concepire uno stadio successivo, in cui l'automobile è ancora elemento performativo: uno stadio in cui essa diventa network di informazione. È la celebre macchina giapponese che vi parla, che vi informa "spontaneamente" sul suo stato generale, e sul vostro (rifiutandosi naturalmente di funzionare se non state bene), è la macchina che consulta e delibera, partner in una negoziazione generale del modo di vita, qualcosa (o qualcuno: a questo stadio non c'è più differenza) su cui voi siete *inserito*, la posta in gioco fondamentale diventa la comunicazione con la macchina, un test continuo della presenza del soggetto ai suoi oggetti, interfaccia interrotta.

Facile capire che da questo momento, non sono più la velocità o lo spostamento che contano, e neppure la proiezione inconscia, la competizione, il prestigio. Già da tempo, del resto, si è cominciato a desacralizzare l'automobile in questo senso ("Basta con la velocità!", "Mi sposto di più, consumo di meno!"). È piuttosto un ideale ecologico che si instaura, di regolamentazione, di funzionalità ben temperata, di solidarietà fra tutti gli elementi di uno stesso sistema, di controllo e di gestione globale di un insieme. Ogni sistema (ivi compreso l'universo domestico) forma una sorta di nicchia ecologica, di fondale relazionale in cui tutti i termini si devono tenere in continuo contatto, informati della loro rispettiva condizione e di quella dell'intero sistema, perché il cedimento di un singolo termine può portare alla catastrofe[4].

Telematica privata: ognuno si vede promosso al comando di una macchina ipotetica, isolato in posizione di perfetta sovranità, a distanza infinita dal suo universo originale, cioè nella posizione esatta di un cosmonauta nella sua capsula, in uno stato di assenza di gravità che lo costringe a un eterno volo orbitale e a mantenere nel vuoto una velocità sufficiente ad evitargli di schiantarsi sul suo pianeta di origine.

Questa realizzazione di un satellite orbitale nell'universo quotidiano corrisponde alla satellizzazione del reale, quella che io chiamo "iperrealismo della simulazione"[5]: all'elevazione dell'universo domestico alla metafora spaziale, con la messa in orbita di un due-vani-cucina-servizi nell'ultimo modulo lunare, e quindi alla satellizzazione dello stesso reale. La quotidianità dell'habitat terrestre ipostatizzata nello spazio è la fine della metafisica. Ora comincia l'era dell'iperrealtà. Voglio dire: quello che si proiettava qui mentalmente, quello che si viveva nell'habitat terrestre come metafora è ormai proiettato, senza alcuna metafora, nello spazio assoluto che è anche quello della simulazione.

Si tratta solo di un esempio, ma implica un passaggio totale nell'orbita, in quanto modello orbitale e ambientale, della nostra stessa sfera privata. Essa stessa non è più una scena in cui si recita una drammaturgia del soggetto alle prese con i suoi oggetti come con la sua immagine. Noi, che controlliamo un micro-satellite, in orbita, non esistiamo più al suo interno nelle vesti di drammaturgo o di attore, ma come terminale di reti multiple. La televisione ne è la prefigurazione più diretta, ma è lo spazio stesso di abitazione che oggi è concepito come spazio di ricezione e di operazione, come schermo di comando, terminale dotato di potenza telematica, cioè della possibilità di regolare tutto a distanza, ivi compreso il processo di lavoro nelle prospettive di lavoro telematico a domicilio, e ovviamente il consumo, il gioco, le relazioni sociali, il tempo libero. Si potranno concepire dei simulatori di tempo libero o di vacanze, così come esistono simulatori di volo per i piloti di aereo.

Ecco, ora siamo lontani dal salotto e vicini alla fantascienza. Ma ancora una volta dobbiamo capire che tutte queste mutazioni decisive degli oggetti dell'ambiente sono sorte da una tendenza irreversibile verso tre cose: una maggiore astrazione formale e operativa degli elementi e delle funzioni; la loro omogeneizzazione in un solo processo virtuale di funzionalizzazione; al passaggio delle gestualità e degli sforzi del corpo dentro comandi elettrici e e la miniaturizzazione, nel tempo e nello spazio, di processi la cui scena reale (sebbene non sia più una scena) diventa quella della memoria infinitesimale e dello schermo di cui sono equipaggiati.

Qui del resto sta il nostro problema, nella misura in cui questa "encefalizzazione" elettronica, questa miniaturizzazione dei circuiti di energia, questa transistorizzazione dell'ambiente fanno diventare inutile, desueto e quasi osceno, tutto ciò che costituiva la scena della nostra vita. Si sa che la semplice presenza della televisione cambia l'habitat in una sorta di arcaico involucro, una traccia di relazioni umane la cui sopravvivenza lascia perplessi. Dal momento in cui questa scena non è più infestata dai suoi attori e dalle loro fantasie, dal momento i cui i comportamenti si focalizzano su certi schermi o terminali operativi, ciò che rimane finisce per apparire come un grande corpo inutile, abbandonato e condannato. È lo stesso reale ad apparirci come un grande corpo inutile.

Questa è l'età della miniaturizzazione, del telecomando e della microprocessione del tempo, dei corpi, del piacere. Su scala umana non c'è più un principio reale di queste cose. Ormai restano solo gli effetti miniaturizzati, concentrati, immediatamente disponibili. Questo cambiamento di scala dalla dimensione umana al sistema di matrici nucleari è visibile ovunque: questo corpo, il nostro corpo, appare ormai come superfluo nella sua estensione, nella molteplicità e complessità dei suoi organi, dei suoi tessuti, delle sue funzioni, dato che oggi tutto si concentra nel cervello e nelle formule genetiche che da soli riassumono la definizione operativa dell'essere. La campagna, l'immensa campagna geografica, sembra un corpo desertico la cui estensione stessa è priva di necessità (e addirittura ci si annoia ad attraversare quando si lascia l'autostrada), dato che tutti gli avvenimenti accadono nelle città, a loro volta in via di riduzione a pochi centri miniaturizzati. E il tempo: che dire di tutto questo tempo libero che ci viene lasciato, una dimensione ormai inutile nel suo svolgersi dal momento in cui l'istantaneità della comunicazione ha miniaturizzato i nostri scambi in una successione di istanti?

***

Quindi, il corpo come scena, il paesaggio come scena, il tempo come scena scompaiono progressivamente. Lo stesso avviene per lo spazio pubblico: il teatro del sociale, il teatro del politico si riducono sempre di più a un grande corpo molle con molte teste. La nuova versione della pubblicità non è più lo scenario barocco, utopico, estatico degli oggetti e del consumo, ma l'effetto di una onnipresente visibilità delle imprese, del brand, degli interlocutori e delle virtù sociali della comunicazione. La nuova pubblicità invade tutto a mano a mano che scompare lo spazio pubblico (le strade, i monumenti, i mercati, la scena). La nuova pubblicità si realizza o, se si preferisce, si materializza in tutta la sua oscenità: monopolizza la vita pubblica in tutte le sue manifestazioni. Non essendo più limitata dal suo linguaggio tradizionale, la pubblicità preordina l'architettura e la realizzazione di super-oggetti come il Beaubourg, le Halles o il Parc de la Villette, che sono dei monumenti (o antimonumenti) pubblicitari, non perché siano attrezzati per il consumo, ma perché si propongono nell'immediato come dimostrazione di un'operazione culturale, merce, movimento sociale, flusso di massa. Ecco la nostra architettura odierna: grandi schermi su cui si riflettono gli atomi, le particelle, le molecole in movimento. Non una scena pubblica o un vero spazio pubblico, ma dei giganteschi spazi di circolazione, ventilazione, connessioni effimere.

* * *

Lo stesso avviene con lo spazio privato. In maniera discreta, la sua scomparsa è contemporanea a quella dello spazio pubblico. Il primo non è non è più un segreto, il secondo non è più uno spettacolo. L'opposizione che li distingueva, interno ed esterno, che appunto descrivevano la *scena* domestica degli oggetti e quella di uno spazio simbolico del soggetto, si è annullata a favore di una *doppia oscenità* attraverso la quale le dinamiche più intime della nostra vita vengono virtualmente date in pasto ai media (ad esempio, *An American Family*, la serie televisiva non-stop sulla famiglia Loud negli Usa, gli innumerevoli programmi programmi patriarcali o sulla vita agreste alla televisione francese). Al contrario, l'intero universo si presenta arbitrariamente sul vostro schermo domestico (tutta informazione inutile, una microscopica pornografia dell'universo, eccessiva, proprio come i piani ravvicinati in un film porno): tutto questo fa esplodere la scena un tempo protetta da una distanza minima tra pubblico e privato, quella scena che veniva rappresentata in uno spazio limitato, secondo un rituale segreto conosciuto soltanto dagli attori.

Certamente, questo universo privato era alienante nella misura in cui vi separava dagli altri, dal mondo, nella misura in cui funzionava come cinta protettrice, protettore immaginario, un sistema di difesa. Ma raccoglieva anche i benefici simbolici dell'alienazione, sapere che l'Altro esiste e che l'alterità ci può ingannare nella buona e nella cattiva sorte. Così la società dei consumi è stata vissuta anche sotto il segno dell'alienazione, come società dello spettacolo[6]. Ma appunto, se c'è alienazione c'è spettacolo, azione, scena. Non si tratta di oscenità, lo spettacolo non è mai osceno. L'oscenità comincia proprio quando non c'è più spettacolo, non c'è più scena, quando tutto diventa di una visibilità trasparente e immediata, quando tutto è sottoposto alla luce cruda e inesorabile dell'informazione e della comunicazione.

Non facciamo più parte del dramma dell'alienazione, viviamo nell'estasi della comunicazione. E questa estasi è oscena. Osceno è tutto ciò che elimina qualsiasi specchio, qualsiasi sguardo, qualsiasi immagine. Osceno è ciò che mette fine a qualunque rappresentazione. Non è solo il sessuale a diventare osceno nella pornografia; oggi abbiamo tutta una pornografia dell'informazione e della comunicazione, vale a dire, dei circuiti e delle reti, una pornografia della leggibilità delle funzioni e degli oggetti, della loro fluidità, della loro disponibilità, della loro regolamentazione, della loro significazione forzata, della loro performatività, dei loro collegamenti, della loro polivalenza, della loro libera espressione...

Non si tratta più dunque dell'oscenità tradizionale di ciò che è nascosto, rimosso, proibito oppure oscurato, si tratta invece dell'oscenità del visibile, del troppo visibile, del più visibile del visibile. È l'oscenità di ciò che non ha più segreti, di ciò che si dissolve del tutto nell'informazione e nella comunicazione.

Già Marx denunciava l'oscenità della merce, legata al principio della sua equivalenza, al principio abietto della libera circolazione al di là del valore d'uso dell'oggetto. L'oscenità della merce dipende dal fatto che è astratta, formale e leggera, rispetto alla pesantezza, all'opacità, alla sostanza dell'oggetto. La merce è leggibile: messa a confronto con l'oggetto, che non rivela mai completamente il suo segreto, la merce manifesta sempre la sua essenza visibile, che è anche il suo prezzo. È il luogo formale della trascrizione di tutti gli oggetti possibili: attraverso di lei, gli oggetti comunicano. Quindi, la forma merce è il primo grande medium del mondo moderno. Ma il messaggio che gli oggetti le affidano è estremamente semplificato, ed è sempre lo stesso, è il valore di scambio. Quindi, alla fine, il messaggio già non esiste più, è il medium che si impone nella sua circolazione pura. Questo è quanto io (potenzialmente) definisco estasi.

Bisogna solo prolungare questa analisi marxista, oppure spingerla verso la seconda o terza struttura di potere, afferrando la trasparenza e l'oscenità dell'universo della comunicazione, che va molto al di là di quelle analisi relative all'universo della merce. Tutte le funzioni sono abolite a favore di una singola dimensione, quella della comunicazione. Ecco l'estasi della comunicazione. Qualsiasi segreto, spazio e scena lasciano il campo a una singola dimensione dell'informazione. Questa è oscenità.

***

L'oscenità calda e sessuale viene sostituita dall'oscenità fredda e comunicazionale, l'odierna oscenità motivazionale e del contatto. La prima implicava una forma di promiscuità, ma era di tipo organico, come le viscere del corpo umano, o come oggetti ammassati, accumulati nell'universo privato, o come tutto ciò che resta non detto e brulica nel silenzio della rimozione. A differenza di questa promiscuità organica, viscerale, carnale, la promiscuità che regna sui network di comunicazione è quella di una saturazione superficiale, di una sollecitazione incessante, di uno sterminio degli spazi interstiziali e protettivi. Sollevo la cornetta del telefono e tutta la rete marginale mi cattura, mi assilla con l'insopportabile buona fede di tutte le cose che vogliono e pretendono comunicare. Le radio libere: dove si parla, si canta, ci si esprime. Benissimo, ecco un'oscenità in completa sintonia con il proprio contenuto. Ma in termini legermenti diversi a seconda del medium, il risultato è questo: uno spazio, quello della banda FM, viene saturato, le stazioni vi si sovrappongono ad un punto tale che a volte non comunicano più. Qualcosa che era libero in virtù di uno spazio non lo è più. Forse la parola è libera, ma io non lo sono più: nonriesco più a capire quello che voglio, tanto lo spazio è saturo, tanto è forte la pressione da parte di chiunque voglia farsi sentire.

Cado nell'estasi negativa della radio.

C'è un effetto di fascinazione e vertigine legato a questo osceno delirio di comunicazione. Forse una particolare forma di piacere, ma aleatoria, e vertiginosa. Se seguiamo Roger Caillois[7] nella sua classificazione dei giochi – giochi di ruolo (*mimicry, simulacre*), giochi di competizione (*agon, compétition*), giochi d'azzardo (*alea, chance*), giochi di vertigine (*ilinx, vertige*) – allora la tendenza di tutta la nostra "cultura" contemporanea ci porterebbe da una relativa scomparsa delle prime due forme di ruolo e di competizione (come abbiamo osservato a livello degli oggetti) a vantaggio delle forme di rischio e di vertigine. Le seconde non implicano più giochi di scena, di specchio, di sfida o di dualismo: sono piuttosto estatiche, solitarie, narcisistiche. Il piacere non deriva più dalla manifestazione scenica o estetica, ma dalla pura fascinazione, aleatoria e psicotropica. Ciò non implica necessariamente un giudizio di valore negativo, indubbiamente ci troviamo davanti a una mutazione profonda e originale delle forme di percezione e di piacere. Ne stiamo valutando le conseguenze solo in minima parte. Applicando i nostri vecchi criteri e i riflessi di una sensibilità "scenica", rischiamo di sottovalutare l'irruzione, in questa sfera sensoriale, di una forma nuova, estatica e oscena.

Una cosa è certa: se la scena ci eccita, l'osceno ci affascina. Ma con la fascinazione e con l'estasi scompare la passione. Coinvolgimento, desiderio, passione, seduzione, o ancora, secondo Caillois, espressione e competizione... questi sono i giochi dell'universo caldo. Estasi, fascinazione, oscenità, comunicazione, o ancora, sempre secondo Caillois, rischio, caso e vertigine... questi sono i giochi dell'universo *cool* (anche la vertigine è fredda, quella delle droghe psichedeliche in particolare).

* * *

Ad ogni modo, questo nuovo stato di cose ci farà soffrire, questa estroversione forzata di ogni interiorità, di questa introiezione forzata di ogni esteriorità che l'imperativo categorico della comunicazione significa. Forse è utile usare qui alcune metafore derivate dalla patologia. Se l'isteria era la patologia dell'eccessiva messa in scena del soggetto, della conversione teatrale e lirica del corpo, se la paranoia era la patologia dell'organizzazione, della strutturazione di un mondo rigido e geloso, noi ci ritroviamo in una nuova forma di schizofrenia con la promiscuità immanente dell'eterna connessione di tutte le reti nella comunicazione e nell'informazione. Non più isteria, non più paranoia proiettiva, per essere precisi, ma una condizione di terrore caratteristica dello schizofrenico: nulla riesce a proteggerlo, la prossimità eccessiva di ogni cosa, l'infetta promiscuità di qualsiasi cosa tocca, investe e penetra senza alcuna resistenza, senza la minima protezione del privato, neppure del proprio corpo.

Lo schizofrenico è disposto a tutto contro la sua volontà, privo di ogni scena, vive nella più grande confusione. È la l'oscena preda dell'oscenità del mondo. Ciò che lo caratterizza non è tanto la perdita del reale, gli anni luce di estraniamento dal reale, il pathos della distanza e della separazione radicale, come si dice abitualmente; ma è piuttosto il contrario, questa prossimità assoluta, l'istantaneità totale delle cose, il sentirsi indifesi, senza via di fuga. È la fine dell'interiorità e dell'intimità, la sovraesposizione alla trasparenza del mondo che lo attraversa senza ostacoli. Egli non riesce più a produrre i limiti del proprio essere, non può agire, non può mettersi in scena, non può più essere specchio. Ora diventa puro schermo, un interruttore di tutte le reti di influenza.

1. J. Baudrillard, *Il sistema degli oggetti*, Bompiani, Milano 1972

2. Qui Baudrillard fa riferimento alla teoria di Marcel Mauss dello scambio di doni e alla nozione di George Bataille di *dépense*. La "parte maledetta" nella teoria di quest'ultimo si riferisce a tutto ciò che resta al di fuori dell'economia di scambio razionalizzata della società. Si veda Bataille *La Part Maudit* (Editions de Minuits, Parigi 1949). La concezione dello scambio simbolico di Baudrillard, come forma di interazione che si trova al di fuori della moderna società occidentale e che pertanto "caccia come la sua stessa morte" è stata sviluppata nel suo *Lo scambio simbolico e la morte*

3. Si veda Roland Barthes "La nuova Citroën" in *Miti d'oggi*, Einaudi, Torino 1978

4. Vanno fatte due osservazioni: primo, questo non è dovuto solo al passaggio, comunque lo si voglia chiamare, da una società dell'abbondanza e del superfluo a una società in crisi e povera (le ragioni economiche non sono mai state così rilevanti). Esattamente come l'effetto del consumo non si è accompagnato al valore d'uso delle cose, né alla loro abbondanza, ma proprio al passaggio dal valore d'uso al valore del segno, così c'è qualcosa di nuovo che non si lega alla fine dell'abbondanza. L'altra cosa è che tutto questo non significa che l'universo domestico (la casa, i suoi oggetti, ecc) non è più vissuto in modo tradizionale: sociale, psicologico, differenziale, ecc. Al contrario significa che sono cambiati gli schemi, che le regole seguono altre disposizioni o modi di vita, anche se questo è indicato esclusivamente da un discorso tecno-logistico, che spesso è solo un gadget politico. Tuttavia, è cruciale che l'analisi degli oggetti e dei sistemi che si potevano fare negli anni Sessanta e Settanta, comincia essenzialmente con il linguaggio pubblicitario e il discorso pseudoconcettuale dello specialista. Il "consumo", la "strategia del desiderio", e via dicendo erano inizialmente solo un meta discorso, l'analisi di un mito proiettivo di cui nessuno ha mai conosciuto l'incidenza reale. Non si è più informati della relazione tra persone e oggetti di quanto lo si è in merito alle società primitive. Ecco perché è spesso difficile e inutile voler verificare (in modo statistico o oggettivo) queste ipotesi, in quanto bisognerebbe saperlo fare come un bravo sociologo. Come è noto, il linguaggio della pubblicità è prima di tutto usato dai pubblicitari. Non c'è niente che indichi che il discorso contemporaneo sulla scienza informatica e la comunicazione non sia a uso esclusivo dei professionisti del settore. (Lo stesso vale per intellettuali, sociologi...)

5. Per un approfondimento su questo, si veda il saggio di Baudrillard "La precessione dei simulacri", in *Simulacri e impostura,* Cappelli, Bologna 1980

6. Si riferisce a Guy Debord, *La società dello spettacolo*, Buchet-Chastel 1967

7. Roger Callois, *I giochi e gli uomini*, Bompiani, Milano 2000

Una versione parziale di questo saggio è stata pubblicata nella traduzione italiana di *L'Autre par lui-même*, 1987; *L'altro visto da sé*, Costa & Nolan, Genova 1992 (trad. di Maria Teresa Carbone).

Edward W. Said (Gerusalemme, 1 novembre 1935 – New York, 24 settembre 2003) è stato uno scrittore palestinese naturalizzato negli USA, anglista, critico letterario e docente di Inglese e Letterature comparate alla Columbia University. Said nacque a Gerusalemme (allora parte del mandato britannico in Palestina) da una famiglia araba di religione cristiana. La storica e scrittrice Rosemarie Said Zahlan era sua sorella. Said visse tra il Cairo e Gerusalemme fino all'età di 12 anni e, nel 1947 frequentò la Anglican St. George's Academy di Gerusalemme. Influenzato dalla critica radicale all'umanesimo occidentale di Michel Focault, Edward Said è particolarmente conosciuto per la sua critica al concetto di "Orientalismo", che suggerisce una nuova metodologia di studio sul colonialismo: un modo di pensare il cosiddetto Oriente da parte degli studiosi occidentali costituito da un insieme di concezioni false e stereotipate. Concezioni dovute ad una visione del mondo di tipo eurocentrica, che ha come naturali conseguenze la creazione di opposizioni binarie fra ciò che è europeo e ciò che non lo è, al fine di creare un concetto di alterità e di ossessiva diversità nei confronti di tutto ciò che non è "occidentale". Yasser Arafat, dal quale Said si era distanziato dopo la firma degli Accordi di Oslo nel 1993, fa vietare i suoi libri. Tra i suoi titoli più importanti: *Orientalism*, New York, Pantheon Books, 1978 [trad. italiana: *Orientalismo. L'immagine europea dell'Oriente*, Feltrinelli, Milano 2013; dalla prima alla sesta edizione, Torino, Bollati Boringhieri, 1991]; *La questione palestinese*, Roma, Gamberetti Editrice, 1995; *Umanesimo e critica democratica*, Milano, Il Saggiatore, 2007. Il saggio qui pubblicato è stato scritto per la rivista "Critical Enquiry" n.9 (settembre 1982), University of Chicago Press.

EDWARD W. SAID

Pubblico, confronto, membri e comunità

Chi scrive? Per chi si è scritto? In quali circostanze? Si tratta di domande le cui risposte, a nostro avviso, forniscono le componenti indispensabili per costruire una politica dell'interpretazione. Se tuttavia non ci si vuole limitare ad avanzare risposte astratte e stereotipate è necessario intraprendere uno sforzo per chiarire perché le questioni in gioco abbiano una specifica rilevanza rispetto al presente. Per iniziare, è opportuno sottolineare come l'aspetto più impressionante del periodo che attraversiamo – almeno per un "umanista", una definizione nei confronti della quale nutro sentimenti ambivalenti, di attrazione e repulsione – è che si tratta senza dubbio dell'Epoca di Ronald Reagan. È necessario tenerne conto, assumendolo come elemento di contesto e di sfondo nel quale collocare le politiche culturali e interpretative.

Non vorrei suscitare equivoci, dando l'impressione di sostenere che la situazione culturale che vado a descrivere sia dovuta a Ronald Reagan, tipica del reaganismo o in qualche modo sia riferibile e ascrivibile alla personalità del presidente statunitense. Ciò che intendo affermare è che una particolare situazione venutasi a creare nell'ambito della cosiddetta "critica" non è semplicemente correlata ma costituisce parte integrante degli atteggiamenti e dei modi di pensare correnti nell'Epoca Reagan. Inoltre, sempre a mio parere, nella "critica" e negli studi accademici letterari di impronta tradizionale si sarebbero prodotti nel corso del tempo una serie di sviluppi di cui il reaganismo appare come un punto di arrivo. Questi, grosso modo, sono gli elementi del discorso a sostegno della mia tesi.

Chiariamo alcuni punti. Sono del tutto consapevole di come ogni tentativo di tracciare un profilo del clima culturale del nostro tempo possa apparire velleitario se non addirittura scarsamente professionale. Ma, secondo me, un simile atteggiamento è in quanto tale sintomatico della fase culturale nella quale il contesto sociale e storico dell'attività critica viene visto come una totalità caratterizzata in modo ottimistico (libera, apolitica, seria), non concettualizzabile in senso complessivo (troppo complessa per essere sintetizzata in termini generali e tendenziosi) e collocata in qualche modo fuori dalla storia. Quindi a me sembra, invece, uscendo dalla critica più ristrettivamente intesa che valga la pena di tentare, proprio una generalizzazione del genere, un ritratto politico del genere, quel genere di panoramica che secondo la cultura dominante del presente è non solo inappropriata ma anche condannata, fin dall'inizio, al fallimento.

Sono convinto che la sfera culturale operi in maniera esplicita per rendere invisibile e persino "impossibile" la *dipendenza* che esiste fra il mondo delle idee e della ricerca intellettuale da una parte, e quello della politica, dei poteri forti statali o corporativi e della potenza militare dall'altra. Il culto della consulenza e della professionalità, per esempio, ha così ristretto le prospettive che si è affermata una teoria positiva (e non implicita e passiva) della non interferenza fra i campi. Secondo tale dottrina, è meglio che il pubblico di massa sia lasciato nell'ignoranza, mentre le principali questioni politiche riguardanti l'esistenza umana dovrebbero essere affidate agli "esperti", specialisti che si pronunciano solo a proposito delle loro specifiche competenze, e agli "insider" – termine usato da Walter Lippmann in *Public Opinion* e *The Phantom Public* –, ossia coloro (solitamente uomini) dotati dello speciale privilegio di sapere come vanno veramente le cose e, soprattutto, di essere vicini al potere[1].

In generale, la cultura umanistica ha accettato un tacito compromesso con questa prospettiva antidemocratica. Il fatto è decisamente grave in quanto, sia per la loro formulazione sia per le pratiche concrete che hanno sostenuto, un'impostazione politica del genere può difficilmente essere considerata come intesa alla promozione degli interessi della comunità. In un mondo caratterizzato da una crescente interdipendenza e consapevolezza politica, appare forzato e allo stesso tempo pericoloso accettare l'idea, ad esempio, che le nazioni possano essere semplicemente classificate come filosovietiche oppure filoamericane. Eppure questo schema – e la ricomparsa di motivi e sintomi tipici della Guerra Fredda (analizzati da Noam Chomsky in *Toward a New Cold War*) – egemonizza le discussioni sulla politica estera. Nella cultura umanistica non sembrano rintracciabili antidoti efficaci contro una simile deriva, e pochi umanisti sembrano avere qualcosa da dire a proposito dei problemi che emergono con tutta la loro drammaticità da *North-South: A Programme for Survival*, il rapporto del 1980 della Indipendent Commission on International Development. L'attuale discorso politico deve infatti fare i conti con ingombranti astrazioni quali terrorismo, comunismo, fondamentalismo islamico, instabilità, moderazione, libertà, stabilità, alleanza strategica, alla cui vaghezza corrisponde una potente operatività. È quasi impossibile impegnarsi in una riflessione sulla società che abbia allo stesso tempo un carattere globale (come quella sviluppata da Richard Falk in *A Global Approach to National Policy*, 1975) e riesca a porsi a livello della vita quotidiana. Come dimostra Philip Green in *The Pursuit of Inequality* (1981), concetti come quelli di eguaglianza e *welfare* sono stati letteralmente espulsi dal paesaggio intellettuale. Il reaganismo, da parte sua, propone una rappresentazione brutalmente darwiniana dell'iniziativa individuale e della promozione individuale, a livello di politica interna ma anche internazionale, come immagine adeguata di un mondo governato dalla cosiddetta "produttività" della "libera impresa".

Se a ciò aggiungiamo che le idee progressiste e la sinistra versano in una condizione di disarmo intellettuale, le prospettive non appaiono affatto positive. A fronte della sfida posta dall'egemonia intellettuale conservatrice, però, il problema che si pone non è come "coltivare il proprio giardino" nonostante essa, ma come costruire una prospettiva in grado di permetterci di uscire dall'impasse. Quello che proporremo, quindi, è un tentativo rudimentale di muoversi in quel senso, scontando l'inevitabile tasso di incompletezza, approssimazione, generalizzazione e schematismo. Il proposito sarà quello di proporre un modo alternativo di vedere il lavoro intellettuale, a partire tuttavia dalla consapevolezza di come l'impegno che si prospetta possa essere elaborato solo collettivamente e in differenti ambiti di studio.

Il fatto che io ricorra a termini come "costituente", "pubblico", "opposizione" e "comunità" serve a ricordare che nessuno scrive semplicemente per se stesso. C'è sempre un Altro, e questo Altro (che lo voglia o meno) trasforma l'interpretazione in pratica sociale, spesso con conseguenze, pubblici e costituenti non previste. Si potrebbe anche aggiungere che l'interpretazione costituisce il fulcro dell'attività degli intellettuali, una categoria che senza dubbio oggi necessita di una riabilitazione morale e di una ridefinizione sociale. La problematica con cui deve necessariamente fare i conti la ricerca, per gli umanisti non meno che per gli scienziati sociali, riguarda lo statuto dell'*informazione* come componente del sapere: il suo statuto socio-politico, il suo impatto sulla contemporaneità, la sua economia (un aspetto recentemente affrontato da Herbert Schiller in *Who Knows: Information in the Age of the Fortune 500*). Tutti pensiamo di sapere cosa significhi *avere* l'informazione, scrivere e interpretare testi contenenti informazione. Ci troviamo tuttavia a vivere in un'epoca in cui si enfatizza come mai in precedenza l'aspetto della produzione dell'informazione, come evidenzia Fritz Machulp in *The Production and Distribution of Knowlewdge in the United States*. Cosa accade infatti all'informazione e al sapere quando IBM e At&T – due delle più grandi imprese al mondo – dichiarano che tutto ciò che fanno è mettere il "sapere" a disposizione della gente? Qual è il ruolo dell'informazione e del sapere umanistico se non vengono riconosciuti come partner utili (c'è dell'ironia in ciò) alla produzione di beni di consumo o per il marketing? E che devono fare gli umanisti se non vogliono condannarsi a essere una conventicola semiclandestina dedita all'isolamento nei loro specifici studi? Lo sviluppo di una politica secolare dell'interpretazione può fornire a nostro avviso un contributo decisivo a scongiurare tali rischi.

A un convegno della Modern Language Association, mi sono fermato a parlare con degli amabili rappresentanti di una delle maggiori *university press* facendo notare come non ci fossero limiti al numero di testi accademici di teoria della letteratura che la sua casa editrice sfornava. "Chi li legge?" chiesi, poiché per quanto ci fossero fra essi senza dubbio studi brillanti e importanti, la maggior parte di quei libri risultava di difficile lettura e di conseguenza non potevano certo avere un vasto pubblico, o quantomeno sufficientemente ampio da giustificare la mole di pubblicazioni, soprattutto in un periodo di crisi economica. La risposta che ricevetti era sensata, ammesso che fosse sincera. Coloro che scrivono testi specialistici di teoria e critica letteraria avanzata (ossia nuova-nuova) si leggono reciprocamente. Di conseguenza, ciascuno di quei libri poteva contare sulla vendita di circa tremila copie, "se non intervenivano altri fattori". La formula che concludeva il discorso mi appare quantomeno ambigua, ma non è su essa che ora è utile soffermarsi. Fatto sta che si era formato un piccolo e appetibile pubblico che poteva essere sfruttato in maniera continuativa da questa casa editrice. Senza dubbio, su più ampia scala, le case editrici di libri di cucina o di ginnastica applicano principi analoghi quando riversano sul mercato vagonate di libri apparentemente inutili, anche se la massa dei golosi o dei palestrati può essere ben altra cosa dal circolo serio e selezionato dei tremila critici che si leggono l'un l'altro.

A colpirmi di questi fantomatici o reali tremila lettori è il fatto che a prescindere dalla loro filiazione intellettuale, ossia che facciano riferimento al New Criticism anglo-americano (così come è stato proposto dagli anni Venti e sviluppato poi nei decenni seguenti da I.A. Richards, William Empson, John Crowe Ransom, Cleath Brooks, Allen Tate e altri o al cosiddetto New New Criticism (che trova i suoi riferimenti in autori come Roland Barthes e Jacques Derrida), rivendicano tutti, anziché metterla in discussione, la nozione secondo cui il lavoro intellettuale debba parcellizzarsi in nicchie sempre più ristrette. Il carattere paradossale di tale esito non può lasciarci indifferenti. Il New Criticism si proponeva di considerare l'oggetto verbale per ciò che era, liberandolo dalla distrazione della biografia, del messaggio sociale e anche della parafrasi. Il programma critico di Matthew Arnold, poi, non consisteva nel balzare direttamente dal testo alla cultura nel suo complesso, ma nell'utilizzare un'analisi testuale estremamente puntuale nel comprendere i valori culturali accessibili solo attraverso una raffinata comprensione della struttura letteraria nel suo dettaglio.

Le accuse secondo le quali il New Criticism americano sarebbe stato improntato a maniere da club, perbeniste e addirittura episcopaliste sono del tutto condivisibili, a patto di aggiungere che tale corrente tuttavia, nonostante il suo elitismo, manifestava propositi stranamente populisti. L'idea che stava dietro la pedagogia e, si potrebbe anche dire, la predicazione di Cleanth Brooks e Robert Penn Warren era che chiunque, se debitamente istruito, avrebbe potuto sentire e presumibilmente anche agire come un raffinato gentlemen. Al di là della sua plausibilità, non si trattava di un'ambizione da poco. Le facili ironie sui loro costumi da gentiluomini non possono cancellare il fatto che, per ottenere la conversione, gli esponenti del New Criticism aspirassero nientemeno che alla rimozione di *tutto* ciò che veniva considerata l'ottusità specialistica (imposta, a loro parere, dai professori di letteratura) che si interponeva fra il lettore di una poesia e la poesia stessa. Lasciando da parte i discutibili valori ultimi del suo messaggio sociale e morale, dobbiamo ammettere tuttavia che il New Criticism si impegnò esplicitamente, magari anche in modo incongruo, per creare un'ampia comunità di lettori responsabili a partire da un'amplia platea, potenzialmente illimitata, di studenti e insegnanti di letteratura.

In tempi più recenti, la *nouvelle critique* francese, di cui Roland Barthes ha enunciato i principi, si è attribuita obiettivi analoghi. Ancora una volta, la corporazione degli studiosi di letteratura era vista come il principale ostacolo a un approccio vitale alla letteratura. L'antidoto era individuato in una tecnica specialistica di lettura basata sul nuovo gergo della linguistica, della psicoanalisi e del marxismo, che postulava una nuova libertà sia per gli scrittori sia per i lettori. La filosofia dell'*écriture* si riprometteva orizzonti più ampi e una comunità di destinatari meno ristretta, durante e dopo l'adesione al credo strutturalista. Nonostante la loro prosa, infatti, fra i principali strutturalisti non si manifestava un particolare impulso a selezionare i lettori. Al contrario, come mostrano gli attacchi, talvolta anche ingiusti, di Roland Barthes a Raymond Picard, il principale scopo dell'esercizio critico consisteva nel reclutare nuovi lettori per i classici tra coloro che avrebbero potuto essere altrimenti dissuasi dalla mancanza di una formazione specialistica.

Per circa quattro decenni, sia in Francia sia negli Stati Uniti la scuola dei "nuovi" critici si impegnò per fare fuoriuscire la scrittura e la letteratura dalle istituzioni deputate. Nonostante l'attenzione posta sull'elaborazione di strumenti analitici di grande raffinatezza tecnica, la lettura era concepita come un atto di pubblico reimpossessamento. I testi dovevano essere compresi e decodificati per essere poi consegnati a chiunque fosse interessato. Le risorse del linguaggio simbolico venivano così poste al servizio dei lettori per liberarli dall'atrofizzazione indotta da informazioni "professionali" irrilevanti e anche dall'abitudine a una pigra distrazione.

Tuttavia, la nuova critica francese e americana a nostro parere si presentavano in competizione all'interno della cultura di massa, e non come alternativa mistica. Consapevoli degli esiti cui sono approdate, tendiamo a dimenticare gli iniziali obiettivi che le due scuole si prefiggevano. Si trattava di due indirizzi culturali appartenenti allo stesso periodo che aveva visto lo sviluppo delle idee di Sartre di letteratura e di scrittore impegnati. La letteratura riguardava il mondo, i lettori erano nel mondo. La questione che si poneva riguardava non *se* essere ma *come* essere, e il modo migliore per rispondere a questa domanda consisteva nella minuziosa analisi dei linguaggi simbolici delle varie possibilità esistenziali disponibili all'essere umano. I critici francesi e americani condividevano l'idea dell'autosufficienza della disciplina verbale una volta che si fosse appreso a pensare il linguaggio, finalmente sottratto a inutili impalcature, in maniera pertinente. In altri termini, non bisognava essere professori per beneficiare delle metafore di John Donne o della liberatoria distinzione proposta da Ferdinand de Saussurre fra *langue* e *parole*. In tal modo, gli aspetti esclusivisti dei nuovi critici venivano mitigati da una carica di radicalità anti-istituzionale, che si manifestava nell'ottimismo entusiastico osservabile sia in Francia sia negli Stati Uniti. Unire il genere umano contro le scuole: questo era il messaggio che molti potevano apprezzare e condividere.

Può apparire perverso e paradossale che l'eredità di entrambi i tipi di critica sia il senso di appartenenza da conventicola che emerge da testi che hanno di fatto abbandonato ogni proposito di raggiungere un pubblico se non di massa almeno di una certa ampiezza. A nostro parere, sia in Francia sia negli Stati Uniti nell'ambito della nuova critica la tendenza al formalismo è stata accentuata dai meccanismi accademici. Di fatto, un'attenzione disciplinata al linguaggio può realizzarsi pienamente solo nell'atmosfera rarefatta dell'aula universitaria. La linguistica e l'analisi letteraria appartengono all'universo della scuola, non della piazza. Purificare il linguaggio della tribù – che avvenga all'interno di un progetto ispirato al modernismo o a partire dalla fiaccola della speranza tenuta in alto dai battaglieri nuovi critici alle prese con la cultura di massa – significa prendere le distanze dalle grandi tribù realmente esistenti per muoversi in direzione di nuove tribù emergenti, spesso fatte di accoliti di un credo riformatore o rivoluzionario che tuttavia appaiono più interessati a trasformare il nuovo credo in un'ortodossia separatista che a formare una più ampia comunità di lettori.

Grazie alla legittimità di cui si fa portatrice, l'università tutela simili tendenze, ponendole sotto l'ombrello protettivo della libertà accademica. Di conseguenza, i fautori della *close reading* e dell'*écriture* possono manifestare una sdegnosa ostilità nei confronti di coloro che non riescono a cogliere il potere salvifico dell'analisi verbale. Inoltre, la persuasione, diviene meno importante della purezza delle intenzioni e dell'esecuzione. Nel corso del tempo è poi cresciuto lo spirito di setta, mentre le tecniche si facevano sempre più sofisticate e l'interesse ad ampliare la platea dei referenti svaniva a vantaggio di un'insistenza parossistica da conventicola monastica sulla correttezza formale e il rigore metodologico. E così i critici e i teorici della letteratura si leggono fra di loro e si occupano di poco altro.

Istruttivo può risultare un parallelo fra gli esiti a cui è giunto il New Criticism e le vicende della scuola di F.R. Leavis. Come ci ricorda Francis Mulhern in *The Moments of Scrutiny*, Leavis non era certo un autore interessato solo alle questioni formali e, anzi all'inizio della sua carriera si collocava in un contesto politico di appartenenza chiaramente orientato a sinistra. Ai suoi occhi, la grande letteratura era strutturalmente in contrapposizione con una società classista e col provincialismo sciovinistico. Di conseguenza, auspicava che gli English Studies diventassero la base di una nuova prospettiva autenticamente democratica. La maggior parte degli allievi di Leavis, tuttavia, concentrò la propria attività all'interno del mondo accademico. Ciò svolse un ruolo decisivo nell'indirizzare una scuola nata all'insegna di una proficua volontà di confronto critico con la moderna società industriale contrapposto a un atteggiamento di sdegnoso rifiuto. La dimensione degli English Studies divenne in tal modo a nostro parere sempre più angusta e l'attitudine critica degenerò in discussioni interminabili su cosa dovesse essere incluso oppure escluso dalla "grande tradizione".

A scanso di equivoci, non vorrei che ci fosse attribuita l'idea secondo cui a produrre i cambiamenti che abbiamo descritto siano stati i meccanismi, in quanto tali, delle moderne istituzioni accademiche. Senza dubbio molto ci sarebbe da dire a proposito dei vantaggi di un'università non influenzata o controllata dalle passioni politiche di parte. Esiste tuttavia un tratto caratteristico dell'università – riguardante le attuali istituzioni accademiche senza distinzione fra Europa, America, terzo mondo o paesi socialisti – che manifesta effetti la cui entità difficilmente può essere sopravvalutata. Ci riferiamo al principio secondo cui la conoscenza può esistere, essere prodotta e distribuita solo in forma estremamente parcellizzata. Quali che siano le ragioni sociali, politiche, economiche e ideologiche che lo supportano, tale principio nel corso del tempo non ha mancato di essere messo in discussione. In proposito, non è esagerato affermare che uno dei motivi di maggiore interesse nella cultura moderna risiede nel dibattito fra i fautori dell'idea secondo cui il sapere può esistere in forma sintetica e universale e, sull'altro versante, coloro che sostengono che esso è necessariamente prodotto e sviluppato in segmenti specialistici. La polemica di György Lukács nei confronti della reificazione e del suo schierarsi a favore della "totalità", a nostro parere, presenta ampie analogie con il dibattito sviluppatosi nel mondo musulmano a partire dal tardo XIX sec. a proposito delle possibili mediazioni fra le pretese totalizzanti della visione islamica della realtà e le moderne scienze specialistiche. Simili controversie epistemologiche sono fondamentali per il luogo per eccellenza deputato all'elaborazione del sapere, l'università, un'istituzione per le quale domande del tipo "che *cos'è* il sapere?" e "in che modo lo si deve produrre?" risultano del tutto cruciali.

Negli ultimi anni, alcuni importanti studi riguardanti la storia, le circostanze e la costituzione del sapere moderno hanno avuto un notevole impatto sulle più consolidate rappresentazioni sociali del lavoro di ricerca. Il concetto di "paradigma" proposto da Thomas Kuhn, per esempio, ha spostato l'attenzione dal genio isolato ai vincoli condivisi che limitano l'iniziativa individuale. Galileo ed Einstein sono figure eccezionali non perché il genio sia cosa rara, ma in quanto gli scienziati aderiscono a un implicito accordo circa le modalità e i canoni da seguire nello sviluppo delle loro ricerche. Tale consenso, che incoraggia il conformismo e non certo l'audacia, nel corso del tempo assume lo statuto di disciplina e gli oggetti di cui si interessa si trasformano in un campo o in un territorio. Parallelamente, si sviluppa un intero apparato di tecnici, la cui funzione, come Michel Foucault ha tentato di mostrare in *Archeologia del sapere*, è quella di proteggere la coerenza, l'integrità territoriale e l'identità sociale del campo, dei suoi aderenti e della sua presenza istituzionale. Per essere un sociologo o uno psicologo non basta deciderlo, non ci si può attribuire da sé lo status di antropologo, così come non si può pensare che quanto si scrive sul passato (anche se magari dopo ampie e dettagliate ricerche) possa entrare a pieno titolo nell'ambito della storiografia. In tutti gli ambiti che abbiamo citato, infatti, è necessario passare attraverso soglie di accreditamento, apprendere le norme, parlare il linguaggio specifico, padroneggiare gli idiomi e accettare le autorità del campo (che tali principi contribuiscono a strutturare) a cui si intende contribuire.

In tale prospettiva, la competenza si definisce in parte in base alla padronanza delle regole del gioco che un individuo manifesta. Non è facile determinare se la competenza sia costituita in misura preponderante dall'adesione alle convenzioni sociali che governano le pratiche intellettuali degli scienziati oppure dal padroneggiamento in quanto tale dell'oggetto di studio. Senza dubbio le convenzioni, le tradizioni e le abitudini contribuiscono a dare forma a un modo di guardare all'oggetto che lo trasforma complessivamente. D'altra parte, per le differenze che esistono fra gli oggetti a cui si rivolgono, la storia, la critica letteraria e la filologia mobilitano tipologie diverse (anche se spesso correlate) di tecniche interpretative, di atteggiamenti disciplinari di punti di vista condivisi. Altrove mi sono impegnato per sostenere una posizione apertamente aggressiva secondo la quale gli orientalisti, gli esperti d'area, i giornalisti e gli specialisti di politica internazionale non sarebbero sempre consapevoli dei rischi dell'autocitazione e della continua ripetizione di stereotipi che i loro campi incoraggiano per ragioni che hanno a che vedere più con la politica e l'ideologia che con la realtà "esterna". Hayden White nelle sue ricerche ha mostrato come gli storici nel loro lavoro siano soggetti non solo alle convenzioni narrative, ma anche agli spazi chiusi che vengono concretamente imposti all'interprete degli eventi dalla retrospezione verbale che appare assai diversa da uno specchio che riflette obiettivamente la realtà. Simili impostazioni, anche se possono comprensibilmente risultare per molti inaccettabili, non si spingono fino ad affermare che tutto ciò che riguarda un "campo" possa essere ridotto a convenzione interpretativa o a conseguenza o a interesse politico.

Partiamo dal presupposto che potenzialmente è impossibile una dimostrazione empirica che da una parte si possa raggiungere un livello oggettivo di conoscenza della società umana, e che d'altra parte ogni sapere è inevitabilmente esoterico e soggettivo. Molto inchiostro è stato speso a supporto di entrambe le posizioni, non tutto inutilmente va detto, come mostra Wayne Booth nella sua indagine su scientismo e modernismo dal titolo *Modern Dogma and the Rethoric of Assent*. Uno stimolante tentativo per uscire dall'impasse, sulla quale si avrà modo di tornare in seguito, è offerto dal complesso di tecniche sviluppato dalla scuola dei critici della "risposta del lettore", fra cui si possono citare Wolfgang Iser, Norman Holland, Stanley Fish, Michael Riffaterre. Si tratta di autori che sottolineano come un testo senza lettori sia altrettanto incompleto di un lettore senza testo. Di conseguenza, è necessario soffermare l'attenzione su ciò che accade quando le due componenti della situazione interpretativa entrano in iterazione. Tuttavia, con l'eccezione di Stanley Fish, i critici della "risposta del lettore" tendono a guardare all'interpretazione come a un fatto essenzialmente privato e interiore, enfatizzando il ruolo della decodifica individuale a scapito del riferimento al contesto sociale. Nel suo ultimo libro, *Is There a Text in This Class?*, Fish sottolinea il ruolo di quelle che definisce "comunità interpretative", gruppi come istituzioni (in primo luogo la classe e gli insegnanti), la cui esistenza stabilisce cosa debba essere considerato "conoscenza" molto più che il riferimento a immutabili standard oggettivi o a presunte verità assolute. Nelle sue parole, se l'interpretazione è "l'unico gioco disponibile", si deve riconoscere che gli interpreti, operanti tramite persuasione e non dimostrazione scientifica, sono i soli giocatori in campo.

In questo caso mi schiero al fianco di Stanley Fish che, sfortunatamente però, non procede in maniera significativa per mostrare perché, o come, alcune interpretazioni risultino più persuasive di altre. Così ci ritroviamo ancora una volta davanti alla confusione di tremila critici che si leggono tra di loro nell'indifferenza generale. Si tratta dell'inevitabile esito della formazione di una comunità interpretativa che per il pubblico a cui si rivolge, il linguaggio specializzato che utilizza e i temi che affronta tende a divenire sempre più ristretta, asfittica, autoreferenziale, mentre l'autorità interna si fa più solida, sedimentandosi in ortodossia e in una stabile configurazione? Quale può essere un accettabile antidoto umanista quando si scopre che anche i sociologi, i filosofi e i cosiddetti "scienziati politici" si rivolgono l'uno all'altro, all'interno della stessa corporazione, in un linguaggio indifferente a tutto ciò che non abbia a che fare con il mantenimento di un ben presidiato feudo il cui accesso viene vietato ai non iniziati?

Fornire una risposta compiuta a simili questioni non è semplice, e nemmeno forse auspicabile. Per un verso, infatti, l'abitudine all'universalizzazione in forza della quale a un sistema di pensiero viene attribuita la capacità di rendere rapidamente conto di qualsiasi fenomeno può facilmente scivolare in una sintesi pseudoreligiosa. Si tratta, a nostro avviso, dell'esito illustrato sobriamente da John Fekete in *Critical Twilight*, la ricostruzione di come dal New criticism si sia giunti all'"escatologia tecnocratica-religiosa" di Marshall McLuhan. L'interpretazione e gli interrogativi da essa posti divengono una questione assai complessa, una volta che si sia abbandonato il confortevole riparo offerto dagli ambiti specialistici o dalle mitologie onnicomprensive. Il problema, quando si ricorre ai grandi disegni, alle soluzioni riduzioniste o ai sistemi, è che la realtà viene troppo facilmente sottoposta a una radicale semplificazione. Le critiche, a quel punto, non sono ammesse o vengono giudicate fuori luogo. Alla fine, si impara a manipolare le singole parti del sistema come fossero ingranaggi di una macchina. Lungi quindi dal fornire un ampliamento di prospettiva, il ricorso a un sistema universale come modello universale di spiegazione da una parte rifiuta tutto ciò che non può direttamente assorbire, dall'altra ripropone circolarmente lo stesso tipo di argomenti. In tal modo, rischia continuamente di presentarsi in termini di teoria della cospirazione. A tal proposito, ci è sempre apparso ironicamente paradossale che la critica al logocentrismo avanzata da Derrida, la cosiddetta "decostruzione", abbia assunto una forma ossessiva, monotona e implicitamente sistematica come il logocentrismo stesso. Si può plaudire all'esigenza di rompere le gabbie disciplinari e dipartimentali, senza nello stesso tempo sottoscrivere l'idea che esista un solo metodo per poterlo fare. Nei suoi studi "interdisciplinari", René Girard applica il "desiderio mimetico" e il meccanismo del "capro espiatorio" a pressoché tutti gli ambiti di attività umana. Come si può ammettere che un singolo elemento sia in grado si spiegare tutto, come Girard sembra suggerirci?

La nostra è una dichiarazione di scetticismo solo relativa: si possono preferire le volpi ai ricci senza per questo pensare che tutte le volpi sono uguali. Procediamo quindi alla presentazione di due coppie cruciali di distinzioni. Alle idee di Kuhn, Foucault e Fish potremmo proficuamente coniugare quelle di Giambattista Vico e Antonio Gramsci. È quello che cercheremo di fare. I discorsi, le comunità interpretative e i paradigmi di ricerca sono prodotti dagli intellettuali che, aggiunge Gramsci, possono essere secolari o religiosi. La distinzione gramsciana fra intellettuali secolari e religiosi è senza dubbio meno noto di quella fra intellettuale organico e tradizionale. Per il nostro discorso, tuttavia, è egualmente importante. In una lettera dell'agosto 1931, Gramsci parla di Umberto Cosmo, un suo vecchio professore dei tempi in cui frequentava la scuola a Cagliari.

A me sembrava che tanto io quanto Umberto Cosmo e molti altri intellettuali del tempo (diciamo nei primi quindici anni del secolo) ci trovassimo in un terreno comune che era questo: partecipavamo in tutto o in parte al movimento di riforma morale e intellettuale promosso in Italia da Benedetto Croce, la cui prima tesi affermava che l'uomo moderno può e deve vivere senza religione, e s'intende senza religione rivelata o positiva o mitologica o come altrimenti si vuol dire...[2] Questo punto mi pare anche oggi il maggior contributo alla cultura mondiale che abbiano dato gli intellettuali moderni italiani, mi pare una conquista civile che non deve essere perduta[3].

Benedetto Croce, a quel tempo, era senza dubbio il maggior studioso vivente di Giambattista Vico, sul cui pensiero intendeva scrivere un libro per metterne in evidenza la forte base laica e secolare allo scopo di fornire argomenti a una perorazione in favore di una salda e consapevole cultura civile (da qui l'uso da parte di Gramsci della formula "conquista civile"). Il termine "conquista", anche se può sembrare a prima vista inappropriato, risulta utile per evidenziare l'opinione gramsciana – implicita anche in Vico – secondo cui lo stato moderno europeo è stato reso possibile non solo dal suo apparato politico (esercito, polizia, burocrazia), ma anche da una società civile, secolare e non ecclesiastica che gli avrebbe fornito qualcosa da governare, tramite la sua produzione economica, culturale e sociale.

Gramsci non appariva incline ad abbandonare l'acquisizione vichiano-crociana della società civile secolare per muoversi in direzione di ciò che definiva "pensiero immanentista". Come Matthew Arnold prima di lui, Gramsci aveva compreso che se nel mondo sociale nulla è naturale, nemmeno la natura stessa, allora le cose esistono non solo perché accedono all'essere e vengono create da agenti umani (*nascimento*) ma anche perché venendo all'essere inducono mutamento in qualcosa che già è. Questo è l'aspetto combattivo ed emergente del cambiamento sociale così come si applica alla sfera culturale, collegata al mondo sociale. Adattando un'osservazione avanzata da Gramsci in *Il moderno principe*, se "la realtà [anche quella culturale] è il risultato di una applicazione della volontà umana alla società delle cose" e "tutto è politico, anche la filosofia e i filosofi", è facile comprendere come nell'ambito della cultura e del pensiero ogni produzione non solo occupa uno spazio ma procede, vincendo o perdendo, a spostare le altre[4]. Tutte le idee, le filosofie, le prospettive e i testi aspirano al consenso dei destinatari. A tale proposito, Gramsci si dimostra assai perspicace nel riconoscere l'esistenza di una serie di caratteristiche specifiche della società civile in cui i testi – che incorporano idee, filosofie ecc. – acquisiscono autorità attraverso la diffusione, la disseminazione e l'egemonia nell'ambito del "senso comune". Di conseguenza, le idee aspirano al consenso, il che significa che il significato di un testo viene stabilito in forza di ciò che nella sua modalità di presenza sociale è in grado di suscitare l'adesione di un gruppo di persone, piccolo o grande che sia.

L'intellettuale secolare è implicitamente al centro delle considerazioni che andremo a sviluppare. La sua autorità sociale e intellettuale deriva non direttamente dal piano divino ma da una storia analizzabile fatta dagli esseri umani. In ciò il bilanciamento effettuato da Giambattista Vico fra il sacro e quanto è definito come "ambito dei gentili" risulta fondamentale. Creato da Dio, il sacro è un ambito accessibile solo tramite la rivelazione: è astorico in quanto compiuto e divinamente intangibile. Se da una parte Vico non sembra manifestare interesse per il divino, dall'altra è assolutamente ossessionato dalla parola "gentile". "Gentile" deriva da *gens*, i gruppi familiari, la cui successione nel corso del tempo genera la storia. Ma "gentile" rimanda anche a uno spazio secolare, poiché la rete delle filiazioni e affiliazioni che compongono la storia umana – diritto, politica, letteratura, potere, scienza, emozione – è informata dall'*ingegno*, lo spirito e l'ingegnosità umana. In quanto non derivante da una *fons* e *origo* divina, quindi, la nuova scienza di Vico può accedere a essa.

Ci troviamo di fronte a un'interpretazione secolare di tipo particolare e, fatto ancora più interessante, di una particolare concezione della situazione interpretativa. Un indizio di ciò è costituito dall'organizzazione confusa dell'opera maggiore di Giambattista Vico, il cui procedere si accompagna a deviazioni laterali e a improvvisi arretramenti. In quanto Dio è stato espunto dal suo orizzonte, la storia, e tutto ciò che sta in essa, si presenta all'interprete come una grande distesa orizzontale, sulla quale possiamo notare diverse strutture interrelate. Il verbo "vedere" è usato di frequente da Vico per suggerire il compito che spetta a chi interpreta la storia. Ciò che non può essere visto e guardato – il passato, per esempio – deve essere divinato. L'ironia di Giambattista Vico è evidente, poiché è solo mettendosi nella posizione dell'artefice (o della divinità) che diviene possibile cogliere come il passato si sviluppa nel presente. Si tratta di un'attività che implica speculazione, supposizione, immaginazione, simpatia. In nessun caso, però, si deve postulare che a fare la storia sia qualcosa di diverso dall'agente umano. Per procedere con sicurezza, si può fare riferimento alle leggi di sviluppo storico, che rimandano a qualcosa che Vico chiama "divina provvidenza" misteriosamente all'opera all'interno della storia. L'elemento fondamentale è comunque che la storia e la società umana sono formate dall'interazione di una pluralità di sforzi che ora si coniugano ora si scontrano, agendo uno sull'altro con esiti incerti e imprevedibili. La scrittura di Vico riflette direttamente questo spettacolo animato.

È necessaria un'ultima osservazione. Per Gramsci e Vico, l'interpretazione deve riferirsi a questo spazio orizzontale e secolare solo attraverso mezzi adatti a ciò che si trova in esso. A nostro parere, una tale prospettiva implica che nessuna interpretazione incentrata su una singola origine risulterebbe adeguata. Così come non si hanno risposte che facciano capo a una singola linea genealogica, allo stesso modo non è possibile presupporre l'esistenza di processi sociali o di unità storiche discrete. L'eterogeneità delle vicende umane trova un equivalente nell'eterogeneità dei loro esiti, nonché delle tecniche e degli strumenti interpretativi. Non esiste quindi nessun centro, nessuna inerzia, nessuna autorità scontata e accettata, nessuna barriera che ordini la storia, anche se esistono l'autorità, l'ordine e la distinzione. Il lavoro intellettuale secolare volto a mostrare l'assenza di una matrice divina e, allo stesso tempo, la complessa presenza dell'attualità storica. L'intellettuale secolare lavora per dimostrare l'assenza dell'originalità divina e la presenza complessa dell'attualità storica. La conversione dell'assenza della religione in presenza dell'attualità, quindi, costituisce già in sé l'interpretazione secolare.

Avendo messo da parte le risposte globali e falsamente sistematiche, procederemo alla discussione in termini limitati e concreti di alcuni nodi specifici del nostro tempo, in particolare dell'America di Reagan o, meglio, degli Stati Uniti, di come sono giunti al reaganismo e di come esso li governa. Partiamo dal nesso fra letteratura e politica. In proposito non è esagerato affermare che nel corso del passato decennio si è sedimentato un implicito consenso circa il fatto che lo studio della letteratura dovesse essere considerato profondamente, se non addirittura costitutivamente, non politico. Certo, non si nega che discutendo di Keats, Shakespeare o Dickens si incrocino necessariamente temi politici, tuttavia si assume che le tecniche associate alla moderna critica letteraria (ossia la retorica, la lettura, la testualità, la tropologia o la decostruzione) si applichino solo ai testi *letterari* e non, per esempio, a documenti governativi, a resoconti sociologici o etnografici o alla stampa. Una simile separazione dei campi, degli oggetti, delle discipline genera una struttura la cui rigidità, per quanto sappiamo, non viene mai messa in discussione dagli studiosi di letteratura. Si ha l'impressione che si sia inconsciamente affermata una sorta di norma volta a garantire l'essenza del "campo", un termine che a sua volta ha acquisito lo statuto intellettuale di un fatto naturale o oggettivo. La separazione e l'ovvietà dell'adesione a regole tacite, una volta capitalizzate dalle corporazioni professionali, dalle istituzioni, dai discorsi e da campi specializzati resi, generano una forte tendenza alla depoliticizzazione. Così, come corollario alla proliferazione delle ortodossie dei campi separati, si affermano formule del tipo: "Mi spiace, non capisco. Sono un critico letterario, non un sociologo".

Il costo intellettuale, decisamente alto, implicito di un tale atteggiamento può essere colto anche considerando le opere dei critici letterari più sensibili alle tematiche politiche, in particolare i marxisti di cui andremo ora a parlare. Fredric Jameson ha pubblicato *The Political Unconscious*, un testo senza dubbio importante per la teoria della letteratura. Si tratta di un volume improntato con rigore e brillantezza, sulle cui tesi in generale concordo. Jameson afferma la priorità che deve essere attribuita all'interpretazione politica dei testi. Di conseguenza, il marxismo, come attitudine interpretativa opposta ad altri metodi, deve essere considerato *l'orizzonte intrascendibile* in grado di comprendere operazioni critiche apparentemente antagoniste e incommensurabili (per come le praticano altre impostazioni teoriche) assegnando loro una solida validità settoriale, preservandole e cancellandole allo stesso tempo"[5]. Jameson, quindi, si avvale di molte delle più produttive e contraddittorie metodologie contemporanee per elaborare una serie di innovative letture di romanzi moderni, giungendo poi a elaborare uno schema basato su tre "orizzonti semantici", l'ultimo dei quali è quello marxista. Così, dall'*explication de texte*, passando per il discorso ideologico delle classi sociali, si giunge all'ideologia della forma, percepita in opposizione all'orizzonte definitivo della storia umana.

Senza dubbio il libro di Jameson presenta una struttura argomentativa possente e complessa alla quale non renderemo giustizia in questa sede.

La massima tensione teorica emerge nelle conclusioni del volume, in cui l'autore sottolinea come gli elementi utopici presenti nelle più diverse produzioni culturali svolgano in ogni società un ruolo tanto sottovalutato quanto liberatorio. Inoltre, in un breve quanto suggestivo passaggio, accenna a tre tematiche politiche (la legge, lo stato e il nazionalismo) sulle quali l'ermeneutica marxista da lui proposta, un'ermeneutica sia negativa sia positiva, potrebbe risultare particolarmente utile.

La prospettiva delineata in *The Political Unconscious*, tuttavia, ci pone di fronte a una serie di difficoltà difficile da superare. Al di sotto della superficie del libro si può cogliere l'operatività di una dicotomia inconfessata fra due tipologie di politica: la prima dedicata alla teoria politica che da Hegel conduce a Louis Althusser ed Ernst Bloch; la seconda alla lotta quotidiana per il potere, che negli Stati Uniti, al momento, vede la vittoria di Reagan. Jameson non si sofferma analiticamente sul fondamento di tale distinzione. In particolare, non può che suscitare un certo disappunto il fatto che la politica nella seconda accezione venga tematizzata in un solo passaggio, peraltro confinato in una lunga nota in cui si parla in maniera generica di "gruppi etnici, movimenti locali, vertenze sul posto di lavoro" auspicando una politica di alleanze in contrasto con la situazione francese, dove l'egemonia esercitata dalle istanze politiche globali su ogni mobilitazione ha impedito e represso lo sviluppo di aggregazioni nella dimensione locale. Sul punto specifico non si può che assentire, anche se sarebbe stato auspicabile che la discussione fosse proseguita coinvolgendo anche la questione del bipartitismo che domina la politica statunitense. Detto ciò, è facile rilevare il paradosso a cui Jameson inevitabilmente approda quando da una parte critica una prospettiva globalizzante attraverso la sottolineatura della sua discontinuità rispetto a una politica delle alleanze locali, mentre dall'altra si fa difensore di un globalismo ermeneutico che vuole assorbire il locale nel sincronico. Sarebbe come dire: "Non bisogna preoccuparsi! Ronald Reagan è solo un fenomeno passeggero. La razionalità della storia avrà ragione anche di lui". A eccezione di riservare una fiducia teleologica nell'efficacia della visione marxista, che ai nostri occhi presenta inquietanti analogie con la religione, non si vedono altre ragioni in base alle quali il locale debba essere necessariamente assorbito, cancellato, preservato e risolto dal sincronico. Jameson tuttavia lascia al lettore l'intero compito di stabilire la connessione fra la sincronia e la teoria politica da una parte, e i conflitti molecolari della politica intesa nella seconda accezione. Ma si ha continuità o discontinuità fra i due ambiti? In che modo la politica contingente e la lotta per il potere possono essere comprese nell'ermeneutica, se non per semplice sovradeterminazione dall'alto o osmosi passiva?

Si tratta di questioni a cui non viene fornita risposta in quanto, a nostro parere, il destinatario a cui si rivolge Jameson è costituito da coloro che si occupano di critica letteraria e studi culturali. Negli Stati Uniti, l'esistenza di un simile pubblico è resa possibile dalla separazione delle discipline di cui si è parlato in precedenza. Ciò contribuisce ad accentuare la separazione discorsiva fra le due accezioni di "politica", dando l'impressione che Jameson le consideri come due aspetti distinti dell'attività umana. L'esito, dunque, è ancora più paradossale. Nel capitolo conclusivo del libro suggerisce fra le righe che le componenti della coscienza di classe – elementi come la solidarietà di gruppo nei confronti dei pericoli esterni – avrebbero in fondo un carattere utopico "in quanto tutte le collettività (su base di classe) si presentano come *figure* della concreta vita collettiva dell'utopia realizzata di una società senza classi". Al centro di questa tesi è l'idea secondo cui "l'adesione ideologica non è in primo luogo e in misura preponderante dovuta a una scelta morale ma deve essere riferita alla presa di posizione all'interno di un conflitto fra gruppi antagonisti". La difficoltà qui risiede nel fatto che se si persegue una rigorosa deplatonizzazione e storicizzazione del concetto di "scelta morale", non esiste alcun motivo – logico o di qualsiasi altro tipo – per ridurla a epifenomeno della "presa di posizione all'interno di un conflitto fra gruppi antagonisti". Al livello molecolare di una famiglia contadina cacciata dalla sua terra, chi può distinguere se il desiderio di essere reintegrata dei propri possessi faccia capo a una logica "presa di posizione" o alla scelta morale di resistere alla spoliazione e allo spossessamento? Non abbiamo risposte certe in proposito. Quello che ci pare tuttavia indicativo della poszione di Jameson è che nella prospettiva della sua ermeneutica globale e sincronica la scelta morale non solo non svolge alcun ruolo significativo ma non è nemmeno oggetto di un'indagine empirica e storica (analoga a quella tentata da Barrington Moore in *Injustice. The Social Basis of Obedience and Revolt*).

Fredric Jameson ha senza dubbio le carte in regola per presentarsi come uno dei più autorevoli rappresentanti statunitensi della cultura marxista. In tale veste viene criticamente considerato da uno dei più conosciuti esponenti del marxismo inglese, Terry Eagleton, nell'articolo, "The Idealism of American Criticism" presenta Fredric Jameson e Frank Lentricchia in contrapposizione alle principali correnti della teoria contemporanea americana intente, a suo parere, "all'invenzione di artifici idealisti sempre nuovi per reprimere la storia"[6]. L'ammirazione di Eagleton nei confronti di Jameson e Lentricchia non gli impedisce tuttavia a di cogliere i limiti della loro prospettiva, in termini di mancanza di "chiarezza" politica, di residui di pragmatismo latente, di eclettismo di legame fra la loro ermeneutica e l'ascendente reaganiano e, specialmente nel caso di Jameson, di nostalgie hegeliane. Ciò non significa che Eagleton rimproveri i due di non aderire alla linea di ultrasinistra secondo la quale "la proposta di una lettura marxista dei classici costituisce una manifestazione di collaborazionismo di classe". Tuttavia, non si può non essere d'accordo con il critico britannico quando afferma che "la questione che il lettore marxista di Jameson inevitabilmente si pone è la seguente: come può contribuire a scuotere le fondamenta del capitalismo un'analisi strutturalistico-marxista di un romanzo minore di Balzac?". La risposta, con ogni evidenza, sarà: "In nessun modo". Ma cosa propone Eagleton come alternativa? Ritorniamo ancora una volta al tema delle conseguenze di una rigida divisione disciplinare, che coinvolge direttamente anche il marxismo.

È opportuno ribadire che Eagleton si interessa a Jameson da marxista. Si tratta certamente di solidarietà intellettuale, ma all'interno di un "campo" definito principalmente in termini di discorso intellettuale vigente solo nel contesto di un'accademia che lascia il mondo esterno extra-accademico nelle mani della nuova destra e di Ronald Reagan. Se si accetta tacitamente la necessità di una simile forma di segregazione, ne consegue che se ne accetteranno anche altre forme. Eagleton rimprovera a Jameson la mancanza di ricadute pratiche del suo marxismo strutturalista, ma allo stesso tempo, dà per scontato che lui e Jameson abitino il microcosmo degli studi letterari, parlino la stessa lingua, operino sulla base delle sue problematiche. Il motivo per cui ciò avviene viene implicitamente segnalato dallo stesso Eagleton quando dichiara che "la classe dominante"determina gli usi legittimi della letteratura funzionalizzati alla "riproduzione ideologica", e per questo "noi", in quanto rivoluzionari, non possiamo scegliere "il terreno letterario sul quale deve essere ingaggiata la lotta". Eagleton però non sembra accorgersi di come la marginalità e l'idealismo residuale che rimprovera a Jameson e Lentricchia siano anche gli elementi che fanno si che lui stesso lamenti la rarefazione del loro discorso mentre nello stesso tempo lo accetti come condivisibile. Lo stesso ethos specialistico sembra essersi attenuato: Eagleton, Jameson e Lentricchia sono critici letterari marxisti che scrivono per un pubblico di critici letterari marxisti, in una condizione di reclusione claustrale dal mondo inospitale della politica reale. Sia la "letteratura" sia il "marxismo" sono così confermati nell'apoliticità dei loro metodi e contenuti. La critica letteraria è solo critica letteraria, il marxismo è solo marxismo e la politica è ciò di cui i critici letterari parlano in maniera astratta e disincantata.

La lunga digressione sulle conseguenze della separazione dei "campi" in cui ci siamo impegnati ci conduce direttamente a un secondo aspetto della politica dell'interpretazione considerata dal punto di vista di una prospettiva secolare in grado di rispondere alle sfide poste dall'età reaganiana. È ovvio che anche nell'ordine atomizzato delle discipline e dei campi le discussioni metodologiche sono necessarie. Lo stile del discorso intellettuale è tuttavia oggi radicalmente antimetodologico, se per metodologia si intende la problematizzazione della struttura del campo e del discorso. Una sorta di congiura del silenzio sembra operare all'interno e ai confini del discorso, che ha oggi assunto un carattere talmente "interno" che i campi, le discipline e i discorsi hanno assunto tratti di notevole rigidità. I membri accreditati del campo, ammantati della legittimità derivante dall'appartenenza a un'istituzione sociale, sono identificabili come membri di una corporazione. Ai loro occhi, parole come "esperto" e "oggettivo" hanno una forte risonanza. Per acquisire una posizione di autorità nel campo è necessario essere coinvolti dall'interno nella formazione di un canone, che spesso svolge una funzione di blocco nei confronti della problematizzazione metodologica e disciplinare. Quando J. Hillis Miller afferma: "Credo nel canone stabilito della letteratura inglese e americana e nella validità del concetto di testi maggiori", sta dicendo qualcosa di insostenibile dal punto di vista né di un'argomentazione logica né di un'evidenza dimostrabile[7]. L'autorità dell'affermazione, quindi, può solo derivare dall'autorevolezza di chi la pronuncia in quanto noto professore di letteratura inglese, uomo di notevole reputazione, docente di un corpo selezionato di allievi. Il tenore della dichiarazione, poi, elimina più o meno ogni possibilità di chiedersi se i canoni (e l'*imprimatur* concesso loro dai critici letterari) dal punto di vista metodologico risultino finalizzati alle logiche di dominio di una corporazione o allo studio secolare della storia umana.

Nel nostro discorso abbiamo distinto fra studi letterari e umanistici in quanto, per il meglio o per il peggio, abbiamo a che fare con testi, e i testi rappresentano per gli studiosi di letteratura il punto di partenza e di arrivo. Gli studiosi di letteratura leggono e scrivono. Si tratta di due attività che hanno entrambe a che fare più con la prontezza di spirito, la flessibilità e la problematicità che con il consolidamento delle idee in istituzione o con l'imposizione al lettore di una sottomissione che non lascia spazio a nessun dubbio. In sintesi, a nostro parere, erigere barriere fra i testi o trasformarli in monumenti significa contraddire il senso della lettura e della scrittura, a meno che gli studiosi di letteratura non si considerino al servizio di un potere esterno che esige da loro un simile servizio. I programmi di molti dipartimenti universitari sono interamente strutturati a partire da monumenti, canonizzati secondo rigide linee dinastiche, officiati e celebrati in maniera monocorde da una rigida corporazione di umili servitori. Il paradosso è che questo atteggiamento viene giustificato in nome della ricerca storica e della tradizione umanistica, anche se l'indagine storica assai spesso smentisce i canoni più consolidati. Per fare un esempio, Robert Darnton ha mostrato come...

*[...] buona parte di quella che oggi viene considerata letteratura francese
non era molto letta dai francesi del XVIII secolo [...]. Spesso subiamo
una nozione arbitraria di storia della letteratura come canone di classici,
sviluppata dai professori di letteratura del XIX e XX secolo, mentre in
realtà ciò che era letto nel XVIII era qualcosa di molto diverso. Studiando
i cataloghi degli editori e i giornali di Neufchatel sono riuscito a costruire
una sorta di lista di bestseller della Francia rivoluzionaria, e vi garantisco
che non ha niente a che vedere con i programmi che oggi vengono
somministrati nelle aule universitarie[8].*

Celata sotto il culto rivolto ai monumenti canonici si trova una solidarietà
corporativa che ricorda da vicino, in maniera inquietante, la coscienza religiosa.
In proposito, si potrebbero ricordare le parole di Michail Bakunin in *Dio e lo Stato*:
"Nella loro attuale forma, volta a monopolizzare la scienza e rimanere al di fuori
della vita sociale, i *savant* formano una casta separata, per molti versi analoga a
quella del clero. L'astrazione scientifica è il loro dio, individui reali e viventi sono
le loro vittime e a loro sono permessi i sacrifici legittimi e sacri"[9]. La pratica
diffusa di produrre ponderose biografie dei grandi autori consacrati segnala uno
di questi aspetti di clericalizzazione. Isolando ed elevando il loro soggetto al
di sopra del suo tempo e della sua società (e anche dei nostri), un'esagerata
riverenza nei confronti di singole personalità procede di pari passo, ovviamente,
con la soggezione nei confronti della posizione del biografo. Analoghe
distorsioni possono poi essere ravvisate nell'esagerata enfatizzazione posta
della letteratura autobiografica, che spesso sconfina nell'autocelebrazione.

Le tendenze considerate atomizzano, privatizzano e reificano il turbolento
universo della storia secolare dando vita a una peculiare configurazione delle
comunità interpretative. Si tratta del terzo aspetto peculiare delle politiche
dell'interpretazione contemporanee. Una regola tacitamente osservata prescrive
che assai poco del contesto circostante che rende possibile l'attività interpretativa
possa penetrare nel circolo interpretativo. Ciò emerge particolarmente (e la cosa
non sorprende) quando gli umanisti sono chiamati in causa per conferire lustro
alle discussioni sull'attualità politica. Non mi soffermerò sui lapsus rivelatori
(in particolare a proposito del rapporto fra umanisti e decisori politici legati
agli interessi delle multinazionali che emergono su temi riguardanti la politica
interna ed internazionale) che possono essere individuati nel rapporto *The
Humanities in American Life* a cura della Fondazione Rockefeller. Più drammatico,
ai nostri occhi, risulta un altro progetto di quella fondazione, un convegno su
"La rappresentazione mediatica delle religioni" tenutosi nell'agosto 1980. Nel
salutare il pubblico dei convenuti, formato da esponenti religiosi, filosofi e

umanisti di vario tipo, Martin Marty, evidentemente allo scopo di innalzare il livello del dibattito, convocò al suo fianco l'ammiraglio Stansfield Turner (capo della Cia), citando "la dichiarazione dell'ammiraglio Turner secondo la quale le agenzie statunitensi di intelligence avrebbero sottovalutato l'importanza della religione in Iran in quanto sviati dal fatto che tutti sanno di come svolga un ruolo limitato nel mondo contemporaneo". Nessuno sembrò notare la stranezza rappresentata da un Marty che si sentiva perfettamente a proprio agio fra la Cia e gli studiosi. Con ogni probabilità, ciò era coerente con una mentalità per la quale gli umanisti sono solo umanisti, a prescindere da chi sponsorizza il loro lavoro, ipoteca la loro indipendenza e libertà di giudizio o li assimila implicitamente a funzionari di stato, che tuttavia rivendicano continuamente il carattere oggettivo e non politico della loro attività di ricerca.

Correndo il rischio di dilungarci, citeremo ora un aneddoto personale. Prima dell'uscita del mio libro *Covering Islam*, una fondazione privata organizzò un dibattito sul volume al quale erano invitati giornalisti, studiosi, diplomatici e tutti coloro che avevano interesse professionale nei confronti del modo in cui il mondo islamico era rappresentato in Occidente. Ero lì per rispondere alle domande. Un giornalista Premio Pulitzer, attualmente caporedatore per gli esteri di un importante quotidiano della costa occidentale, era stato incaricato di fare da moderatore. Dopo avere esordito con un rapido, e non particolarmente accurato, resoconto delle mie principali tesi, il giornalista pose la prima domanda: "Dal momento che afferma che L'islam è rappresentato male [in realtà la mia tesi era che l'Islam era non tanto qualcosa che potesse essere rappresentato bene o male quanto una pura astrazione intellettuale], potrebbe dirci come descriverlo in maniera appropriata in modo da contribuire all'elaborazione di politiche conformi agli interessi strategici statunitensi in quell'area cruciale?" Quando mossi le mie obiezioni a quel tipo di domanda, sottolienando come il compito del giornalismo consistesse nel riferire e nell'analizzare le notizie e non nell'operare come ausiliare del National Security Council, a buona parte del pubblico la mia posizione parve improntata a un'inammissibile ingenuità. Gli interessi legati alla sicurezza hanno quindi fagocitato silenziosamente l'interpretazione giornalistica. La competenza viene ritenuta impermeabile rispetto ai suoi legami con il potere, anzi si presume che siano proprio tali legami – ufficialmente non riconosciuto ma tacitamente dati per scontati – a rendere la competenza possibile ed efficace.

In tale contesto, il destinatario non può che sovrapporsi al cliente che usa (e talvolta acquista) i vostri servizi in quanto appartenete a una corporazione e, di conseguenza, potete accreditarvi come esperti. Gli umanisti – i cui saperi non sono particolarmente "vendibili" e le cui competenze, dal punto di vista degli interessi forti, possono essere considerate marginali – possono trovare un pubblico composto da altri umanisti, studenti, funzionari pubblici o privati e operatori dei media, che usano gli umanisti per ritagliare uno spazio inoffensivo nella società alla cultura alta e alla letteratura. Ribadiamo, in proposito, che si tratta di un ruolo che gli umanisti accettano volontariamente a partire dal loro autoriconoscimento in termini di studiosi neutrali, specializzati e non politicizzati. Una simile simile impostazione, che non può non destare allarme, dipende a nostro avviso in maniera significativa dal processo di autorarefazione degli studi umanistici in base al quale l'etica della specializzazione si è tradotta in una crescente minimizzazione degli aspetti contenutistici a cui fa riscontro un sempre maggiore isolamento dal mondo circostante, attraverso la costruzione di barriere sempre più insormontabili fatte di sensibilità corporativa, culto dell'autorità sociale ed esclusivismo disciplinare. Chi manifesta dissenso nei confronti di tali esiti viene di conseguenza visto in generale non come un interlocutore con cui argomentare ma come un estraneo, un non specialista, un non esperto.

È lecito dubitare che in questo caso si possa parlare di una *comunità* interpretativa, nel senso secolare, non commerciale e non coercitivo del termine. Se una comunità si fonda principalmente sull'intento di tenere i suoi membri separati dal mondo esterno e nel difendere gelosamente il proprio ambito (in piena complicità con i difensori di altri ambiti) sulla base dell'affermazione dell'assoluta e ineffabile inviolabilità di qualche soggetto, allora si ha a che fare con una comunità religiosa. Il contesto secolare a cui si è fatto riferimento, invece, presuppone un senso della comunità più aperto visto come qualcosa che è necessario sempre conquistare, e l'idea di un pubblico fatto di esseri umani, e non solo di iniziati, a cui ci si vuole rivolgere. Se il quadro delle tendenze attuali è quello che abbiamo delineato, si pone l'interrogativo di come individuare in esso i fattori di un possibile cambiamento. In altre parole, come possiamo interpretare l'interpretazione affinché essa si presenti come una forza politica e secolare in un'epoca decisa a negare all'interpretazione ogni ruolo che non sia quello della mistificazione?

Organizzeremo le nostre osservazioni intorno a una nozione, quella di rappresentazione, che, almeno per gli studiosi di letteratura, svolge un ruolo di primaria importanza. Da Aristotele ad Auerbach, e poi anche in seguito, il concetto di *mimesis* entra sempre in gioco quando si parla di letteratura. Come tuttavia mostrava lo stesso Auerbach nella sua celebre monografia, in ambito letterario le tecniche di rappresentazione sono sempre state correlate alle formazioni sociali, se non addirittura dipendenti da esse. La formula "la corte e la città", per esempio, assume un iniziale significato letterale in un testo di

Nicolas Boileau. Sebbene il testo contribuisse ad attribuire alla formula un significato specificamente locale, veniva tuttavia presupposto un pubblico e ciò che Auerbach chiama " ambiente sociale". Non si tratta di una *semplice* questione di referenza, dal momento che, dal punto di vista verbale, i referenti possono essere considerati eguali ed egualmente verbali. Anche nelle analisi più minuziose, la prospettiva assunta da Auerbach assume la *coesistenza* dei diversi ambiti – letterario, sociale, individuale – e il modo in cui essi si intrecciano, connettono e rappresentano reciprocamente.

Con poche eccezioni, le teorie letterarie contemporanee postulano la relativa indipendenza, se non addirittura l'autonomia, della rappresentazione letteraria. La versosimiglianza romanzesca, i tropi poetici e le metafore drammaturgiche (György Lukàcs, Harold Bloom, Francis Ferguson) sono rappresentazioni in sé e per sé del romanzo, della poesia e del dramma. Ciò, a nostro parere, sintetizza in termini generali i presupposti su cui si fondano le tre influenti (e, nel proprio ambito, tipiche) teorie a cui si è fatto riferimento. Tuttavia, lo studio organizzato della letteratura – *en soi* e *pour soi* – si fonda sulla premessa del riconoscimento del primato dell'atto costitutivo della rappresentazione letteraria (ossia artistica), che di conseguenza assorbe e incorpora tutti gli altri ambiti e le altre rappresentazioni considerate secondarie. Tutto questa pesantezza istituzionale ha avuto l'effetto di precludere un'avanzata e sistematica analisi della coesistenza e dell'interrelazione fra piano letterario e sociale, ambito nel quale la rappresentazione – dal giornalismo alla lotta politica, passando per l'economia e i meccanismi di potere – svolge un ruolo straordinariamente importante. Confinati allo studio di uno specifico complesso rappresentativo, i teorici della letteratura accettano e allo stesso tempo ignorano la linea che circoscrive ciò di cui si occupano.

Si tratta di una depoliticizzazione a tutto spiano, che a nostro parere deve essere compresa come parte integrante della fase storica che caratterizziamo come reaganismo. La segmentazione del lavoro intellettuale di cui si parlava in precedenza può ora essere vista come dotata di una rilevanza specifica sintomatica di tendenze che attraversano la cultura nel suo complesso. Se infatti lo studio della letteratura riguarda "solo" la rappresentazione letteraria, ne consegue che le rappresentazioni e le attività letterarie (scrivere, leggere, operare nell'ambito degli studi umanistici, della arti e delle lettere) hanno un carattere eminentemente ornamentale, dotato di tratti ideologici del tutto secondari. Operare nel campo della letteratura o degli studi umanistici significherebbe quindi muoversi nell'ambito del non politico, dal momento che si presume che la sfera politica si collochi al di sotto (e al di fuori della portata) della letteratura e del *letterato*.

Un'eloquente immagine di questo stato di cose può essere fornito dal numero del 30 settembre 1981 di "New Republic", il cui editoriale esprime un giudizio positivo sulla politica statunitense nei confronti del Sudafrica, nonostante anche i più moderati fra gli stati africani considerano (peraltro correttamente, se anche gli Stati Uniti lo riconoscono) come volta a supportare il regime dell'apartheid. L'articolo di chiusura, poi, contiene, fra le altre cose, anche un attacco personale nei miei confronti nel quale vengo presentato come "un intellettuale al seguito del totalitarismo sovietico", un'accusa chiaramente maccartista e disonesta. All'interno dello stesso numero, poi, è possibile leggere una positiva e passabilmente corretta recensione di Christopher Hill, il noto storico marxista. A stupire non è la mera coincidenza, fianco a fianco, fra l'apologia dell'apartheid e la valutazione positiva del marxismo ma come uno dei poli includa (senza esplicitarlo) quello che l'altro, il marxista, opera inconsapevolmente.

Nella discussione riguardate la "cultura nazionale" come nodo all'interno delle relazioni fra "campi", molti dei quali impiegano la rappresentazione come tecnica di distribuzione e di produzione, si possono chiamare in causa due importanti testi. (Ovviamente lasciamo da parte le arti creative e le scienze naturali.) Il primo è *Components of the National Culture* di Perry Anderson[10], il secondo è uno studio sull'*intelligentsia* francese, *Teachers, Writers, Celebrities*, di Régis Debray. Secondo Anderson, l'assenza di un centro intellettuale nella tradizione della riflessione britannica sulla società creava le premesse per una colonizzazione "bianca" (controrivoluzionaria, conservatrice) proveniente dall'Europa. Ciò ha prodotto un blocco nei confronti della sociologia, una tecnicizzazione della filosofia, un empirismo ateoretico in storia e un estetica idealista. Queste discipline, insieme ad altre, formerebbero "qualcosa di analogo a un sistema chiuso", dal quale discorsi sovversivi come quelli del marxismo e della psicoanalisi vennero a lungo esclusi. In seguito, anche essi sarebbero stati incorporati. Il caso francese, per come è stato descritto da Débray, mostra il susseguirsi di tre fasi egemoniche. In primo luogo si ha l'era delle università secolari, che finisce con la Prima guerra mondiale. Segue un periodo, fra le due guerre, dominato dalle case editrici, nel quale Gallimard e la "Nuovelle revue française" – che assemblano un fantastico nucleo di scrittori e saggisti che comprende Jacques Rivière, André Gide, Marcel Proust e Paul Valery – si impossessano dell'autorità sociale e intellettuale persa dalle ormai iperproduttive e sovrappopolate università. A partire dagli anni Sessanta, poi, la vita intellettuale sarebbe stata assorbita dalla struttura dei mass media: prestigio, merito, attenzione e visibilità abbandonano le pagine dei libri per essere valutati a partire dalla frequenza con cui si appare sullo schermo televisivo. A quel punto, secondo Débray, emerge una nuova gerarchia, detta "mediocrazia", che detta legge sulla scuola e l'industria editoriale.

Fra l'Inghilterra di Anderson e la Francia di Débray da una parte, e gli Stati Uniti di Reagan dall'altra, esistono diverse affinità, interessanti ma sulle quali tuttavia non è questa l'occasione per soffermarsi. Ai nostri fini, le differenze risultano più istruttive. Diversamente dalla Francia, negli Stati Uniti l'idea secondo cui la cultura alta si colloca al di sopra delle politica gode di un consenso pressoché unanime. Diversamente dall'Inghilterra, il centro della scena intellettuale è saturato non dalle importazione dall'Europa (nonostante esse svolgano un ruolo importante) ma da una irriflessa etica dell'oggettività e del realismo basata essenzialmente su un'epistemologia della separazione e della differenza. In sintesi, ogni campo sarebbe separato dagli altri in quanto gli oggetti di cui si occupa sono separati. Ogni separazione corrisponde immediatamente di funzione, istituzione, storia e fine. Ogni discorso "rappresenta" il campo, che a sua volta è costituito dai suoi membri e dal pubblico specialistico a cui si indirizza. Il segno della professionalità è costituito dall'accortezza nella scelta dei modelli rappresentativi, esplicitamente rivendicato nel caso della sociologia, per esempio, mettendo in relazione i modelli interpretativi della realtà sociale con gli interessi governativi o dei potentati economici, dalla collaborazione ai processi decisionali riguardanti il sociale, dall'accesso al potere politico. Gli studi letterari, da parte loro, in una simile prospettiva appaiono riguardare *non* la società ma capolavori che abbisognano di una periodica adulazione. Ciò rende possibile il ricorso, in ambito sia sociologico sia letterario, di termini quali "oggettività", "realismo" e "moderazione". Si tratta di nozioni che a loro volta trovano conferma da un'attenta selezione delle evidenze, dall'incorporazione e dalla conseguente neutralizzazione del dissenso (noto anche come pluralismo), la selezione delle reti degli *insider*, degli esperti la cui legittimità è stabilita sulla base del conformismo e non di un rigoroso giudizio sui risultati scientifici ottenuti.

Ma andiamo oltre, anche se in proposito ci sarebbero diversi punti da approfondire, per esempio in relazione alle relazioni organizzate esistenti fra ambiti prossimi, quali la scienza politica e la sociologia e, all'opposto, l'uso di un campo da parte di un altro a partire dalle esigenze dettate dalla politica nazionale, le reti clientelari e la dicotomia fra insider e outsider, lo strano incoraggiamento della ricerca a proposito di "componenti" della struttura di potere quali le opportunità, la morale, l'innocenza americana, l'ego decentrato ecc. Nel complesso, la specifica missione affidata agli umanisti è quella di rappresentare la *non interferenza* nelle questioni della vita quotidiana. Come si diceva in precedenza, rispetto al periodo del New Criticism si è assistito a una progressiva erosione del ruolo riservato alle lettere. A tal proposito abbiamo suggerito che la congiunzione fra un ambiente incentrato unicamente sull'università e incline al linguaggio specialistico e la costruzione, anche da parte dei marxisti e dei fautori di altre impostazioni, di comunità inclini all'autosegregazione e all'autopurificazione ha avuto l'effetto di limitare gli studi umanistici a una funzione circoscritta e definita: rappresentare l'umana marginalità, che significa allo stesso tempo riconoscere e, se possibile, nascondere le gerarchie di potere che occupano il centro, definiscono il terreno sociale e stabiliscono i limiti delle funzioni, dei campi, della marginalità ecc. Corollari a tale funzione riservata agli studi umanistici in generale e a quelli letterari in particolare sono la garanzia, fornita dalla presenza istituzionale degli umanisti, di uno spazio per il dispiegamento di astrazioni vaghe e aleatorie (scuola, gusto, tatto, umanesimo) definite preliminarmente come indefinibili, il fatto che la "teoria", quando non è ostentatamente addomesticata, può essere utilizzata come discorso di occultamento e legittimazione, il dato che l'autoregolazione costituisce l'ethos dietro al quale gli ambiti istituzionalizzati degli studi umanistici riconoscono e, in u certo senso, incoraggiano l'operatività indiscriminata di quelle forze del mercato che tradizionalmente erano oggetto di critica e analisi dal punto di vista etico e filosofico.

Per dirla in maniera sintetica, per gli umanisti non interferenza significa *laissez faire*: "loro" governano il paese, noi spieghiamo Wordsworth e Schlegel. Non è forzato, anostro parere, affermare che la non interferenza e la rigida specializzazione accademica sono direttamente legate alla controffensiva condotta dalle "élite capitalistiche più aggressive" in reazione a una fase caratterizzata dalla tendenza a rispondere ai bisogni sociali attraverso l'allocazione collettiva e democratica delle risorse. Diversamente, come affermano David Dickson e David Noble, l'attività svolta all'interno di fondazioni, *think tank* o dipartimenti accademici, fianco a fianco con esponenti del mondo governativo e aziendale, "sancisce una nuova età della ragione, attraverso la mistificazione della realtà". Ciò porta con sé un certo numero di imperativi epistemologici e ideologici, che appaiono come un'estrapolazione di quella non interferenza di cui si parlava in precedenza. Tali imperativi, coerenti con il modo in cui i "campi" intellettuali e accademici vedono se stessi al proprio interno e attraverso le linee che li separano da altri ambiti, possono essere così riassunti:

1. La riscoperta dell'autoregolazione del mercato, delle meraviglie
della libera impresa e della tradizionale polemica liberista nei confronti
dell'intervento statale nella sfera economica;

2. La reinvenzione dell'idea di progresso, formulata in termini di "innovazione" e "reindustrializzazione" a partire dalla limitazione delle aspettative redistributive e di welfare in nome delle esigenze della produttività;

3. L'attacco alla democrazia in nome "dell'efficienza", della "governabilità", della "razionalità" e della "competenza";

4. Una nuova mistificazione della scienza attraverso la promozione di metodologie decisionali formalizzate, la reintroduzione dell'autorità della competenza e il rinnovato ricorso alla scienza come strumento di legittimazione delle politiche pubbliche tramite i legami sempre più stretti fra l'impresa privata e le università e altre "libere" istituzioni dedicate all'analisi politica e alla fornitura di consulenze[11].

In altre parole, il primo punto sottolinea come la critica e l'analisi letteraria coltivi i propri interessi, e sia "libera" di farlo a proprio piacimento senza alcuna responsabilità nei confronti del mondo esterno. E così, a un'estremità della scala, per esempio, troviamo il recente attacco al National Endowment for the Humanities, coronato da successo, a proposito dell'eccessivo peso delle componenti sociali nella definizione dei programmi, all'altra la proliferazione di lessici critici privati che si accompagnano alla paradossale tendenza a porsi sotto l'egida di qualche professore di nome, che non mancherà da parte sua di celebrare le virtù dell'umanesimo, del pluralismo e del rapporto diretto fra docenti e studenti. Ritradotto, il secondo punto ci ricorda che la possibilità per tanti giovani ricercatori di accedere a un "posto" è radicalmente diminuita come "inevitabile" risultato dei meccanismi di mercato , fatto che dimostra la marginalità dell'insegnamento umanistico conseguente al suo disarmato consegnarsi all'obsolescenza sociale. Una simile situazione ha creato una domanda di continua innovazione e di pubblicazioni (si veda, per esempio, il vertiginoso incremento delle riviste di critica e teoria letteraria o la ricerca da parte dei dipartimenti di esperti di strutturalismo o di altri nuovi indirizzi teorici), e di fatto ha completamente destrutturato gli *iter* e gli orizzonti sociali dei giovani che si muovevano all'interno del sistema accademico. Il punto terzo e quarto, da parte loro, portano l'attenzione su come la recrudescenza della professionalità orientata al mercato, che chiaramente passa sotto silenzio le complicità fra università, governo e grandi aziende, spinga a un altezzoso mutismo nei confronti di fondamentali questioni attinenti il sociale, l'economia e la politica estera.

Perfetto: se quanto detto ha una qualche validità, allora la politica dell'interpretazione esige una risposta dialettica a partire da una coscienza critica degna di questo nome. Al posto della non interferenza e della specializzazione, si deve avere interferenza e attraversamento delle frontiere e degli ostacoli, nonché la determinazione a generalizzare fino al punto in cui la generalizzazione risulta impossibile. Una delle prime interferenze dovrebbe riguardare lo sconfinamento dalla letteratura, che si suppone soggettiva e disarmata, negli ambiti paralleli oggi coperti dal giornalismo e dalle agenzie di produzione dell'informazione, che pur avvalendosi anch'essi di rappresentazioni sono reputati oggettivi e influenti. Per tale compito possiamo trovare una superba guida in John Berger, le cui ultime opere forniscono le basi per una critica rigorosa della rappresentazione moderna. Berger afferma che se consideriamo la fotografia come coeva nelle sue origini con la sociologia e il positivismo (e aggiungeremmo con il romanzo realista classico), possiamo rilevare come essi...

> *condividano la speranza che i fatti osservabili e quantificabili, registrati*
> *dagli esperti, possano costituire la verità provata richiesta dall'umanità.*
> *La precisione rimpiazza la metafisica; la pianificazione è considerata*
> *in grado di risolvere i conflitti. Ciò che accade, invece, è che si apre la*
> *strada a una visione del mondo per la quali ogni cosa e ogni essere può*
> *essere ridotto a fattore di un calcolo, e il calcolo è profitto*[12].

In genere, oggi il mondo è rappresentato così: come afferma la Commissione McBride, una ristretta e potente oligarchia controlla circa il 90% dell'informazione mondiale e dei flussi di comunicazione. Si tratta di un contesto al cui servizio operano esperti e tecnici dei media che, come sottolienato da Herbert Schiller e altri, risulta legato a un ristretto numero di governi, nonostante il loro operato si ammanti delle retoriche dell'obiettività, dell'equidistanza, del realismo e della libertà. In generale, prodotti di consumo come le "notizie" – eufemismo per indicare le immagini ideologiche del mondo che costituiscono la realtà politica per la maggioranza della popolazione mondiale – possono così tenere banco, senza alcuna interferenza da parte delle menti secolari e critiche che, per le più diverse ragioni, non sono interne ai meccanismi di potere.

Non è questa la sede per elaborare un articolato programma di interferenza. In conclusione, ci limiteremo a suggerire di porre al centro della nostra attenzione l'esigenza di uscire dai ghetti disciplinari in cui, come intellettuali, siamo stati confinati, di riaprire i processi sociali bloccati dal fatto che è stata ceduta la rappresentazione oggettiva del mondo (che rappresenta da sempre un potere) a un ristretto novero di esperti e ai loro clienti, di considerare che il pubblico a cui si rivolge la letteratura e le discipline a essa legate non è ristretto al circolo dei tremila critici di professione ma si estende alla comunità degli esseri umani viventi in società, di guardare la realtà sociale in una prospettiva non mistica ma secolare, nonostante i ricorrenti appelli al realismo e all'oggettività.

Due compiti concreti, entrambi suggeriti da Berger, ci paiono particolarmente urgenti. Il primo consiste nell'avvalersi delle facoltà visive (troppo spesso saturate da media quali la televisione, la nuova fotografia e i film commerciali, da prodotti sempre immediati, "oggettivi" e astorici) per ristabilire l'energia non sequenziale della memoria storica vissuta e della soggettività come elementi fondamentali del significato nella rappresentazione. Berger lo definisce un "uso alternativo della fotografia": usare il fotomontaggio per narrare altre storie rispetto a quella ufficiale, sequenziale e ideologica prodotta dai centri di potere. Notevoli esempi, in proposito, sono forniti dai saggi fotografici *The Palestinian and Their Society* di Sarah Graham-Brown e *Nicaragua* di Susan Meisalas. Il secondo, invece, si manifesta nell'aprire la cultura all'esperienza dell'Altro che è rimasto "fuori" (ed è stato represso o confinato in un contesto di relazione ostile) dalle norme stabilite dagli *insider*. Un eccellente esempio di questa pratica è rinvenibile in *L'Harem Colonial* di Malek Alloula, uno studio sulle cartoline e le fotografie del XX secolo che ritraggono le donne degli harem algerini. La cattura pittorica del colonizzato da parte del colonizzatore, ossia da parte del potere, è ricostruita da un giovane sociologo algerino, Alloula, che vede la propria storia frammentata in quelle immagini, poi la riscrive nel suo testo come risultato della comprensione rendendo quell'esperienza intima intelligibile per un pubblico di lettori europei del nostro tempo.

In entrambi i casi abbiamo a che fare con il recupero di una storia in precedenza travisata o resa invisibile. Gli stereotipi dell'Altro attraversano sempre, in un modo o nell'altro, l'attualità politica, così come la verità delle esperienze vissute individuali e collettive è spesso completamente sublimata dai discorsi ufficiali, dalle istituzioni e dalle ideologie. Ma dopo avere tentato il recupero – magari anche con successo – è necessario passare a una fase successiva, che consiste nel mettere in relazione le forme di interpretazione consapevolmente politiche con una pratica politica e sociale a venire. In mancanza di una simile connessione, anche l'interpretazione più ingegnosa e meglio intenzionata è destinata a rimanere nell'ambito della mera prosa. Passare dall'interpretazione a una politica dell'interpretazione significa trascorrere dal non fare al fare e ciò, stante l'attuale accettazione della divisione fra critica e arte, significa scontare i disagi dell'incertezza nel vedere e nel fare. Ciò passa necessariamente per il rifiuto di credere al comfort dell'atteggiamento specialistico, la cui seduzione consiste nel farci credere che può collocarci tutti al posto giusto.

1. R. Steel, *Walter Lippmann and the American Century*, Little Brown, Boston 1980, pp.180-185, 212-216

2. Antonio Gramsci a Tatiana Schucht in Giuseppe Fiori, *Vita di Antonio Gramsci*, Laterza, Bari 1966

3. Gramsci a Tatiana Schucht in Antonio Gramsci, *Lettere dal carcere*, Einaudi, Torino 1975

4. Antonio Gramsci, *Note sul Machiavelli*, Editori Riuniti, Roma 1977, pp.46-47

5. Fredric Jameson, *The Political Unconscious*, Cornell University Press, Ithaca 1981, p.10. Non è forse un caso che quanto Jameson rivendica al marxismo coinciderebbe con quanto Deirdre David attribuisce alla letteratura britannica del XIX secolo: Deirdre David, *Fiction of Resolution in Three Victorian Novels*, Columbia University Press, New York 1980

6. Terry Eagleton, "The Idealism of American Criticism", in "New Left Review", 127, maggio-giugno 1981, p.59

7. J. Hillis Miller, *The Function of Rethorical Study at the Present Time*, in "Ade Bullettin" n.62, settembre 1979, p.12

8. Robert Darnton, *A Journeyman's Life under the Old Regime. Work and Culture in an Eighteenth-Century Printing Shop*, in "Princeton Alumni Weekly", 7 settembre 1981, p.12

9. M. Bakunin, *Selected Writings*, Cape, London 1969

10. Perry Anderson, "Components of the National Culture", in Alexander Cockburn, Robin Blackburn (a cura di), *Student Power*, Penguin, Middlesex 1969

11. David Dickson, David Noble, "By Force of Reason. The Politics of Sciece and Policy", in Thomas Ferguson, Joel Rogers (a cura di), *The Hidden Elections*, Pantheon Books, New York 1981, p.267

12. John Berger, "Another Way of Telling", in "Journal of Social Reconstruction" n.1, gennaio-marzo 1980, p.64

Ester Coen

Nel segno del postmoderno

Trent'anni per la traduzione di *The Anti-Aesthetic*: tale la sorte italiana di un libro, vademecum di un'intera generazione, dalla vasta e diffusa eco internazionale. Se può essere motivo di disillusione l'appuntamento differito non può, tuttavia, rappresentare il corretto punto di vista con cui avvicinarsi oggi alla lettura di questa raccolta di saggi. Perché proprio di questo si tratta, di una silloge di scritti che ruotano, o vengono fatti ruotare, attorno a un singolo asse, quello di una possibile designazione del concetto di postmodernismo.

Rileggere questi testi obbliga quindi a un atto di singolare astrazione intellettuale: volgere lo sguardo all'indietro e contemporaneamente oltre queste riflessioni teoretiche in un doppio percorso di lettura e rilettura storica. Perché allora quel progetto sul postmodernismo e perché presentarlo oggi in lingua italiana quando ormai la discussione si volge piuttosto altrove, alla consunzione di questo termine e, in definitiva, all'epilogo di una fase? Poche pagine non basterebbero a spiegare il fenomeno del postmodernismo e dell'ampiezza del suo diffondersi, tuttavia si può tentare di intuire significati e prassi nell'apparizione di testi specifici in anni altrettanto specifici.

Quando esce negli Stati Uniti la raccolta curata da Hal Foster, tra i più agguerriti sostenitori di una rivoluzione critica messa in atto attraverso il gruppo della rivista di prima linea "October", in Francia la discussione attorno al significato e all'importanza di una condizione esistenziale sfociati in un giudizio fortemente critico, spesso assai negativo, sul valore della tradizione, era nella sua fase conclusiva. Interessante di conseguenza considerare i nomi degli autori di questa antologia: Habermas, Frampton, Krauss, Crimp, Owens, Ulmer, Jameson, Baudrillard e Said. Nomi, o piuttosto indizi autorevoli, più che evidenti di un posizionamento extra-territoriale all'interno di un sistema della cultura contemporanea messo in discussione nella sfera di un giudizio prevalentemente francese. Non tanto per ridisegnare i confini di un discorso filosofico di rottura con il complesso occidentale delle idee come era avvenuto in Francia negli anni Sessanta con la rilettura del modernismo sulle orme di una nuova ermeneutica con affondi nella psicoanalisi, nella linguistica, nello strutturalismo e nel marxismo. Quanto per sostenere in primo luogo il fallimento dell'età moderna e delle sue chimere e così sancire una stabile instabilità sul terreno di una crisi globale. Interessante, quindi, l'assenza di un grande filosofo quale Lyotard, primo e tra i più importanti teorici della crisi del soggetto, autore di numerosi testi e saggi sulla condizione postmoderna. Interessante in quanto l'esclusione potrebbe giocare su due diversi piani interpretativi non necessariamente in contraddizione tra loro. Da una parte assumere in forma indiretta Lyotard come maestro indiscusso e iniziatore di un pensiero ideologico intorno al concetto stesso di modernità così da sottintenderne l'appartenenza; dall'altra individuare una sponda diversa recependo in Baudrillard il principale interlocutore di una posizione dottrinale deviata e più radicale. L'esclusione conduce in ogni caso a ridefinire frontiere più marcate, passaggi meno dialettici, in un'epoca di disimpegno e di distanza dalla realtà più propriamente politica. Laddove in Lyotard la discussione ha ancora come fondamento la consistenza del dubbio come dato irrefutabile di un presupposto sperimentale, con Baudrillard si assiste a una estremizzazione del pensiero intorno al dislocamento dei significati nella società contemporanea e a una permuta di valori incentrata ormai sull'esaltazione dei suoi vuoti simulacri.

Lyotard è un traghettatore. È colui che, pur nella decostruzione delle forme, crea un'intelaiatura tra storicità del passato e parcellizzazione del suo stesso presente, colmando quell'abisso che altri scavalcano o volutamente ignorano facendo apparire fratture e interruzioni di realtà in antitesi. Mitigando così il discorso del sapere: quel discorso che tesse i fili atti a ricomporre e a plasmare l'unità dell'esperienza. Ecco quindi che la presenza di Baudrillard, unico *maître à penser* di area francese all'interno di questa dotta compilazione, viene qui ad assumere una rilevanza particolare e singolarmente significante. Con il ridisegnare una linea ideale di divaricazione nella riscoperta di una figura culturalmente isolata e complessa come quella di Georges Bataille, la sua filosofia differisce dal ragionamento di appartenenza e sposta il centro, dall'universo marxiano socialista e dalle iniziali fascinazioni culturali, verso mondi paralleli di scambi simbolici. Migrazione che avviene alla metà degli anni Settanta. Da quel momento la prospettiva si fa cruda e spietata alla ricerca di un codice più estremo e rivoluzionario capace di analizzare e smantellare i valori comuni e pressanti della contemporaneità. Infrangendo le categorie sulle quali era ancora basata la critica di Lyotard, Baudrillard oltrepassa gli steccati della logica del reale e di una verifica fondata sugli strumenti distruttivi delle ideologie e delle teorie politiche sociali o psicoanalitiche per aprire la sua analisi alle tipizzazioni dell'avventura mediatica e delle nuove promiscuità linguistiche della comunicazione. In un mondo postmoderno l'entità soggettiva si restringe a mero schermo o superficie di rispecchiamento di un esperire ridotto all'esclusiva condizione di tangenza con la materia, in una dimensione di pura virtualità.

L'orientamento di Foster, tenuto fuori il caso di Said, tra le più esoteriche ed eccentriche apparizioni all'interno dell'articolata raccolta, riflette, sulla scia della figura tagliente di Baudrillard, la durezza di un pensiero che tende a coinvolgere gli altri autori e imprigionarli nella rete dei loro stessi concetti senza la stessa libertà o il carisma propri al pensatore francese. Habermas, Frampton, Krauss, Crimp, Owens, Ulmer, Jameson, pur nella varietà del dibattito che ostenta la presa di distanza dalle aspirazioni moderniste, tratteggiano mappe distruttive di un sistema in crisi suggerendo alternative culturali e sociali di segno opposto ma altrettanto asseverative. Quei paradigmi decostruiti e smembrati si riconfigurano in una struttura che nega il senso di una continuità logica e coerente con una storia derivante dall'età dei lumi, nega allo stesso tempo la sostanza della rottura avanguardista, ma crea salde griglie esegetiche che limitano le prospettive filosofiche, costringendole e racchiudendole in altre categorie altrettanto riduttive. Categorie che hanno fortemente segnato la storia critica di un'intera generazione e che oggi vengono ridiscusse con lo stesso sguardo corrosivo con cui si proclamava in quegli anni il fallimento del modernismo.

L'avvio di una recente indagine intorno alla "categoria" *arte contemporanea* trova ancora in "October" la principale macchina motrice ed è Hal Foster a lanciare nuovamente un interrogativo decretando la fine della fase precedente: "La novità è data dall'idea che, nella sua stessa eterogeneità, molta della prassi attuale sembra fluttuare libera di determinazione storica, di definizione concettuale, di giudizio critico. Paradigmi quali "neo-avanguardia" e "postmodernismo", che un tempo hanno orientato certa arte e certa teoria, sono franati e si può affermare che nessun modello di una qualche portata esplicativa o di simile forza intellettuale li abbia sostituiti".

Nella fluttuazione di significati e valori e nella convinzione che rispecchi la natura della società nella quale viene creata e si manifesta, l'arte si offre ormai come base di riflessione primaria sulle strategie e gli assetti della realtà, nell'esercizio di "oggetto istituzionale a sé stante". Condensazione dell'immagine, rafforzamento di tendenze difensive, assimilazione di strutture di controllo, spettacolarizzazione della società, appartengono a una visione che sottrae ormai essenza e strappa al tempo il concetto stesso di temporalità. In uno spazio che eccede il senso fisico del suo esistere, i segni non sono più elemento di oscillazione né di miraggio che mascheri il contenuto delle apparenze con altre apparenze. Lo sviluppo e l'invenzione di nuove tecnologie hanno consegnato il mondo alla perdita della memoria e dell'immaginazione annullando le dimensioni di una categoria che, se prima aveva avuto la funzione di misurare lo scorrere degli eventi, poi di raccogliere i suoi brandelli nel segno del *pastiche* o del *collage*, oggi è ridotta a una dimensione commensurabile solo agli indici di elaborazione dei nuovi sistemi operativi. Le teorie si incentrano sulle leggi del mercato, dell'economia, sulla prospettiva di uno sconvolgimento sociale, sull'interdipendenza globale, sulle logiche della politica. Precarietà, incertezza, transitorietà, paura – sociale e individuale –, esitabilità, sono termini posti in antitesi a termini più nobili, quali etica, civiltà, ideali di perfezione. Antinomie che stridono nell'attrito tra rappresentazioni di mondi inconciliabili.

E quella sfera psichica intimamente legata alla densità storica di una cultura sempre più annodata alla sua data di scadenza può ancora, in questa "società liquido-moderna di consumatori" (Zygmunt Bauman), resistere ai colpi di una produzione martellante arginata solo dai singulti della crisi dei mercati? In che misura è alterato il suo potere di percepire il reale? Non più la sostituzione del reale attraverso i suoi simulacri, quanto una fuga dal reale nella brutalità di una apparente verità del reale stesso mostrato come illusorio attraverso lo spettro dell'arte, fantasma del reale per definizione.

Nello scacco del presente l'assenza di rischio diventa prassi di un non racconto e se primeggiano i modelli avvinti alla moda del momento, dell'internazionalità o dell'alterità globale, quelli che ispirarono trent'anni fa il progetto di questa raccolta si sono definitivamente disfatti assieme ai loro stessi presupposti. La rilettura di questi saggi servirà quindi a recuperare la giusta prospettiva storica e riflettere, in linea con le parole di Said, sull'impossibilità di seguire un'unica metodologia, tanto più oggi che, per solo accennare a una traccia di sopravvivenza, è necessario esercitare una capacità maggiore, quella di un pensiero ancora più plastico.

L'antiestetica
Saggi sulla cultura postmoderna
a cura di Hal Foster

postmedia books 2014
192 pp. 9 ill.
isbn 9788874901227

Finito di stampare nel mese di ottobre 2014
presso Ebod, Fano

Postmedia Srl
Milano

www.postmediabooks.it

www.ingramcontent.com/pod-product-compliance
Lightning Source LLC
LaVergne TN
LVHW020054210726
843507LV00016B/2264